★美国贸易法丛书★

On the Institution of Trade Adjustment
Assistance in the United States

美国贸易调整
援助制度研究

陈利强◎著

人民出版社

目　录

1

序言一

宋和平 *

　　利强同志的博士论文《美国贸易调整援助制度研究》将要出版了,我非常高兴。这是一个专业性、实践性很强的问题,又是个理论性很深的新题目。过去我们对这个问题的了解很少,目前的研究也才刚刚起步。由于经济全球化的深入发展,特别是党的"十七大"提出"要建立安全高效的国际经贸风险防范体系",此问题才逐渐被学术界和政府有关部门重视。

一

　　经济全球化是我们所处的时代背景,认识当今社会,就不能回避经济全球化。20 年前,联合国秘书长布特罗斯·加利在联合国致词中说:"第一个真正全球化时代已经到来"。历史证明,经济全球化适应了科技革命条件下人类经济活动的客观需要,前所未有地改变了人类经济和社会发展面貌,创造了人类历史上的发展奇迹,任何国家都不可能脱离这一进程而获得独立的发展。近年来,经济全球化、贸易自由化趋势日趋加强,使各国经济日益开放

---

　　* 宋和平,商务部产业损害调查局巡视员,法学博士。

和不断融合,向全球市场化发展,已经并将继续对世界各国经济产生深远影响。

然而,经济全球化的发展并也不是一帆风顺的,甚至会引发一系列发展中的问题和负面影响。2009年发端于美国并波及全世界的金融危机,就是经济全球化的一场灾难。当然,这场危机并没有改变经济全球化的发展趋势,但却使全球经济运行的风险加大,危机扩散的速度加快,管理上的难度增大。

在经济全球化条件下,不是每个个体都能成为赢家。在经济全球化和贸易自由化的进程中,市场竞争导致资源的重新分配,使国家经济调整的成本增加。更有甚者,会带来国家的资源流失,某些关系国计民生的行业受国外控制。部分企业、工人、农民和相关社会团体的经济利益不可避免地会受到影响,主要是受到外国进口产品的冲击。一些行业中的部分企业将不可避免地进行减少工资、裁员,被接管、重组、合并甚至倒闭或者转行业,其中的有些工人将重新就业,从而带来一系列的经济与社会问题。为了对那些因进口增加或产业转移等原因而面临困难的群体给予必要帮助,防止社会矛盾的发生,由政府安排专项财政资金,通过相关机构向符合条件的企业提供技术指导、税收优惠、咨询服务和资金扶持等,为企业实现转产或重新培育竞争力争取必要的调整时间,承担一定的调整成本;向符合条件的工人提供再就业信息指导、劳动技能培训、支付必要的再就业安置费用和失业期间的生活补助等,以保证工人顺利实现再就业。这就是世界主要发达经济体在应对经济全球化和贸易自由化时建立的贸易调整援助制度。

二

贸易调整援助制度起源于美国,它是美国推行自由贸易政策的平衡和配套制度。其目的是在推进自由贸易、增进美国整体福利的同时,缓解因国际竞争、产业升级和转移对部分美国国内产业和劳动者造成的竞争压力,保持社会稳定。

美国的贸易调整援助制度(Trade Adjustment Assistance,简称TAA)确立于《1962年贸易拓展法》,经过几十年的实施和完善,现阶段主要包括企业贸易调整援助、工人贸易调整援助和替代贸易调整援助三大类。为受进口产品冲击的企业提供包括技术支持和资金支持在内的资助。技术支持是指根据企业的实际需要为其提供个性化的服务,包括分析企业在贸易自由化过程中的优劣势、制定相应的调整建议书和帮助企业提高竞争力,政府将为企业执行调整建议书提供一定比例的资金支持。此外,还可以针对每一产业提供技术援助,用于以调整为目的建立的新产品、新工艺项目。工人贸易调整援助包括快速反应援助、再就业服务、求职津贴、重新安置津贴、培训、收入支持以及医疗保险税收优惠等内容。

在贸易调整援助制度设立之前,美国采取的方式是依赖传统贸易救济措施和带有贸易保护主义色彩的"逃避条款",《1951年贸易协定延长法》中就有规定:"在进口商品数量增长,以至于给国内相同或类似的商品生产造成严重损害或有损害的潜在威胁时,可以提高关税"。此类措施的政治局限性和对受损产业救济的不足促使美国政府寻求其他手段解决问题。于是,在《1962年贸易拓展法》中,一种有别于传统贸易救济措施的新举措——贸易调整援助制度得以确立,该法通过给失业工人提供收入援助和培训帮助他们从衰退产业转业到新的工作中。

《1962年贸易拓展法》之后,美国的贸易调整援助制度几经修订:《1974年贸易法》放松了贸易调整援助项目的适用标准、相关因果关系的认定和获得援助的资格条件;《1981年综合预算平衡法》减少了该项目的现金援助数额,并将项目的重点从收入支持转向培训和调整;《1988年综合贸易与竞争法》使农业、石油和天然气产业中的工人更容易获得援助;《2002年贸易法》拓宽了工人获得调整援助的范围和内容,建立了对美国农民和农产品的调整援助制度。2009年2月17日,美国总统奥巴马签署《美国复兴与再投资法案》,将调整援助的范围从制造业拓展到服务业,大幅度提高了援助资金,并降低了援助申请标准。

随着中国更深的融入经济全球化进程,我国的部分产业、企业和工人将由于无法在短期内适应国际竞争的冲击和经济结构的调整而陷入困境,有可能会导致一定的社会问题。传统的反倾销、反补贴和保障措施可以对不公平贸易行为进行一定规制,但没有对受损害的国内产业、企业和工人进行补偿和扶助。因此,政府有责任建立对这些产业、企业和工人的援助制度,承担一定的调整成本,帮助企业转产、转业、恢复国际竞争力,帮助工人重获就业岗位。特别是在当前金融危机对我国实体经济和重要产业的冲击不断加大的形势下,研究探索建立符合我国国情的贸易调整援助制度更显重要。借鉴发达国家的相关经验和作法,对建立有中国特色贸易调整援助制度是很有意义的。

三

　　年轻的学者陈利强选择美国贸易调整援助制度课题进行研究,这个题目是很有难度的,过去的研究很少,可借鉴的资料有限,必须深入到美国经济法律的体制内,要翻阅查找大量美国现行法律及实施中的案例。这期间,商务部产业损害调查局和清华大学法学院、上海WTO事务咨询中心共同组织《国外贸易调整援助制度及其对我国的启示》课题研究,可以说我们是不期而遇。2009年12月,作者的《美国贸易自由化补偿机制——贸易调整援助制度研究》,还在商务部举办的第五届"中国贸易救济与产业安全研究奖"征文中获得了三等奖。

　　利强的研究从美国贸易自由化的宪政原理入手,分析立法的政治动因和经济理论,认为"美国推动的贸易自由化必然产生经济损害,同时制造赢家和输家。为了应对欧共体的日益崛起,1962年美国加快了贸易自由化的步伐,制定了对工人和企业的贸易调整援助项目,对受损者或输家提供补偿,并促使他们开展对进口竞争的积极调整。"因此,可以说美国贸易调整援助制度是美国在推动经济全球化进程中,为应对可能的不利影响而做好保障的制度安排。实践证明,美国贸易调整援助制度的建立和实施,对其在推动经济全球化中保持国内经济基础的稳定发挥了重要作用。

　　目前,学界对于世贸组织规则,议论的多,真正认真深入研究的少,而能够研究出成果的就更少。这是因为,WTO规则集法律、国际贸易的理论和实践于一体,能够统筹兼顾两个学科,又要紧密结合并跟踪当今经济全球化迅猛发展的实践绝非易事。《美国贸易调整援助制度研究》可以说是近年来我们国际经济法学园地里的一个丰硕成果,这样的研究成果给了我们很多的启示和帮助,也衷心希望以后这样的成果能越来越多。

2010 年 5 月于北京

序言二

杨树明[*]

　　美国贸易调整援助制度是一项非常重要的贸易法律制度,迄今为止历经了近半个世纪的发展与变迁,对美国推动贸易自由化发挥了至关重要的作用。美国国内学术界对该制度的理论与实践的研究已经十分深入,但中国国际经济法学界尚未对该制度进行全面、系统的研究,至今还没有相关专著问世。在当前我国加快调整产业结构、积极推进自由贸易协定战略的背景下,探讨美国推动贸易自由化的法律制度,剖析贸易调整援助制度对中国提升产业国际竞争力、维护产业安全具有重要的理论价值和很强的现实意义。

　　本书是国内第一本对美国贸易调整援助制度进行比较深入研究的专著,填补了贸易调整政策研究领域的空白。本书的研究思路独特,从《美国宪法》、"1934 年体制"与贸易自由化三者结合的角度,跨涉经济学、政治学与法学三大学科,运用历史、比较与实证的研究方法,对美国贸易自由化进程中的贸易调整援助制度进行

---

　　[*] 杨树明,西南政法大学教授、博士生导师。中国国际经济法学会常务理事、重庆市人大立法咨询委员、重庆市法学会国际经济法专业委员会副会长、重庆市WTO 事务协调中心主任。

7

了梳理与把握,提出了许多创新性观点,体现了较高的学术价值。特别是该书作者长期跟踪中美贸易关系的发展态势,密切关注当前国家商务主管部门的工作实践,这对建立符合中国国情的贸易调整援助制度具有十分重要的意义。

陈利强同志是浙江工业大学法学院的青年骨干教师,也是我指导的博士研究生,《美国贸易调整援助制度研究》一书就是在他的博士论文基础上修改而成的。自2007年攻读博士学位以来,他勤奋刻苦,坚持不懈,潜心研究国际经济法,打下了扎实的科研基础。在攻读博士学位期间,研究成果颇丰,部分成果已经获得国家商务主管部门的重视并获得了一些奖项,期望他以博士论文出版为新的起点,再接再厉,继续研究中国国际经济法发展中的前沿问题和重大问题,尤其要深入探究美国贸易法,为中国进一步推行互利共赢的对外开放战略及促进中美贸易关系健康发展作出一位青年学者应有的贡献。

是为序。

2010 年 4 月于山城

内 容 摘 要

美国贸易调整援助(TAA)制度旨在为因贸易自由化或生产转移而受损的工人、企业及农民等提供联邦政府援助,促进衰退产业或处于比较劣势的产业对进口竞争的积极调整,同时补偿他们因贸易自由化而遭受的利益损失,从而实现社会整体福利的增加,使受损者或输家支持贸易自由化。与美国传统进口救济措施有所不同的是,该制度从应然意义上讲属于贸易调整政策措施或工具,但从实然角度看却逐渐演变成为一种制度化的贸易自由化补偿机制。究其原因,主要取决于美国复杂的贸易政策制定体制与备受争议的产业政策等因素。

本书突破传统贸易政策的研究范式,从政治学、经济学与法学的视角,采用历史、比较与实证研究方法,全面而系统地研究了美国贸易自由化进程中的 TAA 制度。美国推动贸易自由化的经验启示对当前正在推行自由贸易协定战略的中国而言,具有重大意义,同时对构建中国特色 TAA 制度也具有重要借鉴价值。

本书除前言和结论之外,共分成以下六章:

第一章为导论,分析美国贸易自由化的宪政原理。美国贸易自由化的兴起始于"1934 年体制"的建立,而快速发展始于战后"GATT 体制"的确立。国会与总统对贸易政策制定权力的争夺以及以进口竞争产业为主导的贸易保护主义力量与由出口导向产业驱动的自由贸易主义力量之间展开了旷日持久的宪政博弈,推动了"1934 年体制"的发展与变迁,塑造了美国贸易自由化的宪政原理。同时,这种宪政博弈造就了美国推动贸易自由化的"四位一体"制度架构。其中,作为贸易自由化促进或拓展机制的"快车道"/"贸易促进授权"制度与作为贸易自由化临时或紧急保护机制的逃避条款/201 条款及作为贸易自由化补偿机制的 TAA 制度之间形成了一种制度化的张力。

第二章为美国贸易调整援助立法的政治动因与经济理论。毋庸置疑,美国推动的贸易自由化必然产生经济损害,同时制造受益者或赢家和受损者或输家。为了应对欧共体的日益崛起,1962 年美国加快了贸易自由化的步伐,制定了工人和企业 TAA 项目,对受损者或输家提供补偿,并促使他们开展对进口竞争的积极调整。国会创立 TAA 制度的主要目的是为了寻找对逃避条款的一种替代。因此,TAA 制度的建立在政治上是由美国劳工组织推动的,而在经济上是根据帕累托最优及其补偿原则理论设计的。

第三章为美国贸易调整援助制度的流变。TAA 项目的历史演变先后经历了产生与早期阶段、扩展阶段、削减与重新增长阶段、新的发展阶段、缓慢发展阶段与快速发展阶段。TAA 制度的创立、发展与变迁先后受美国《1962 年贸易拓展法》、《1974 年贸易法》、《1988 年综合贸易与竞争法》与《2002 年贸易法》4 部国会贸易立法及其对应的 4 轮多边贸易谈判的影响重大。最为重要的是,"201 路线"("间接路线")和"TAA 路线"("直接路线")中资格认证标准的演变恰恰印证了美国在使用"快车道"/"贸易促进授权"制度推动贸易自由化进程中贸易保护主义者要求与时俱进,以使其不断改革和创新的客观事实。从发展动向看,TAA项目发展面临如何区分受对外贸易不利影响而失业与非受对外贸易不利影响而失业、如何进一步拓展资格标准以及如何确保资金来源等主要问题。对此,美国国内对TAA项目的改革方向形成了两种代表性的意见,即完善性改革和根本性改革。

第四章为美国贸易调整援助制度的基本内容。TAA制度可以简单地归纳为"两条路线、三个项目",即"201路线"和"TAA路线"及工人TAA项目、企业TAA项目与农民TAA项目。每个项目分别由不同的机构管理与实施,具体内容主要涉及资格认证标准和援助措施或利益两个方面。工人TAA项目由劳工部负责,其援助措施主要包括贸易再调整津贴、培训、再就业服务、求职津贴、重新安置津贴及医疗保险税收优惠等。此外,作为工人TAA项目的特别形式,替代工人TAA项目为年长工人提供了一种替代的援助形式。企业TAA项目由商务部负责,主要通过全国各地的11个贸易调整援助中心为企业提供技术援助。作为企业TAA项目的扩大化形式,产业TAA项目为整个产业提供技术援助。农民TAA项目由农业部负责,旨在为受外国农产品进口冲击的农民提供技术支持、现金津贴与培训费用。

第五章为美国TAA制度政策定位、性质界定及法律地位。应然的政策定位与实然的性质界定之间的落差使得贸易调整援助制度的重要性和有效性在美国历来备受争议。美国国内外各界对贸易调整援助制度分别持10种观点,形成了4种不同的政策定位,具体指贸易政策工具或进口救济措施论、产业政策工具或产业政策措施论、劳工市场调整项目或劳工市场政策措施论与贸易调整政策工具或贸易调整政策措施论。从贸易政策、产业政策与劳工市场政策相结合的角度，应当将贸易调整援助制度认定为一种贸易调整政策措施或工具，但从实际发挥的作用和功能层面看，贸易调整援助制度已经成为一种制度化的贸易自由化补偿机制。究其原因，主要有以下3个方面：其一，美国贸易保护主义的形成是由其宪政体制决定的，因此在实践中"201路线"往往优于"TAA路线"。其二，认证程序、司法审查及信息管理和监控机制等制度瑕疵致使结构调整无法实现。其三，受损者或输家在贸易自由化过程中对作为补偿机制的TAA项目逐渐形成了依赖。除此之外，从WTO层面看，工人TAA项目和企业TAA项目不违反《补贴与反补贴措施协定》的规定，同时农民TAA项目基本上符合《农业协定》的规定，但性质与前两个项目有所区别。总之，WTO体制下美国TAA项目整体上是合法的且可行的，但也应当结合个案进行分析和判断。

第六章为美国贸易调整援助制度对中国的借鉴。美国在推动贸易自由化进程中进行的制度创新，特别是贸易调整援助制度的变革和发展给中国带来了许多经验启示，因此中国在构建具有本国特色的贸易调整援助制度过程中应当学习、借鉴美国的制度设计。自加入WTO以来，中国积极努力地推进贸易自由化，由此产生的产业安全问题将日益突出。因此，在当下加快产业结构调整，提升传统产业和战略性新兴产业国际竞争力的大背景下，制定中国特色贸易调整援助制度不仅是非常必要的，并且是切实可行的。因此，首先，应当制定一个统一协调的、科学的具有中国特色的贸易调整政策；其次，在这样一个政策框架下，重构中国特色贸易救济法律体系及构建中国特色专向性补贴管理制度；最后，在前两者的基础之上对构建中国特色贸易调整援助制度的若干根本性问题,如立法定位、立法目标、基本原则及立法模式等方面提出基本设想。

Abstract

The trade adjustment assistance (TAA) institution is designed to provide federal government assistance for workers, firms and farmers who suffer losses due to trade liberalization or a shift in prodution, to promote positive adjustment for declining industries or disadvantageous industries agaist import competition, and meanwhile to compensate for interest losses they suffer due to trade liberalization so as to realize the increase of whole social welfare, getting the injured or losers to support trade liberalization. Unlike US traditional import relief measures, this institution, as it should be, falls into the category of trade adjustment policy measures or instruments, but as it is, gradually evolves into an instutionalized compensation mechanism for trade liberalization, and the reason of which is chiefly decided by factors of America's complex trade policy – making system and controversial industrial policy. This book, breaking through general research paradigms for trade policy, applying historical, comparative and empirical research methods from perspectives of politics, economics and legal science, comprehensively and systematically looks into the TAA institution in the course of US trade liberalization. The experience and enlightenment in US trade liberalization are of great significance to China's present strategy of pushing forward of its free trade agreements, and meanwhile are of great reference value to the construction of the TAA institution with Chinese characteristics.

In addition to foreword and conclusion, the book comprises of six chapters.

Chapter One: Constitutional Rationale of US Trade Liberaliza – tion. The US trade liberalization rose as "the 1934 system" was established and quickly developed as "the GATT system" was set up after World War II. The wrangle about trade policy – making authority between the Congress and the president and the long – lasting constitutional game between trade protectionism dominated by import – competing industries and trade liberalism driven by trade – oriented industries push forward the development and change of "the 1934 system" and shape constitutional rationale of US trade liberalization. Meanwhile, this constitutional game brings about quaternity institutional framework under which US promotes trade liberalization. Within this framework, there has come into being an institutional tension among the " Fast – Track "/" Trade Promotion Authority" institution serving as the promotion or expansion mechanism for trade liberalization, escape clause/section 201 acting as the temporary or emergency protection mechanism for trade liberalization and the TAA institution known as the compensation mechanism for trade liberalization.

Chapter Two: Political Rationale & Economic Theory of US Trade Adjustment Assistance Legislation. Undoubtedly, trade liberalization promoted by US inevitably brings about economic injury, producing the benefited or winners and the injured or losers at the same time. To cope with the ever abrupt rising of EEC, US speeded up trade liberalization in 1962, establishing TAA programs for workers and firms, providing compensation for the injured or losers, and urging their positive adjustment against import competition. The Congress' s establishment of the TAA institution is mainly aimed to look for escape clause quid pro quo. Therefore, the establishment of the TAA institution is pushed forward by organized labor politically and is designed economically according to the theory of Pareto Optimality and its compensation principle.

Chapter Three: The Evolution of the US Trade Adjustment Assistance Institution. From the beginning till the present, the TAA institution has gone through such stages as creation and early years, years of expansion, cutback and regrowth, new developments, slow developments and quick developments. The establishment, development and change of the TAA institution have been successively and greatly affected by four major congressional trade acts : Trade Expansion Act of 1962, Trade Act of 1974, Omnibus Trade and Competitiveness Act of 1988 and Trade Act of 2002 and four corresponding rounds of multilateral trade negotiations. Most importantly, the evolution of eligibility certification standards in "the 201 route" ("indirect route ") and "the TAA route" ("direct route") just proves the very fact that in the course of using " Fast – track "/" Trade Promotion Authority " institution to push forward trade liberaliztion, trade protectionists in the

US want to keep pace with the time, constantly to reform and to innovate "the 201 route" and "the TAA route". From the perspective of development trend, TAA programs are facing such major problems as how to differentiate adversely – affected job loss due to foreign trade from adversely – affected job loss not due to foreign trade, how to further expand eligibility standards and how to ensure capital sources, etc. As for TAA programs reform direction, two leading opinions have formed in the US, that is, perfection reform and fundamental reform.

Chapter Four: Basic Contents of the US Trade Adjustment Assistance Institution. The TAA institution can be simply summed up as "two routes and three programs", that is, "the 201 route", and "the TAA route" and TAA for workers, TAA for firms and TAA for farmers. TAA for workers falls within the duty of the Department of Labor, whose main assistance measures include Trade Readjustment Allowances, Training, Employment Services, Job Search Allowances, Relocation Allowances and Health Coverage Tax Credit and so on. In addition, as a special form of TAA for workers, alternative TAA for workers provides older workers an alternative form of assistance. The Department of Commerce is in charge of TAA for firms, whose technical assistance is available through eleven Trade Adjustment Assistance Centers nationwide. As an enlarged form of TAA for firms, TAA for industries provides technical assistance for the whole industry. The Department of Agriculture takes responsibility for TAA for farmers, which is aimed to provide technical support, cash allowances and training expense for farmers who have been impacted by foreign produce importation.

Chapter Five: Policy Orientation, Nature Clarification and Legal Status of the US TAA Institution under the WTO System. The gap between policy orientation as it should be and nature clarification as it is renders the importance and effectiveness of the TAA institution controversial all along in the US. As to the TAA institution, people from all walks of life, home and abroad, are holding ten viewpoints which form four different policy orientations respectively: the doctrine of trade policy instruments or import relief measures, the doctrine of industrial policy instruments or industrial policy measures, the doctrine of labor market adjustment programs or labor market policy measures and the doctrine of trade adjustment policy instruments or trade adjustment policy measures. From the combined perspectives of trade policy, industrial policy and labor market policy, the TAA institution should be recognized as a trade adjustment policy measure or instrument, but from the view of its practical effects and functions, the TAA institution has become an institutionalized compensation mechanism for trade liberalization, and the reasons of which are as follows: firstly, the formation of trade protectionism in the US was decided by its constitutional system, so in practice "the 201 route" is more often than not superior to "the TAA route". Secondly, institutional flaws in certification process, judicial review and information management&monitoring mechanisms, etc, fail to make structural adjustment feasible. Thirdly, the injured or losers have gradually relied on TAA programs as compensation mechanism in the course of trade liberalization. Apart from this, from the view of the WTO, TAA for workers and TAA for firms don't violate the rules laid down by the A-greement on Subsidies and Countervailing Measures, meanwhile, TAA for farmers basically conforms to the rules in the Agreement on Agriculture, but is somewhat different from the former two programs in nature. In a word, under the WTO system, the US TAA programs are overally legal and feasible, but should also be analysed and judged on a case-by-case basis.

Chapter Six: The US Trade Adjustment Assistance Institution and China. Institutional innovation, especially reform and innovation of the US TAA institution in the course of promoting trade liberalization brings China a great deal of experience & enlightenment, therefore, China ought to learn and use for reference the US institutional design in the process of building up the TAA institution with Chinese charac-teristics. Since Chinese accession to the WTO, China has been actively exerting itself to promote trade liberalization, which has resulted in industrial security that will become increasingly prominent. Therefore, under the present macro background of speeding up structural adjustment of industries, enhancing international competitiveness for traditional industries & strategic emerging industries, it is both very necessary and practical that the TAA institution with Chinese characteristics be established. Therefore, in the first place, a uniform, coordinated, scientific trade adjustment policy with Chinese characteristics should be formulated, then within such a policy framework, the legal system for trade remedy with Chinese characteristics should be reconstructed and meanwhile an institution of administration of specific subsidy with Chinese characteristics should also be created. Finally, on the basis of the former two institutions, fundamental assumptions should be put forward with regard to essential questions in creating the TAA institution with Chinese characteristics, such as legislative orientation, legislative objective, basic principles and legislative mode, etc.

前　言

　　当下经济全球化纵深发展。随着中国经济融入全球化的深度和广度不断增加,中国与世界主要经济体的经贸关系日趋紧密,相互依赖程度正在逐步加深。2008 年从美国爆发的全球金融危机就验证了这一趋势或现象,它给中国与其他主要经济体之间日益深化的经贸关系造成了巨大的负面影响。具体而言,这种影响主要体现在以下两个方面:其一,危机迅速由虚拟经济向实体经济扩散和蔓延,外部需求急剧萎缩,从而导致 2009 年中国出口持续下滑;其二,国际贸易保护主义逐渐抬头,中国与其他经济体,特别与美国的贸易摩擦不断加剧。其中,2009 年美国对华轮胎特别保障措施案使美国对华贸易保护主义达到了一个高潮。从某种意义上讲,它被视为奥巴马政府对华贸易政策的"试金石",因此显得格外引人注目。作为应对措施,中国政府以最快的速度将美国诉至WTO 争端解决机制。此后,美国对华贸易保护主义愈演愈烈,对中国出口产品接二连三地发起"双反合并"(反倾销和反补贴)调查,同时中国对美国取向电工钢、部分汽车及肉鸡产品等提起"双反合并"调查。至此,中美两国之间的贸易争端逐步上升为"贸易战",从而引起两国各界,尤其是中国国内各界对中美双边贸易关系健康、有序发展的顾虑,甚至担忧。

回顾历史,在 1929 年—1933 年的世界经济大萧条期间,美国高关税政策招致贸易伙伴的关税报复,最后演化成为一场史无前例的"贸易战"(由于当时的贸易壁垒主要是关税壁垒,所以也可以将其称之为"关税战")。相比之下,当下中美之间日益升温的"贸易战"的主要武器已经换成反倾销等贸易救济措施。

历史总是在不断地重复,只是时间间隔因事件的性质不同而有所区别。这次全球金融危机与 20 世纪 30 年代的世界经济危机都发端于美国,并且两者的根源均与《美国宪法》确立的宪政体制及自由竞争的市场经济体制密切相关。两次世界经济危机(2008年发端于美国的金融危机事实上已经逐步演变成为世界经济危机)充分证明美国对世界经济发展已经或即将造成巨大而深远的影响,特别是 1929—1933 年的世界经济大萧条。重大历史事件往往会催生重大的体制变革。在 1934 年开始的后危机时代,美国改革并建立了新的贸易政策制定体制,从此踏上了构建"自由贸易霸权体制"(或称"自由贸易霸权的宪政体制"),从而主导全球贸易体制建设的强国之路。WTO 前总干事雷纳托·鲁杰罗在美国布鲁金斯学会主办的纪念全球贸易体制 50周年活动上的讲话高度评价美国在全球贸易体制建设中的地位和作用,认为"美国是 8 轮世界贸易谈判背后的驱动力","全球贸易体制在过去 50 年中始终如一的特征就是美国的领导地位"。

一、选题的缘起

2001 年中国"入世"是中美贸易关系发展史上的分水岭。美国将中美贸易关系纳入到多边贸易体制的框架中,从此中美贸易关系由单向博弈转向双向博弈,中国从"入世"前的完全被动转向"入世"后的相对主动,中美贸易关系格局发生了重大变化。美国积极调整对华贸易政策,在 WTO 争端解决机制中指控中国集成电路增值税、汽车零部件、音像制品市场准入等一系列政策措施涉嫌违反 WTO 规则。同时,中国政府将铜版纸反补贴调查、特定产品反补贴调查及特定措施影响家禽进口等案件诉至 WTO 争端解决机制,从此 WTO 体制下中国与美国的双向博弈格局正式形成,中国、美国及 WTO 的三角关系基本确立。因此,可以说中美双边贸易关系的发展已经进入一个非常关键的阶段,我们必须对一些根本性问题进行反思和研究。

美国与 GATT/WTO 体制之互动发展——中国从中应当学些什么? 中美贸易合作 30 年——中国学到了什么? 如何正确理解和把握中国在 WTO 体制中的定位、作用与策略? 如何破解中美贸易摩擦的困局? 如何解读美国贸易保护主义的生成机理? 中国在维护产业安全方面应当如何学习、借鉴美国救济产业损害的制度或方法? 如何理解美国支柱产业发展变迁及对中国制定贸易政策的启示? 以史为鉴,可以知兴替。所以要解答这些问题,我们必须探知 20 世纪 30 年代中期(即后危机时代)以来美国创新贸易政策制定体制、开启并主导贸易自由化的漫长历史进程。因为从一定程度上讲,20 世纪美国贸易政策变迁史就是一部美国推动全球贸易自由化的流变史,同时美国的贸易强国之路事实上就是一条贸易自由化强国道路。

在这波澜壮阔、跌宕起伏的历史进程中,源于宪政体制的贸易制度创新成为美国推动贸易自由化的关键,同时美国在 20 世纪

70年代和80年代与欧共体、日本开展的贸易竞争推动了贸易制度的推陈出新。从1934年至2010年,美国70年来贸易自由化的实践经验证明,贸易自由化"必须与同样性质的国内项目相结合",但"实际情况经常是,支持贸易的人同时却反对实施国内项目,而支持国内项目的人却反对贸易……正确的答案是将把两者相结合,可是要让对立双方站到一起来,在政治上却很难实现"(克林顿于2005年2月15日在国际经济研究所的演讲)。的确,支持自由贸易者与反对自由贸易者在政治上的对立一直以来是美国贸易政治中的一个常见现象和经典命题。贸易制度创新往往是在特定时期和条件下的政治对抗和妥协中实现的。20世纪60年代初期美国立法者终于发明了化解贸易政治对立的有效工具,即贸易调整援助(TAA)项目,从此作为国内项目之一的项目成为美国在推动贸易自由化进程中平衡支持自由贸易者与反对自由贸易者之间利益的一项主要制度,并与时俱进,不断创新。

(一)研究目的

中国要继续实施互利共赢对外开放战略,发展外向型经济,必须顺应国际经济一体化的主流,积极参与并推动全球贸易自由化。为此,中国必须探索美国贸易自由化强国之路,对美国推动贸易自由化的经验(理念、政策、制度、机构及实践)进行梳理、归纳与总结,同时将美国贸易自由化对中国的启示进行提炼、借鉴并转化。从根本上讲,中国无法超越美国贸易自由化的发展阶段,因此必须学习、借鉴美国在特定时期和条件下进行贸易制度创新的经验或做法。由于贸易调整援助制度是美国在推动贸易自由化进程中进行制度创新的典范,是支持自由贸易者战胜反对自由贸易者的重要手段,所以必须要对该制度进行全面、系统、深入的研究。因此,本书遵循美国贸易自由化演进的基本逻辑,选择贸易调整援助制度作为研究对象或切入点,目的在于探究贸易政策制定体制及贸易制度的变革和创新对美国实现贸易自由化强国的必要性和重要性。

(二)研究意义

可以预见,随着中美经贸关系的日益深化,两国之间的贸易摩擦将越来越多,并逐渐趋向常态化。在这个日趋复杂的双向博弈格局中,中国主要是贸易争端的应对者,而美国往往是发起者。由于贸易摩擦是贸易自由化的副产品,研究贸易调整援助制度,探索反对自由贸易者在贸易自由化进程中要求实施贸易保护的制度或方法,对解读并妥善解决中美贸易争端或摩擦具有重要的现实意义。同时也可以预见,中国在推进贸易自由化进程中,国内产业损害的情况将越来越严重。当然,中美贸易摩擦的根源在于两国互补性产业结构与进出口产品结构。就中国而言,无论是贸易摩擦还是产业损害,两者的主要成因在于中国产业结构与产品国际竞争力等问题。为此,2010年中国政府打响了后危机时代调整产业调结构的"突围战"。

在这样一个大背景下,检讨与反思中国涉外经贸立法实践,学习、借鉴美国贸易调整援助制度,对构建符合中国国情的贸易调整援助制度具有重大的理论价值和现实意义。因为从理论上讲,一项具有中国特色的贸易调整援助制度对维护产业安全,促进产业结构调整,提升国内相关产业的国际竞争力将发挥重要的作用。

除此之外,国内至今鲜有介绍美国贸易调整援助制度的论著,希冀这种学术研究能为了解美国贸易自由化提供一些学理参考。为此,本书将以3个学科的综合视角,创新研究思路和方法,为论证和阐释美国贸易调整援助制度建立一个全面、充分的理论体系。

二、学术思想、研究思路与方法

学术应当来源于实践,但又高于实践。实现理论与实践的"无缝对接"是学术研究的主要难题之一。国际经济法的学术研究也不例外。为了突破美国贸易调整援助制度这一学术研究难题,必须精读相关学科或领域的经典作品,同时研究美国历史上著名政治家的治国方略、理念与观点,并尽可能地领悟和吸收他们的思想精华。唯有此,才能深入、透彻地剖析美国贸易自由化的基本原理及贸易调整援助制度的理论与实践。可以相信,这种视野开阔的学术研究不仅将能够回应中美贸易关系发展中的一些根本性问题,而且对构建符合中国国情的贸易调整援助制度有所裨益。

(一)学术思想

这些经典作品分别来自以下几个学科或领域,它们各自对美国贸易自由化作出了杰出贡献,为本书创作思路的形成,理论体系的建立及制度研究的展开和深入等提供了丰富而广博的学科涵养和知识支撑:

第一,在经济学领域,美国著名的国际贸易理论专家杰格迪什·巴格瓦蒂(Jagdish Bhagwati)著作等身,其中《保卫全球化》是他的代表作之一。巴氏提出的4个层次的贸易自由化与美国"进攻性单边主义"等观点对美国贸易自由化造成了重要的影响。美国贸易政策与理论专家道格拉斯·爱尔文（Douglas A. Irwin）的代表性论文《相互投票与斯穆特——霍尔利关税通过中的经济利益》对美国《1930斯穆特——霍尔利关税法》的成因进行了精辟论述。美国著名的国际经济学专家弗雷德·伯格斯坦（Fred C. Bergsten）在《美国贸易政策的复兴》一文中总结了战后美国推动贸易自由化的"两手策略"以及在《自由贸易全球化：区域主义的上升》一文中提出了"竞争性自由化"观点，后者被2001年入主白宫的布什总统提升为国家战略。

第二，在政治学领域，美国政治学专家沙特施奈德（E. E. Schattschneider）的专著《政治、压力与关税：在1929—1930年修订关税的背景下一项有关压力政治中的自由私营企业的调查》最早对美国贸易政治中的政治失衡进行了深入研究，加深了美国各界对关税政策成因的认识。美国著名政治学专家戴斯勒（I. M. Destler）的《美国贸易政治》堪称探索美国贸易政治逻辑或真谛的权威之作，其对1934年美国贸易政策制定体制演变的动态分析可谓入木三分。

第三，在法学领域，美国著名宪法学专家路易斯·亨金（Louis Henkin）是美国国内打通宪法学与对外关系学研究的第一人，其《对外事务与美国宪法》探索了美国对外关系的宪政源泉，堪称这一领域的经典之作。世界闻名的美国GATT/WTO顶级专家约翰·杰克逊（John H. Jackson）教授在其代表作《世界贸易体制——国际经济关系的法律与政策》中，较早对《美国宪法》与贸易政策制定体制之间的关系进行了比较深入的研究，并提出了

"贸易宪法"概念。欧洲国际经济法学专家彼得斯曼（Ernst-Ulrich Petersmann）的《国际经济法的宪法功能与宪法问题》是第一部对国际经济法的宪法问题进行系统研究的专著，他在该书中提出了"贸易权"（"出口权"）及将自由贸易理论"权利化"等核心观点。美国对外贸易法专家布鲁斯·克拉伯（Bruce E. Clubb）的《美国对外贸易法和海关法》对美国建国以来对外贸易法的演变进行了系统、全面的梳理和分析。美国西北大学法学院教授约翰·麦金尼斯（John O. McGinnis）于 2000 年在《哈佛法学评论》上发表了一篇名为《世界贸易宪法》的文章，该文提出了各州与联邦之间的"国内贸易宪法"概念，并将其与以 WTO 为核心的"世界贸易宪法"进行了深入的比较分析。美国芝加哥大学法学院教授肯尼斯·丹（Kenneth W. Dam）在《科德尔·赫尔（Cordell Hull），〈互惠贸易协定法〉与 WTO》一文中对赫尔的突出贡献进行高度评价，同时他提出将出口商引入由进口竞争商统治和主导的贸易政策制定体制，并赋予出口商贸易权利以对抗进口竞争商的观点。

　　第四，在美国推动贸易自由化的历史进程中，政治家科德尔·赫尔的治国方略发挥了不可替代的作用。在罗斯福总统实行新政时任国务卿的科德尔·赫尔提出了"预先授权理论"、"关税问题是一个国际问题，与战争有关"、"非歧视性原则与无条件最惠国待遇制度"等观点，其领导的国务院对美国政府推动贸易自由化作出了卓越的贡献，因此他本人被誉为"互惠贸易协定之父"、"自由贸易的旗手"与"联合国的缔造者"。

　　此外，美国其他行业的精英发表的某些观点在一定程度上影响了本书的创作思路。如托马斯·奥内尔（Thomas P. O'Neill）在

《所有政治都是国内的》一书中发表了"所有政治都是国内的"的原创性观点。彼得·德鲁克（Peter F. Drucker）在《世界经济中的贸易教训》一文中提出了"所有经济都是国际的"的著名论断。

（二）研究思路与方法

要深入、透彻地研究美国贸易调整援助制度，必须全面、客观地探究 1934 年以来美国推动贸易自由化的历史进程。为此，本书采取历史研究法、实证研究法与比较研究法，将研究思路概括为"三个切入"和"三个度"：

第一，从《美国宪法》切入，可以提升高度。《美国宪法》是美国实现宪政与法治的基本依据。国会与总统在外交政策与贸易政策领域的权力配置均由《美国宪法》作出规定。因此，从《美国宪法》切入，研究美国贸易政策制定权力及其权力架构或贸易政策制定体制是完全正确和必要的，因为这种研究路径可以极大地提升贸易调整援助制度的高度。

第二，从"1934 年体制"切入，必须侧重角度。《1934 年互惠贸易协定法》重新配置了国会与总统的贸易政策制定权力，重构了美国贸易政策制定体制，建立了著名的"1934 年体制"，从此美国开启了贸易自由化的历史进程。因此，从"1934 年体制"切入，对美国推动的贸易自由化展开论述，这种做法完全符合戴斯勒演绎的美国贸易政治发展的基本逻辑。

第三，从贸易自由化切入，才能挖掘深度。自"1934 年体制"建立以来，虽然自由贸易或贸易保护时而高涨，时而回落，但贸易自由化一直是大势所趋，是美国贸易政策发展的主流。因此，只有从贸易自由化切入,才能梳理 70 多年美国贸易政策的变迁史,从而深入理解与全面把握美国贸易自由化进程中的贸易调整援助制度。

第一章 导论:美国贸易自由化的
宪政原理

　　美国贸易政策及其制定体制是所有 WTO 成员中最复杂的,因为它是一种混合体。最早对贸易政策进行定义的美国学者本杰明·科恩认为"贸易政策是一个国家试图影响外部经济环境的那些行动的总称,也是一个国家整体外交政策的组成部分,服务于共同的政策目标。"[1]美国学者罗伯特·帕斯特进一步发展了这一定义,认为贸易政策是"美国政府试图影响国际经济环境的全部行为,或者是直接影响国际经济环境,或者是调整美国经济以适应外部环境。"[2]因此,美国贸易政策又称"对外贸易政策"或"国际经济政策"。帕斯特的定义既是对贸易政策涵义的拓展,同时也是对大多数经济学家将"政治过程"(political process)排除在贸易政策背后做法的修正。事实上,这种贸易政策形成的"政治过程"就

---

　　① Benjamin J. Cohen, ed. *American Foreign Economic Policy*: *Essays and Comments*, Harper and Row, 1968, pp. 1–10.

　　② Robert. A. Pastor, *Congress and the Politics of U. S. Foreign Economic Policy*, 1929—1976, University of California Press, 1980, pp. 7–10.

是美国著名政治学教授戴斯勒所言的"美国贸易政治"。① 解读上述定义之后可以发现,美国贸易政策的内涵深刻,外延甚广。正如我国台湾地区学者何思因所言:"美国贸易政策不仅有关经济,也有关政治;不仅有关国际政治,也有关国内政治;不仅有关政治运作,也有关意识形态。"②美国贸易政策及其制定体制的多学科交叉的复杂性催生了3种重要的理论研究范式,即国际体系、政治精英(政治制度)及利益集团。③ 总之,美国国内研究贸易政策的著作可谓汗牛充栋。

美国贸易政策及其制定体制的复杂性还体现在贸易政策与贸易法的关系方面。美国学界并没有严格区分贸易政策与贸易法之间的关系,而是将两者交互运用,甚至有时将贸易政策与贸易法等同使用。美国对外贸易法专家布鲁斯·E·克拉伯采用历史方法对"冷战"结束之前的美国对外贸易法进行实证研究后发现,美国对外贸易法的形成大体由三大历史事件决定:其一是自由贸易理论的发展;其二是1929年—1933年经济大萧条;其三是世界被划分成资本主义与社会主义两大阵营。④ 国内有学者将美国贸易政策与贸易法的关系表述为美国贸易政策的法律化。

---

① I. M. 戴斯勒的《美国贸易政治》一书自1986年首次出版以来,备受美国学界和政界的推崇,一直被公认为了解美国贸易政策发展演变的权威著作,堪称研究美国贸易政治的真正经典。该书第一版就获得该年度美国政治学会格莱迪斯. 凯末里(Gladys. M. Kammerer)最佳公共政策类图书奖,现已出版至2005年第四版。本书的创作思路和灵感部分受益于该书的学术思想。

② 何思因:《美国贸易政治》,时英出版社1994年版,第190页。

③ 张建新:《权力与经济增长——美国贸易政策的国际政治经济学》,上海人民出版社2006年版,第2—26页。

④ [美]布鲁斯·E·克拉伯:《美国对外贸易法和海关法》,蒋兆康等译,法律出版社1999年版,第3—7页。

美国贸易政策及其制定体制也是所有 WTO 成员中是最受关注的。从历史经验角度看,美国《1930 年斯穆特—霍尔利关税法》(Smoot-Hawley Tariff Act of 1930),又称为《1930 年关税法》,引致各国竞相提高关税,点燃了经济大萧条爆发的导火线,①最后成为诱发第二次世界大战的重要经济根源之一。② 这一事件揭示了关税是一个国际问题的历史真相。作为《1930 年关税法》的修正案,堪称"贸易自由化宪章"的《1934 年互惠贸易协定法》(Reciprocal Trade Agreements Act of 1934, RTAA1934)重构了美国贸易政策制定体制(system for trade policy making)(以下简称"1934 年体制"),开启了 20 世纪美国贸易自由化(trade liberalization)的进程,③对国际贸易自由化及多边贸易体制的产生和发展造成了重大而深远的影响。RTAA1934 成为了美国贸易政策制定体制的分水岭,美国国内政治学、经济学及法学等不同学科的学者对"1934 年体制"产生的原因都进行了深入研究。从客观因素看,"1934 年体制"的形成取决于美国在 20 世纪 30 年代所处的国内和国际政治、经济环境。但追根溯源,无论是探究"1934 年体制"的缘起还是拷问贸易政策及其制定体制的复杂性,都必须在开国元勋精心设计的《美国宪

----

① Harold Hongju Kou, "Congressional Controls on Presidential Trade Policymaking after I. N. S. V. CHADHA," *N. Y. U. J. Int' I L. & Pol*, vol. 18 (1985—1986), p. 1194.

② 徐泉:"美国外贸政策决策机制的变革——美国《1934 年互惠贸易协定法》述评",载《法学家》2008 年第 1 期。

③ [美]戴斯勒:《美国贸易政治》(第四版),王恩冕、于少蔚译,中国市场出版社 2006 年版,第 3—23 页。

法》中寻找答案。

一、《美国宪法》、"1934年体制" 与贸易自由化

美国制宪者将人民主权(popular sovereignty)、限权政府等宪政原则与联邦制、政府权力分立与制衡等宪政机制引入《美国宪法》,①200多年的宪政实践使美国成为了一个立宪民主(constitutional democracy)国家。② 美国联邦政府与州政府以及联邦政府3个主要部门(立法、行政及司法)之间分权的结果之一就是导致立法机构与行政机构之间持久的紧张状态和权力之争。③ 美国杰克逊教授④是较早研究《美国宪法》与贸易政策、贸易法的关系以及对贸易关系影响的学者,他提出了美国贸易政策与贸易法以及与多边贸易体制关系研究的宪政路径。

---

① 王希:《原则与妥协——美国宪法的精神与实践》(修订本),北京大学出版社2000年版,第5页。

② [美]路易斯·亨金:《宪政·民主·对外事务》,邓正来译,生活·读书·新知三联书店1996年版,第5页。

③ [美]约翰·H·杰克逊:《世界贸易体制——国际经济关系的法律与政策》,张乃根译,复旦大学出版社2001年版,第88—89页。

④ 杰克逊教授是国际公认的GATT/WTO法领域的权威,因此获得"GATT/WTO之父"的尊称,其代表作《世界贸易体制——国际经济关系的法律与政策》堪称研究多边贸易体制的经典之作。本书的研究路径和创作思路部分来源于对该作品的反复阅读。

《美国宪法》明确授予国会关税制定权(tariff-making authority)、征收权①及商业管制权,②其中征收权允许国会在全美国统一征收进口税。商业管制权就是著名的"休眠商业条款"(dormant commerce clause),③该条款主要包括两个方面内容:其一是授予国会州际贸易管制权;其二是授予国会对外贸易管制权。制宪者授予国会州际贸易管制权,旨在创造一个各州之间的自由贸易体制,防止经济损失及防范政治分裂。因此,美国学者将"休眠商业条款"视为"国内贸易宪法"(domestic trade constitution)的根基。④关税制定权、征收权及商业管制权属于国会的专属权力,构成了国会贸易政策制定的主要宪法权源。⑤相反,制宪者没有明确授予总统在此领域的任何权力。但是,《美国宪法》赋予总统明示的(enumerated)或隐含的(implied)对外事务权力主要有4种⑥:缔

---

① 《美国宪法》第1条第8款第1项规定国会有权"规定和征收直接税、进口税、捐税和其他税,以偿付国债、提供合众国共同防务和公共福利,但一切进口税、捐税和其他税应全国统一。"

② 《美国宪法》第1条第8款第3项规定国会有权"管制同外国的、各州之间的和同印第安部落的商业。"

③ Julian N. Eule, "Laying the Dormant Commerce Clause to Rest," *The Yale Law Journal*, vol. 91(January 1982), p. 425.

④ [美]约翰·O·麦金尼斯、马克·L·莫维塞西恩:《世界贸易宪法》,张保生、满运龙译,中国人民大学出版社2004年版,第44页。

⑤ 《美国宪法》还包括两项与对外贸易相关的条款,分别是第1条第7款第1项规定"所有征税议案应首先在众议院提出,但参议院得像对其他议案一样,提出或同意修正案。"与第1条第9款第5项规定"对于从任何一州输出的货物,不得征收税金或关税。"

⑥ 胡晓进、任东来:"探索美国对外关系的宪政源泉—读路易斯·亨金的《对外事务与美国宪法》",载《美国研究》2003年第1期。

约权(treaty-making power)①、行政权、任命和接受大使的权力以
及作为国家唯一代表所享有的对外事务权(foreign affairs power)
(或称外交事务权)。②《美国宪法》对国会与总统权力配置的不
均衡在实践中导致以下三个后果:第一,美国贸易政策与外交政策
紧密结合、不可分离,特别在"冷战"结束之前;第二,美国条约的
缔结、类型及国内法效力问题变得非常复杂;③第三,国会与总统
在贸易政策制定体制下展开权力争夺,从而影响美国贸易政策的
基本走向。

(一)"1934 年体制"形成的政治经济学诠释

20 世纪 30 年代之前,美国的对外贸易政策主要就是关税政
策,关税税率的变化是美国对外贸易政策的晴雨表。④ 由于国会
垄断关税制定权和征收权,国会议员迫于选区贸易保护主义的政

---

① 《美国宪法》第 2 条第 2 款第 2 项规定"总统经咨询参议院和取得其同意
有权缔结条约,但须经出席参议员三分之二的批准。"该项权力必须与国会参议院
共享,所以在行使过程中容易产生摩擦。

② 有关总统对外事务权的来源和归属问题一直存在争议。联邦最高法院
法官罗伯特·H·杰克逊在 1952 年的权威性判决意见书中将总统和国会之间权
力分配不明确或重叠之处描述为"半阴影区"(twilight zone)。200 年来,总统与国
会在"半阴影区"的权力对抗促使许多最为棘手的宪法问题相继产生。参见[美]
路易斯·亨金,《宪政·民主·对外事务》,邓正来译,生活·读书·新知三联书店
1996 年版,第 24—63 页。

③ 美国将国际协定分成"条约"(在美国宪法意义上,指必须提交参议院批
准的协定)与"行政协定"(凡无需提交参议院批准的协定)两大部分、5 种类型,具
体包括条约、国会事先授权的行政协定、国会事后批准的行政协定、总统行政协定
及条约授权的行政协定。参见[美]约翰·H·杰克逊:《GATT/WTO 法理与实
践》,张玉卿等译,新华出版社 2002 年版,第 336—357 页。

④ 孙天竺:"美国对外贸易政策变迁轨迹研究(1776—1940)",辽宁大学
2008 年博士学位论文。

治压力,从《1816年关税法》第一个贸易保护主义关税法开始,美国一直推行保护性关税政策,旨在增加财政收入,同时保护国内制造业的发展。这种宪法性权力配置的不均衡成为美国自建国以来长期推行高关税保护政策的主要体制原因,最终在1930年达到了顶峰。国会议员们在国内特殊利益集团要求高关税保护的压力之下,讨价还价后相互投赞成票(logrolling and horsetrading),①促使臭名昭著的《1930年关税法》顺利通过,最后使美国陷入了政治和经济的双重危机。

于是,国会开始反思垄断关税制定权、征收权及对外贸易管制权对自身带来的不利影响。与此同时,作为"自由贸易旗手"的科德尔·赫尔在担任罗斯福政府的国务卿期间,竭力主张低关税的自由贸易,推崇以互惠为理念、非歧视为原则的关税减让,旨在重振美国经济。在赫尔的积极倡导及其所领导的国务院的推动下,国会考虑将关税制定权有条件地授予总统,使关税减让与总统的国际谈判相结合,使原来的法定关税变成"可以讨价还价的关税"。② 国会将权力授予总统,一方面是出于自我保护的需要;另一方面是以总统为首的贸易行政机构主动争夺的结果。从横向角度看,国会权力下放完全符合《美国宪法》的规定。

此外,从纵向角度审视,尽管《美国宪法》建立了限制贸易保

---

① Douglas. A. Irwin and Randall S. Krosner, "Log – Rolling and Economic Interests in the Passage of the Smoot – Hawley Tariff," pp. 1 – 4, http://research. chicagogsb. edu.

② [美]戴斯勒,《美国贸易政治》(第四版),王恩冕、于少蔚译,中国市场出版社2006年版,第16—17页。

护主义利益集团的机制，①但由于国会长期以来垄断贸易政策制定权力（trade policy-making authority），所以参众两院成为了贸易保护主义的温床。国会州际贸易管制权使贸易保护主义利益集团无法试图阻止竞争性产品从姊妹州的进入，促使州际自由贸易体制的形成和运转。但在"斯穆特—霍尔利体制"②下，国会却无法遏制贸易保护主义集团游说政府阻止外国货物的进口，从而酿成了严重的政治和经济后果。由于受益于贸易保护者（主要指进口竞争产业中的生产商和工人）与为之付出代价者（主要指出口商，同时也包括进口商和消费者等）之间存在长期的政治失衡，③两者游说国会的能力差异悬殊。1930年国内"进口竞争利益"（import-competing interests）集团，即受益于贸易保护者对国会施加了强大的贸易保护主义的政治压力，获取了高关税的"政治回报"。同时，在经济大萧条中深受高关税壁垒伤害的国内"出口导向利益"（export-oriented interests）集团强烈要求改革贸

①　区分贸易保护或限制与贸易保护主义是十分必要的。贸易保护主义既包括狭义的限制进口的政策，也包括广义的促进出口的措施。本书对贸易保护主义的讨论主要指狭义的，即各种形式的进口救济措施。参见李淑俊："美国贸易保护主义的政治基础研究——以中美贸易摩擦为例，"复旦大学2008年博士学位论文。

②　美国学者将《1930年关税法》或《1930年斯穆特—霍尔利关税法》建立的由国会独自管理对外贸易的体制称之为"1930年体制"或"斯穆特—霍尔利体制"。See Harold Hongju Kou, "Congressional Controls on Presidential Trade Policymaking after I. N. S. V. CHADHA," *N. Y. U. J. Int' I L. & Pol*, vol. 18 (1985—1986), p. 1194.

③　[美]戴斯勒，《美国贸易政治》》（第四版），王恩冕、于少蔚译，中国市场出版社2006年版，第4—5页。

易政策制定体制,①实施符合自身利益的自由贸易政策(libral trade policy)。② 在以国务卿赫尔为首的国务院的推动下,③经过"进口竞争利益"集团与"出口导向利益"集团之间的政治博弈,"1934 年体制"最后诞生了,将国会贸易保护主义压力部分转移至总统。总之,在国会与总统贸易政策制定权力不均衡配置的状态下,重构政治平衡与摆脱经济危机的现实需要成为"1934 年体制"形成的主要因素。

(二)"1934 年体制"变迁的宪政解读

从美国宪政历史观之,从建国至 1930 年,国会与总统在国际贸易关系领域基本上严格遵循制宪者倡导的权力分立与制衡原则,各司其职,负责贸易政策的制定。国会行使关税制定权和征收权,专司关税税率的调整和规制,而总统与参议院共享缔约权,负

---

① Douglas A. Irwin, "From Smoot – Hawley to Reciprocal Trade Agreements: Changing the Course of U. S. Trade Policy in the 1930s," p. 39, http://ideas. repec. org.

② 在自由贸易主义者与贸易保护主义者之间持续了两个多世纪的论战中,前者在课堂上战胜了后者,但实践中美国从来没有实现自由贸易,相反贸易保护主义在不时地渗透"政治市场"。因此,没有真正意义上的自由贸易(free trade),只有现实的"比较自由的贸易"(freer trade)。美国自 1934 年以来推行的是贸易自由化,即坚持以自由贸易为原则,同时允许各种形式、不同程度的贸易保护,是自由贸易与贸易保护折衷的最优选择。本书所指的自由贸易政策,其涵义接近于贸易自由化政策,英文表述为"libral trade policy",而非"free trade policy"。

③ Stephan Haggard, "The Institutional Foundations of Hegemony: Explaining the Reciprocal Trade Agreements Act of 1934," *International Organization*, vol. 42 (Winter 1988), p. 118.

责与外国谈判双边"友好、通商及航海"条约,因此两者很少发生
冲突。① 但是,RTAA1934 改变了这种贸易政策制定权力分配格
局,重塑了贸易政策制定的宪政体制。从此,"1934 年体制"下国
会与总统围绕贸易政策制定权力的争夺、碰撞及相互不信任,共同
演绎了美国贸易政策变迁的政治逻辑。

**1. "1934 年体制"变迁的宪政路径:到底谁制定贸易政策,国
会、总统或两者共同?**

RTAA1934 将关税制定权,或称贸易协定谈判权(trade
agreements negotiating authority),授予总统,使国会关税制定权、征
收权、对外贸易管制权与总统缔约权、外交事务权、行政权混合在
一起。权力的有机结合似乎使两者"共同合作"制定贸易政策,从
而使美国摆脱经济民主主义和经济孤立主义,真正迈向国际经济。
但是,事实却正好相反。权力的争夺由此展开并且贯穿于"1934
年体制"发展演变的全过程,到底谁制定贸易政策问题始终成为
美国国内争论的焦点。究其原因,主要是"1934 年体制"不但没有
界定总统与国会在对外事务与国际贸易领域各自的权力范围,②
反而给总统创设了名正言顺地参与贸易政策制定的制度通道,使

---

① 由于缔约权属于共享权力(concurrent power),总统与参议院在有关其他
对外事务条约缔结方面经常产生冲突,往往是条约经总统对外谈判之后参议院不
批准,因此有学者将参议院叫做"条约的坟墓"(graveyard of treaties)。参见[美]
路易斯·亨金:《宪政·民主·对外事务》,邓正来译,生活·读书·新知三联书店
1996 年版,第 72 页。

② 由于总统与国会在对外事务领域存在"半阴影区"的权力张力,两者对对
外事务权的争夺一直持续至 1936 年,著名的 *United States v. Curtiss-Wright Export
Corp* 案明确了总统是"国家对外关系中的唯一机构"(the sole organ of the nation in
its external relations)的宪法地位。因此,从理论上讲,在不涉及国际贸易的外交政
策领域,总统具有无可争议的主导权,但实践并非如此简单。

美国贸易政策制定领域的权力分配趋于复杂化,致使权力争夺无法避免。①

深受对外事务领域长期存在权力争夺的影响,国会对授予总统关税制定权(贸易协定谈判权)的问题上保持相当警惕,以免权力被总统滥用。从理论上讲,国会在贸易政策制定方面有4种策略选择:独自制定并执行贸易政策;为特定协定或特定时期授予总统有限的权力;与行政机构分享谈判权,同时保留对贸易政策内容的控制;授予行政机构未加限制的权力。从"1934 体制"开始,国会实际上只使用了前3种。遵循"授权——控权或监督"原理,国会在不同时期的贸易立法中②先后创设了5个"行政裁量权控制手段"(executive discretion-controlling devices)。这些控权手段分别是:第一,在"1930 年体制"中,国会亲自规定谈判目标,限制总统裁量权;第二,在"1934 年体制"中,增设日落条款(sunset provisions),定期延长授权,至 1962 年,RTAA1934 共延长了 11次;第三,在"1962 年体制"中,国会担心总统在没有授权的前提下

①　杰克逊认为美国政府各部门之间的权力之争恰恰是开国元勋所期望的,因为它可以防止其中任何一一部分的权力过大,从而形成权力制衡体制。参见[美]约翰·H·杰克逊:《世界贸易体制——国际经济关系的法律与政策》,张乃根译,复旦大学出版社 2001 年版,第 89 页。

②　国会在 1934 年至 2002 年之间先后制定了几部具有重要影响的贸易法,依次为《1934 年互惠贸易协定法》、《1962 年贸易拓展法》、《1974 年贸易法》、《1988 年综合贸易与竞争法》与《2002 年贸易法》。根据不同时期国会与总统贸易政策制定权力分配情况的不同,同时为了论证的便利,本书将这几部贸易法确立的贸易政策制定体制分别称之为"1934 年体制"、"1962 年体制"、值得一提的是,"1974 年体制"、"1988 年体制"与"2002 年体制"。其中,"1934 年体制"是对"1930 年体制"的根本性修正,而后续的4个体制是对"1934 年体制"的创新与发展。至今为止,"1934 年体制"仍是美国贸易政策制定的基本制度架构,但是面临来自不同层面或角度的挑战。

与 GATT 缔约方谈判并接受非关税减让,因此国会在事先授权的
基础上,要求对多边贸易协定进行事后审批;第四,在"1974 年体
制"下,国会一方面授权总统参与肯尼迪回合谈判,提高对外谈判
信用;另一方面要求总统与国会及私人产业顾问进行广泛磋商,并
且对谈判情况进行事后汇报;第五,更为重要的是,国会不但直接
限 制 行 政 裁 量 权, 而 且 通 过 将 贸 易 救 济 措 施 " 司 法 化 "
(judicialized),①提高第三方对行政行为的间接控制。此外,作为
锦上添花之功效,该体制允许国会使用在对外事务中控制总统裁
量权的手段,即"立法否决权"(legislative veto)。值得一提的是,
"1974 年体制"为现行美国贸易政策制定体制打下了基础,是对
"1934 年体制"的重大调整,但始终没有脱离"1934 年体制"的权
力架构。

由此可见,"1934 年体制"的发展是围绕国会"授权——控权
或监督"的路径展开的,其中国会的角色定位从监管者(regulator)
到授权者(delegator),②然后再逐渐回归本位。在这一过程当中,
国会不时地提醒总统自己拥有管制对外贸易的宪法权力。从司法
审查实践看,法院支持国会与总统共享贸易政策制定权力,但始终
要求总统行使权力必须以国会授权为基础。③ 法院的态度比较明
确,即一般尊重国会拥有管制对外贸易的最终权力,同时认同行政

---

① Hon · Jane A · Restani, "Judicial Review in International Trade: Its Role in
the Balance Between Delegation by Congress and Limitation of Executive Discretion,"
The American University Law Review, vol. 37(1987—1988), pp. 1075–1078.

② Theresa Wilson, "Who Controls International Trade? Congressional Delegation
of the Foreign Commerce Power," Drake L. Rev, vol. 47(1998), p. 176.

③ 金灿荣:"国会与美国贸易政策的制定",载《美国研究》2000 年第 2 期。

机构在对外事务中的权力。① 总之,国会与总统共享贸易政策制定权已经成为客观事实,那么从"1934 年体制"向"1974 年体制"的发展过程中,贸易政策制定体制中权力钟摆(the pendulum of power)的推手到底是什么? 这是一个必须要回答的问题。

2. "1934 年体制"变迁的原动力

《1930 年斯穆特—霍尔利关税法》最持久的遗产是国会几乎垄断国际贸易,成为贸易保护主义的代名词。美国著名政治学专家沙特施奈德②曾经对"斯穆特—霍尔利体制"下的贸易政治势力作了如下精辟的论断:尽管从理论上讲,支持和反对关税立法的利益集团大致势均力敌,但它们向国会施加的压力却绝对不平衡。也就是说,由于支持关税立法的压力过于强大,从而使反对派的压力可以忽略不计。③ 尽管施氏将反对派的压力降至为零的说法可能言过其实,但在《1930 年关税法》及之前的关税立法中,受益于贸易保护者和为之付出代价者之间存在长期的政治失衡却是客观事实。④ 这种政治失衡映射到关税立法层面,最集中体现在作为

---

① Theresa Wilson, "Who Controls International Trade? Congressional Delegation of the Foreign Commerce Power," Drake L. Rev, vol. 47(1998), p. 173.

② 沙特施奈德的专著《政治、压力与关税:在 1929—1930 年修订关税的背景下一项有关压力政治中的自由私营企业的调查》堪称研究美国贸易政治的经典之作。该书为沙氏树立了至高的学术地位,沙氏本人因此曾经担任美国政治学会主席,学会专门以其名字命名了沙特施奈德奖(E. E. Schattschneider Award),旨在奖励美国政府研究领域中的最佳博士论文。本书对"1934 年体制"之前的美国贸易政治的理解受益于沙氏的学术思想。

③ [美]戴斯勒:《美国贸易政治》(第四版),王恩冕、于少蔚译,中国市场出版社 2006 年版,第3—4 页。

④ 虽然自由贸易使消费者获益巨大,但就每一个计算却微不足道。此外,由于消费者往往处于分散状态,这些群体没有多大动力花费时间和金钱去支持自由贸易政策。

特殊利益集团的进口竞争产业中的生产商和工人控制国会立法，从而导致"斯穆特—霍尔利体制"的产生。进口竞争产业中的生产商和工人是贸易保护立法的最积极倡导者，而国会两院议员却成为了他们的代言人。相反，在"1934年体制"产生之前，主张自由贸易的出口商对关税立法形成很小的政治压力，主要是因为他们并没有真正进入由国会垄断的关税政策制定体制。因此，"1934年体制"为国内两种价值取向完全对立的贸易势力重构了政治平衡，从而使美国贸易政策从保护趋向自由，从国内走向国际。① 时任国务卿赫尔的做法就是创制预先授权，②将出口商引入由"进口竞争利益"集团统治的"斯穆特—霍尔利体制"，让自由贸易主义力量去对抗贸易保护主义力量，促使这两种力量开展较量，逐渐形成一个旷日持久的博弈格局。

从美式宪政角度看，贸易保护主义力量与自由贸易主义力量之间展开的宪政博弈为"1934年体制"的发展和变迁提供了原动力。美式宪政是对"1934年体制"下戴斯勒的"美国贸易政治"的审视与解读，因为就如本书前面所述，美国贸易政策的制定从源头上讲是在《美国宪法》的框架下进行的。"1934年体制"的缘起和变迁不只是政治经济学或国际政治经济学问题，更是一个宪政问题。对这种旷日持久的宪政博弈，可以从以下两个方面理解：

---

① 根据赫尔回忆，在美国20世纪30年代之前的关税争斗中，国会的关税立法辩论始终停留在高关税或者低关税对美国有利还是有害这一国内问题，几乎没有人将关税问题看作一个国际问题以及考虑关税政策对他国的影响。

② 蕴涵在RTAA1934中的赫尔理念有许多，如互惠、非歧视、预先授权、接受公众监督的谈判等。其中，据说最核心的理念是国会同意在授权谈判中约束其权力。

一方面,从横向权力博弈层面看,"1934 年体制"下国会与总统共享贸易政策制定权力的宪政格局重塑了美国抵制贸易保护主义的基础。国会倾向于贸易保护主义,而总统推崇自由贸易主义,①这是由两者不同的宪法性角色决定的。② 从 1934 年至 1974 年,遵循"授权——控权或监督"之宪政路径,国会与总统围绕贸易政策制定权力展开的争夺,其实质就是贸易保护主义与自由贸易主义在不同时期和背景下力量对抗的此消彼长。③ 两种贸易政策价值取向完全对立的力量之间的宪政博弈推动着"1934 年体制"的不断演变。

另一方面,从纵向权利保护层面看,国会授予总统关税制定权(贸易协定谈判权),为出口商能真正参与到贸易政策制定体制之中提供了一种国内机制。④ 这种机制为出口商抵消进口竞争商的

---

① 张建新:《权力与经济增长——美国贸易政策的国际政治经济学》,上海人民出版社 2006 年版,第 32—40 页。

② 国会两院议员来自不同的选区,议员要对自己选区的选民负责,所以往往代表狭隘的地方利益,与特殊地区及其利益集团存在利害关系。相反,总统面对全国选民,代表整体的国家利益。所以从某种意义上讲,国会与总统对贸易政策制定权力的争夺折射出特殊利益与国家利益(或公共利益)之间的冲突。

③ 张向晨:《发展中国家与 WTO 的政治经济关系》,法律出版社 2000 年版,第 60 页。

④ 美国关税与上诉法院在 1975 年" United States v. Yoshida International Inc."判决书中裁定:没有人拥有一种与外国进行贸易的既得权利。《美国宪法》并没有明确赋予私人贸易权。当 1979 年出口管理法案第一草案(S. 737)提到"出口权"时,"权利"一词随后被"能力"一词所取代,以避免该法律被"误解"为指示了一种合宪的或在法律上可以强制执行的、且不受政府限制的出口权。因此,无论从成文法还是判例法角度看,美国出口商没有既得的出口权。参见[德]E·U·彼德斯曼:《国际经济法的宪法功能与宪法问题》,何志鹏等译,高等教育出版社 2004 年版,第 206—207 页。

政治影响提供了机会和方法,①具体而言,主要是指美国国内贸易法为出口商创设的某种贸易权利及进口国赋予美国出口商程序上的特定贸易权利,见图表1。②

图表1:美国出口商的3种贸易权利对比

法条	来源	性质	内容
301 条款	国会贸易立法	实体权利与程序权利(出口国提供)	要求政府打击外国限制美国产品出口的不公平或不正当行为
《与贸易有关的知识产权协定》(TRIPS)	条约/国际协定	程序权利(进口国提供)	要求 WTO 成员国对侵犯知识产权进行救济
《政府采购协定》(AGP)	条约/国际协定	程序权利(进口国提供)	要求 WTO 成员国政府必须同意供应者能够质询违反协定的情况

与此同时,由于"进口竞争利益"集团对国会贸易保护立法产生的巨大影响,所以进口竞争商却从来不缺乏抵制自由贸易的武器。更加值得关注的是,作为获得关税制定权(贸易协定谈判权)的代价,以总统为首的贸易行政机构必须负责执行国会的贸易保

---

① Kenneth W. Dam, "Cordell Hull, the Reciprocal Trade Agreements Act, and the WTO-An Essay on the Concept Rights in International Trade," *N. Y. U. J. L. & Bus*, vol. 1(2004—2005), p. 730.

② 3种贸易权利是由美国芝加哥大学法学院教授肯尼斯·丹总结的,它们与彼德斯曼所述的既得的贸易权利(出口权)是完全不同的。关于3种贸易权利的论述,See Kenneth W. Dam, Kenneth W. Dam, "Cordell Hull, the Reciprocal Trade Agreements Act, and the WTO - An Essay on the Concept Rights in International Trade," *N. Y. U. J. L. & Bus*, vol. 1(2004-2005), pp. 727-730.

护立法,即各种形式的贸易救济措施,使进口竞争产业中的生产商和工人免遭贸易自由化带来的利益损害。从 1934 年开始,总统的互惠关税减让促使以"出口导向利益"集团为代表的自由贸易主义力量快速增长,至 1974 年,与以"进口竞争利益"集团为代表的贸易保护主义力量之间形成了势均力敌的博弈格局。在国会与总统的贸易政策制定权力分立与制衡的体制中,这两种利益相互冲突的力量之间展开了持续的政治博弈,但同时也推动这个体制不断向前发展。

出于控制和监督总统关税制定权(贸易协定谈判权)的需要,国会根据国际贸易谈判的实践,不断建立各种形式的委员会和机构。最突出表现是,美国于 1962 年建立了特别贸易代表办公室(Office of the Special Trade Representative)①,即美国贸易代表办公室(Office of the United States Trade Representative)的前身,主要负责出口贸易政策。此外,在 1916 年成立了一个独立的、跨党派(非党派)性质的准司法机构,美国关税委员会(U. S. Tariff Commission,USTC),即美国国际贸易委员会(U. S. International Trade Commission,USITC)的前身,主要负责进口贸易政策。必须强调的是,错综复杂的政党政治(党派政治)在贸易政策制定体制中始终占据重要的地位。由于民主党与共和党在贸易政策上往往分别代表不同的利益集团,因此总统或国会的党派属性在很大程度上决定着美国贸易政策的性质,②其中对美国贸易政策制定影

---

① 孙哲、李巍:"美国贸易代表办公室与美国国际贸易政策",载《美国研究》2007 年第 1 期。

② 屠新泉:"党派政治与美国贸易政策的变迁",载《美国研究》2007 年第 4 期。

响较大的是国会众议院的党派属性。在由贸易保护主义与自由贸易主义两种力量推动的、国会与总统贸易政策权力争夺的博弈格局中，上述各种因素直接或间接地参与其中。

总之，贸易保护主义与自由贸易主义两支力量之间此消彼长的实力对比决定了不同时期美国贸易政策的性质。但是，由"1934 年体制"开启的贸易自由化始终是美国贸易政策的主旋律。著名国际经济学专家伯格斯坦将战后美国贸易政策的演变现象归纳为"退一步，进两步"，①即为了得到国会授权进行新的国际贸易自由化谈判，每一任总统都不得不向当时的主要贸易保护主义利益集团作出让步。那么，在进退之间，自由贸易主义力量是如何不断战胜或屈服于贸易保护主义力量的？这是一个非常复杂的贸易制度博弈的问题。

二、美国推动贸易自由化的"四位一体"制度架构

在"1934 年体制"中，国会开创性地将关税制定权、征收权、对外贸易管制权与总统缔约权、对外事务权、行政权战略性结合，授予总统关税制定权（贸易协定谈判权），使美国的"立法性贸易政策"②

---

① ［美］C·弗雷德·伯格斯坦："美国贸易政策的复兴"，沈旭华译，载林晓云主编：《美国法通讯》（第三辑），法律出版社 2004 年版，第 89 页。
② 从《美国宪法》角度理解贸易政策与贸易法之间的关系更加符合理论逻辑与实践发展，毕竟国会始终拥有宪法授予的贸易政策制定权力，而进行贸易立法恰恰是其行使权力的基本方式。因此，"立法性贸易政策"提法更加能够从源头上切中贸易政策与贸易法之间关系的要害。

趋于复杂化。从杰克逊对美国5种类型的国际协定的划分标准及其具体实践角度看,1934年之后的"立法性贸易政策"涵盖了非常广泛的内容。其中,国会综合性贸易立法是"立法性贸易政策"的根基,而"国会—行政协定"(congressional-executive agreements)①的缔结成为美国推动贸易自由化的关键。因此,国会综合性贸易立法授权总统缔结的"国会—行政协定"成为了"立法性贸易政策"的重要部分。为了抵制贸易保护主义,推动贸易自由化,战后美国成功运用著名国际经济学专家伯格斯坦所言的"两手策略",②即一方面国会授权总统启动意义深远的新一轮国际谈判;另一方面国会授权总统实施新的谈判结果。这种策略在战后4个贸易政策周期(见图表2)的前3个中已经被成功运用。

**图表 2:战后美国 4 部重要贸易立法与 GATT/WTO
相对应的 4 轮多边贸易谈判**

立法名称	谈判名称	谈判时间
《1962 年贸易拓展法》	肯尼迪回合	1964 年—1967 年
《1974 年贸易法》	东京回合	1973 年—1979 年
《1988 年综合贸易与竞争法》	乌拉圭回合	1986 年—1994 年
《2002 年贸易法》	多哈回合	2001 年—

① 国际协定与美国国内法具有同等法律地位,因为《美国宪法》第6条第2款规定"本宪法和依本宪法所制定的合众国的法律,以及根据合众国的权力已缔结或将缔结的一切条约,都是全国的最高法律。"基于美国国际协定与国内法关系的复杂性,本书对国际协定在美国国内法中效力与执行问题不展开具体论述,而且该问题也并非本书研究重点之所在。

② [美]C·弗雷德·伯格斯坦:"美国贸易政策的复兴",沈旭华译,载林晓云主编:《美国法通讯》(第三辑),法律出版社2004年版,第86—87页。

在前 3 轮贸易谈判结果中，GATT1947 与 GATT1994 成为美国抵制贸易保护主义的有效手段，同时也是美国实现贸易自由化的重要法律工具。"1934 年体制"建立之后，美国以互惠为理念、非歧视为原则、贸易协定为机制、无条件最惠国待遇为制度，从双边和多边开启贸易自由化，逐渐发展成为一个由双边、区域与多边三层次构成的贸易自由化格局。根据"立法性贸易政策"的相关内容，围绕贸易保护主义力量与自由贸易主义力量之间的宪政博弈主线，本书将美国推动贸易自由化的"四位一体"制度架构（institutional framework）分解成以下 4 种机制及相对应的制度，见图表 3。

图表 3：美国推动贸易自由化的"四位一体"制度架构

名称	主要内容
贸易自由化拓展或促进机制	"快车道"制度/"贸易促进授权"制度
贸易自由化公平保障机制	反补贴税法和反倾销法
贸易自由化临时或紧急保护机制	逃避条款/201 条款
贸易自由化补偿机制	贸易调整援助制度

第一种机制代表自由贸易主义力量，是美国贸易自由化的"火车头"或"引擎"。第二种和第三种机制代表贸易保护主义力量，具体包括反补贴措施、反倾销措施及保障措施三种主要的贸易救济形式。它们是贸易保护主义者反对贸易自由化的武器，是进口竞争产业中的生产商和工人抵制不公平或公平进口竞争的贸易政策工具。贸易调整援助（Trade Adjustment

Assistance,TAA)制度①实际上是一种贸易自由化补偿机制,是本书研究的命题。在这个制度架构中,贸易自由拓展或促进机制与其余 3 个体制,特别与逃避条款/201 款、TAA 制度之间逐步形成了一种制度化的张力。

(一)贸易自由化拓展或促进机制:"快车道"制度/"贸易促进授权"制度

"1934 年体制"的建立标志着自由贸易主义开始在美国贸易政治中逐渐占据主导地位,此后这种格局没有发生根本的改变。② 该体制的核心在于国会预先授予总统关税制定权(贸易协定谈判权)。国会"授权——控权或监督"的授权模式一直是困扰国会与总统之间相互关系的一个重要争点,同时也是拓展(to expand)或促进(to promote)贸易自由化的关键问题,因为它直接决定总统对外谈判的行政协定的性质。从 1934 年至 1962 年,国会在特定时期为特定协定预先授予总统有限的权力而不需要经过国会磋商。在这一时期,总统主要谈判两种国际协定,即双边贸易协定与 GATT 框架下的关税减让协定。③ 出于对总统采用单独的"行政协定"(executive agreements)缔结非关税壁垒协定的担心,《1962 年贸易拓展法》(Trade Expansion Act of 1962)要求对谈判协定进行

---

① 本书将在不同情形中分别使用简称"TAA"、"TAA 项目"、"TAA 制度"、"TAA 利益"及"TAA 立法"等。

② 张向晨:《发展中国家与 WTO 的政治经济关系》,法律出版社 2000 年版,第 61 页。

③ C. O'Neal Taylor, "Fast Track, Trade Policy, and Free Trade Agreements: Why the NAFTA Turned into a Battle," *GW J. Int'l L. & Econ*, vol. 28(1994), p. 14.

事后批准,并且在总统谈判授权中必须有国会成员参与。[1] 从 1967 年至 1974 年,国会近 8 年没有给予总统授权。《1974 年贸易法》(Trade Act of 1974)制定的"快车道"(Fast-Track,FT)程序第一次使授权"制度化",[2]真正成为贸易自由化拓展或促进机制,奠定了美国现代贸易政策的基石。[3] 从 1974 年至 2002 年,特别在 1994 年至 2002 年期间,总统近 8 年没有获得"快车道"授权。《2002 年贸易法》(Trade Act of 2002)之《2002 年两党贸易促进授权法》(Bipartisan Trade Promotion Authority of 2002,TPA)将"快车道"程序更名为"贸易促进授权",使授权实现了第二次"制度化",旨在推动日趋复杂的贸易自由化。

(二)贸易自由化公平保障机制:反补贴税法和反倾销法

1934 年以来的美国贸易政策史就是一场趋向贸易自由化的运动,即降低关税,消除其他非关税壁垒。通过与其他主要贸易大国共同制定多边规制,促进"比较自由的贸易"的同时,国会制定贸易救济法律,让国内进口竞争产业更加容易获得救济,应对来自进口的低价倾销、政府补贴与公平贸易条件下进口的急剧增长。[4]

---

[1] Lawrence M. Reich, "Foreign Policy or Foreign Commerce?: WTO Accessions and the U. S. Separation of Powers," *Geo. L. J*, vol. 86(January 1998), p. 753.

[2] 陈功:《聚焦美国"府会"外贸决策权之争》,重庆出版社 2008 年版,第 130 页。

[3] Harold Hongju Koh, "The Fast Track and United States Trade Policy" *Brook. J. Int' l L*, vol. 18(1992), p. 143.

[4] William H. Cooper, "Trade Issues in the 109th Congress: Policy Challenges and Opportunities," *CRS Report for Congress*, Order Code RL32829, March 24, 2005, p. 17.

贸易自由化必然对进口竞争产业中的生产商和工人产生不利影响,相反使出口商、进口商及消费者等主体受益。因此,前者成为贸易自由化的受损者,或称输家(losers),而后者却成为贸易自由化的受益者,或称赢家(winners)。当国外出口商从事不公平贸易行为,将低价倾销或政府补贴的产品输入美国市场时,国内进口竞争产业中的生产商可以要求以公平贸易的名义,对进口产品采取反倾销或反补贴措施。事实上,自由贸易与不公平贸易的二分法(free trade-unfair trade dichotomy)①长期以来是美国贸易政策的一个重要特征。美国最早的反倾销立法始于1916年,即《1916年反倾销法》。② 美国反补贴立法则更早,最早的反补贴税法是《1897年关税法》中的反补贴税条款。③ "1934年体制"开启的贸易自由化本身蕴涵着对因不公平贸易行为而受损的输家的贸易保护。随着美国对外贸易中关税壁垒的减少与非关税壁垒的日趋增多,反补贴措施和反倾销措施成为美国打击不公平贸易行为、推动贸易自由化的公平保障机制。

(三)贸易自由化临时或紧急保护机制:逃避条款/201条款

尽管在"1934年体制"中,要求贸易保护的政治压力得以分散或转移,但贸易自由化始终面临"国内倒退"(domestic

---

① Michael Borrus and Judith Goldstein,"The Political Economy of International Trade Law and Policy: United States Trade Protectionism: Institutions, Norms, and Practices,"*NW. J. INT'L L. & BUS*, vol. 8(Fall 1987), p. 337.

② 姜栋:《美国反倾销法研究》,中国人民大学出版社2007年版,第6页。

③ 甘瑛:《国际货物贸易中的补贴与反补贴法律问题研究》,法律出版社2005年版,第37页。

backsliding)的危险。除了不公平贸易行为对进口竞争产业造成损害或损害威胁之外,正常或公平贸易条件下的进口急剧增长也会对国内相关产业造成损害或损害威胁,而这种情况往往是事先未预见的,是由关税壁垒的消除造成的。因此,支持自由贸易的国家机制(如"快车道"制度/"贸易促进授权"制度)的发展必须附带保障措施(safeguards)。① 进口竞争产业要求采取关税、配额、数量限制等救济措施,对自由贸易进行临时或紧急设限。美国创设并发展了各种形式的保障措施,其中最主要的是逃避条款(escape clause),或称免责、规避、免除、例外、脱身、防卫及201条款。② 作为贸易自由化临时或紧急保护机制,逃避条款是最具贸易保护主义色彩的。美国现行国内法上的保障措施是201条款,因此本书采用逃避条款/201条款代替不同时期的保障措施。

(四)贸易自由化补偿机制:贸易调整援助制度

贸易自由化是一把双刃剑,同时制造了受益者(赢家)和受损者(输家)。不管是公平贸易还是不公平贸易,美国在推动贸易自由化进程中,伴随着进口竞争的加剧与产业的转移,产业国际竞争力的变化导致国内进口竞争产业遭受生产商倒闭、工人失业等不利后果。因此,进口竞争产业必须进行结构调整,而美国政府需要对调整进行援助,为生产商和工人提供补偿。TAA项目就是由美国政府实施的,对因进口竞争或生产转移而受到损害的相关产业

---

① Judith Goldstein, "Ideas, Institutions, and American Trade Policy," *International Organization*, vol. 42(Winter 1988), p. 188.

② 本书将在不同环境和条件下分别使用"逃避条款"、"例外条款"及"201条款"等。

中的工人、企业、社区及农民等提供援助或补偿的一种法律制度。如果不提供补偿,那么因进口竞争而受损的生产商和工人就会坚决抵制进一步的贸易自由化,转向贸易保护主义。TAA 制度已经成为"快车道"制度/"贸易促进授权"制度的交换物,或称补偿物(quid pro quo)。①

总之,从"1934 年体制"的建立至 2008 年 WTO 多哈回合谈判破裂,纵观美国贸易政策 70 多年变迁史可以发现,美国从开启贸易自由化至今,不管在哪一个历史阶段,始终没有脱离自由贸易的发展轨道,而且有两条主线贯穿始终:第一条是由于宪法性权力配置的不均衡,国会与总统对贸易政策制定权力的争夺始终主导着美国贸易政策制定体制的变迁,而且党派政治在其中发挥了非常重要的作用,使贸易政策取向始终具有鲜明的党派性。第二条是美国的关税政策和贸易政策在很大程度上是由贸易保护主义利益集团的政治压力决定的,②作为贸易政策工具的贸易救济措施,其产生和发展是由国内特殊利益集团在不同时期和条件下推动的。随着经济全球化的纵深发展,由美国产业结构的变迁和产业国际竞争力的变化而引发的国内政治失衡将始终成为立法者进行贸易立法的主导因素。

---

① William J. Mateikis, "The Fair Track to Expanded Free Trade: Making TAA Benefits More Accessible to American Workers," *Houston Journal of International Law*, vol. 30(2007), p. 3.

② [德]E·U·彼德斯曼:《国际经济法的宪法功能与宪法问题》,何志鹏等译,高等教育出版社 2004 年版,第 203 页。

第二章　美国贸易调整援助立法的
政治动因与经济理论

　　20 世纪 30 年代这场史无前例的经济大萧条对整个西方的经济理论和政策实践构成了巨大的冲击和挑战,同时也为新经济政策的探索和尝试提供了宝贵的机遇。① 科德尔·赫尔积极倡导并推动的"1934 年体制"使国会贸易保护主义的政治压力得到了疏导或转移。从 1934 年开始,美国开启了贸易自由化的进程,特别在"二战"结束之后,美国引领了全球贸易自由化的发展。从推动贸易自由化的制度架构看,美国贸易自由化拓展或促进机制为贸易自由化的快速发展提供了制度保障。总统在拥有国会预先授予的不同限度的关税制定权(贸易协定谈判权)的前提下,通过与外国缔结互惠关税减让协定,极大地拓展了出口贸易,实现了美国制定 RTAA1934 的初衷。② 在《1945 年贸易协定延长法》(Trade Agreements Extension Act of 1945)中,国会授权总统在贸易协定谈判中,在原来 50% 关税减让的基础上再行减让 50% ,从而成为

---

　　① 　徐泉:"美国外贸政策决策机制的变革——美国《1934 年互惠贸易协定法》述评",载《法学家》2008 年第 1 期。

　　② 　Stanley D. Metzger,"The Escape Clause and Adjustment Assistance:Proposals and Assessments,"*Law & Policy in International Business*,vol. 2(1970) ,p. 354.

1962 年之前贸易自由化的"立法制高点"(legislative highpoint)。①
从 1947 年日内瓦回合到 1961 年狄龙回合,经过 5 个回合的关税
减让谈判(见图表 4),美国主导的战后国际贸易自由化加速发展。

图表 4:GATT 框架下的前 5 轮多边贸易谈判

年份	地点/名称	涉及议题	参加国
1947 年	日内瓦	关税	23
1949 年	安纳西	关税	13
1951 年	托奎	关税	38
1956 年	日内瓦	关税	26
1960—1961 年	日内瓦(狄龙回合)	关税	26

资料来源:世界贸易组织秘书处编:《贸易走向未来——世界贸易组织(WTO)概要》,
第 12 页。

更为重要的是,美国长期将国际贸易视为整体外交政策工具
(foreign policy tool)。② 战后美国出于政治目标和经济利益的考
虑,提出一项旨在恢复欧洲经济发展的"马歇尔计划",主要目的
是为了防止西欧在经济和政治上崩溃,帮助欧洲恢复农业、工业与
贸易,以便他们能够自给,同时加强美国对欧洲的控制,恢复欧洲
对美国商品的购买力。③ 此外,美国成为战后构建国际经济秩序
和国际组织的积极倡导者和推动者。作为布雷顿森林体系三大经

---

① Stanley D. Metzger, "The Trade Expansion Act of 1962," *The Georgetown Law Journal*, vol. 51(Spring 1963), pp. 428–429.

② Theresa Wilson, "Who Controls International Trade? Congressional Delegation of the Foreign Commerce Power," Drake L. Rev, vol. 47(1998), p. 141.

③ 林珏:《战后美国对外贸易政策研究》,云南大学出版社 1995 年版,第 53
页。

济支柱之一的《关税与贸易总协定》(GATT1947)使美国推行的互惠贸易协定从双边拓展到多边,特别是 GATT 非歧视原则及其无条件最惠国待遇制度的适用使美国与贸易伙伴之间的进口关税大幅度削减。蕴含在 RTAA1934 中的许多赫尔理念逐步变成了现实,同时在国务卿科德尔·赫尔的推动下,联合国的成立重构了战后国际政治秩序,为美国主导国际政治经济秩序、实现国家安全、获取经济利益创造了有利条件。科德尔·赫尔因此被罗斯福总统视为"联合国缔造者"(father of the United Nations)。① 总之,美国将外交政策与贸易政策相结合的做法加快了战后国际贸易自由化的进程。

与此同时,自 1934 年特别是 1947 年以来,随着关税大幅度削减,贸易自由化加速发展,美国国内的贸易调整压力与日俱增,贸易保护主义不断抬头。美国贸易自由化的发展基本上遵循"自行车理论",即只能始终保持前行,否则就会倒下。贸易自由化将重新屈服于国内的进口限制,不会停留在原地止步不前。② 事实上,从 1934 年至 1942 年,伴随着贸易自由化的发展,美国开始采取多种限制形式,避免贸易自由化对国内产业造成严重损害,例如进行承诺的重新谈判、针对不同风险采取各种保障措施等。③ 美国在

---

① Kenneth W. Dam, "Cordell Hull, the Reciprocal Trade Agreements Act, and the WTO—An Essay on the Concept Rights in International Trade," *N. Y. U. J. L. & Bus*, vol. 1 (2004—2005), p. 712.

② [美]戴斯勒:《美国贸易政治》(第四版),王恩冕、于少蔚译,中国市场出版社 2006 年版,第 18 页。

③ Alan C. Swan, "The 'Escape Clause' and the Safeguards Wrangle," *Brigham Young University Law Review*, (1989), pp. 436–437.

与外国的双边互惠贸易协定中加入特别逃避条款,主要是因为国会要求贸易谈判必须"在选择性的、产品对产品的基础上"(on a selective,product-by-product basis)进行。[1] 应美国要求,在《1942年美国与墨西哥互惠贸易协定》第11条中,一般逃避条款取代了针对特定未来风险的各种特别逃避条款,[2]同时被纳入1947年GATT第19条"对某些产品的进口紧急措施"(Emergency Action on Imports of Particular Products)。[3] 针对GATT第19条内容,杜鲁门总统签署一项行政命令(Executive Order 9832),规定美国所有重要的贸易协定都应包含逃避条款,允许撤回或修正美国向其他国家作出的关税减让。[4]

另外,从1947年到1962年,限制性修正案开始进入贸易协定延长法并且不断得到强化。作为逃避条款的替代物(quid pro quo),"危险点条款"(Peril Point Provision)[5]于1951年首次进入贸易法,但作为一个概念,"危险点"最早出现于1948年贸易法。[6]

---

① 罗昌发:《美国贸易救济制度:国际经贸法研究(一)》,中国政法大学出版社2003年版,第54页。

② 谭黎华:"论国际贸易中的保障措施",中国政法大学2004年博士学位论文。

③ Carl H. Fulda, "Adjustment to Hardship Caused by Imports: The New Decisions of the Tariff Commission and the Need for Legislative Clarification," *Michigan Law Review*, vol. 70(April 1972), p. 791.

④ 杨向东:《中美保障措施制度比较研究》,法律出版社2008年版,第6页。

⑤ 该条款是指在总统进行GATT谈判之前,关税委员会向其建议各类关税可能降低的最大限度,以及突破这一限度可能带来的风险和危害。该条款授权总统可以将关税减让至"危险点",若总统违反该条款,则必须向国会陈述理由。

⑥ Walter Sterling Surrey, "Legal Problems to Be Encountered in the Operation of the Trade Expansion Act of 1962," *North Carolina Law Review*, vol. 41(1962—1963), p. 391.

美国国会在《1951 年贸易协定延长法》(Trade Agreements Extension Act of 1951)中,首次以法律的形式明确规定了逃避条款。① 从此,作为美国成文法的一部分,该条款在历次的贸易延长法或修正案中不断得到了修改,其立法语言的演变也成为了自由贸易与保护主义观点的、有趣的晴雨表。② 在共和党人艾森豪威尔执政的 1955 年至 1958 年期间,逃避条款的救济标准进一步自由化,使总统更加难于否定关税委员会的建议。与此相对应,这两次延长法授权总统作出进一步的关税减让,减让幅度取决于先前的关税税率和贸易协定谈判或缔结的日期。③ 此外,在 1958 年,考虑到进口产品对国家安全的影响,美国国会出台了"国家安全修正案"(National Security Amendment),④又称"国家安全条款"。

1961 年肯尼迪总统上台时,美国已经处于"内外交困"的复杂格局。对内而言,贸易自由化的阻力越来越大,自由贸易不时地屈服于各种形式的进口限制。对外而言,1957 年正式成立的欧洲经济共同体(European Economic Community, EEC)开始对美国构成挑战和威胁。此外,日本的迅速崛起,在纺织等商品市场与美国形

---

① 罗昌发:《美国贸易救济制度:国际经贸法研究(一)》,中国政法大学出版社 2003 年版,第 57 页。

② [美]约翰·H·杰克逊:《世界贸易体制——国际经济关系的法律与政策》,张乃根译,复旦大学出版社 2001 年版,第 201 页。

③ Bruce E. Clubb and Otto R. Reischer, "The Trade Adjustment Bills: Their Purpose and Efficacy," *Columbia Law Review*, vol. 61 (1961), p. 490.

④ James Robertson, "Adjustment Assistance Under the Trade Expansion Act of 1962: A Will-O'-the-Wisp," *George Washington Law Review*, vol. 33 (1964—1965), p. 1088.

成了激烈的竞争,美国国际收支平衡压力不断上升。① 日益加大的竞争压力促使美国必须调整外交政策和贸易政策。

一、贸易调整援助立法的政治动因

20世纪60年代,美国为了应对日益兴起的欧洲经济共同体,加快本国经济增长,在肯尼迪政府的推动下,国会出台了《1962年贸易拓展法》。该法取代了RTAA1934,提出了解决美国贸易问题的新方法,被誉为"一项大胆而新颖的美国贸易政策文件"(a bold new instrument of American trade policy)。② 为了应对欧共体共同农业政策对GATT非歧视性原则所构成的挑战,国会在《1962年贸易拓展法》中附加了一项重要条款,要求总统设立一个新的谈判机构,即特别贸易代表办公室。特别贸易代表办公室取代国务院,协调国内利益集团与外国政府之间的贸易利益、国会与行政部门在贸易政策上的歧见以及行政部门各部会之间的分歧,从而将美国贸易政策制定权力从国务院脱离出来。③ 特别贸易代表办公室的设立表明美国贸易政策制定体制的主体结构发生了重大变化,对贸易保护主义力量与自由贸易主义力量的博弈格局产生了重要影响,可以被视为从"1934年体制"建立并运作以来,国会第

① Stanley D. Metzger, "The Trade Expansion Act of 1962," *The Georgetown Law Journal*, vol. 51 (Spring 1963), p. 425.

② William R. Golden, JR, "The Politics of Free Trade: The Role of Trade Adjustment Assistance," *Virginia Journal of International Law*, vol. 14 (1973—1974), p. 151.

③ Patrick Low, *Trading Free: The GATT and U. S. Trade Policy*, The Twentieth Century Fund, 1993, pp. 54-55.

一次向总统夺权。①

当然,在改革贸易政策执行机构的同时,《1962 年贸易拓展法》第二编和第三编分别对 RTAA1934 建立的"互惠贸易协定项目"(reciprocal trade agreements program)作出了 3 个重大修改:第一,大大拓展总统与欧洲经济共同体国家及其他国家开展贸易协定谈判的关税减让权力;第二,实质性地修改"损害保障措施条款"(safeguards against injury provisions);第三,增加了对因关税减让而受到严重损害的生产商和工人提供的"调整援助"(adjustment assistance),②用以取代关税救济或与之结合使用。③

(一)TAA 项目作为对贸易自由化的政治支持

若干因素促使肯尼迪政府推动贸易自由化的立法,例如欧洲经济共同体的崛起带来的挑战、平衡国际收支以及承诺继续推动多边贸易体制的发展等。但最重要的原因是,到了 20 世纪 60 年代,"1934 年体制"已经变成不易使用的工具(an unwieldly tool),总统需要新的授权,来参与 1964 年开启的多边关税减让谈判(即肯尼迪回合谈判)。究其实质,主要是前 5 轮 GATT 多边贸易谈判使关税壁垒大幅下降,从而使美国进一步推动多边关税减让谈判变得十分困难,同时国际贸易中的非关税壁垒开始逐渐兴起。作

---

① 孙哲、李巍:"美国贸易代表办公室与美国国际贸易政策",载《美国研究》2007 年第 1 期。

② "调整援助"是《1962 年贸易拓展法》的立法术语,事实上就是贸易调整援助。后面将在不同语境和情形中分别使用这两个术语。

③ Stanley D. Metzger, "The Trade Expansion Act of 1962," *The Georgetown Law Journal*, vol. 51(Spring 1963), p. 429.

为"政治交易"(political bargain)或对贸易自由化的政治支持,国会修改进口救济措施,增设 TAA 项目,同时授权总统负责执行。创设 TAA 项目的基本政治原理(political rationale)就是为了减少对"拓展的自由贸易"(expanded free trade)或贸易自由化的反对,必须给贸易保护主义提供替代物。1962 年自由贸易主义与贸易保护主义之间的力量对比达到了一个均衡态势,从而使 TAA 项目应运而生。因此,有学者认为政治动因肯定是 TAA 创立(creation)的,而并非 TAA 维系(maintenance)的最好理由。①

　　实际上,自 1934 年美国开启贸易自由化以来,国内要求创设 TAA 项目的政治基础日益增强。对因进口竞争而失业的美国工人提供调整援助项目的概念最早可以追溯至 1945 年。在 1954 年美国劳工领袖、钢铁工人联盟主席戴维·J·麦克唐纳(David J. McDonald)的努力下,艾森豪威尔总统领导的兰德尔委员会(Randall Commission)出台了《1954 年兰德尔委员会报告》(Randall Commission Report of 1954),其附件中一份少数派意见声明:

　　"当总统决定将关税降至关税委员会确定的危险点和例外条款规定的水平以下并符合国家利益时,现行法律和本报告均没有对可能面临损害的工人、公司和社会团体作出规定"。②

　　因此,该报告建议政府必须对因政府降低关税的行为而引起

---

① Ethan Kapstein, "Trade Liberalization and the Politics of Trade Adjustment Assistance," *International Labour Review*, vol. 137(1998), p.505.

② Commission on Foreign Economic Policy, Report to the President and the Congress, 54(January 1954)。转引自[美]布鲁斯·E·克拉伯:《美国对外贸易法和海关法》,蒋兆康等译,法律出版社 1999 年版,第 732 页。

的失业进行充分关注,而且必须在法律上对促进因进口增加所进行的调整作出明确的规定。① 从 1954 年至 1961 年,国会中有关 TAA 的议案不断出现,但均未获得通过,主要是因为支持者无法提供对只因关税下降而导致失业的工人提供单独或额外援助的正当理由(justification)。事实上,包括兰德尔本人在内的部分议员一直以来并不支持政府对贸易自由化进程中处于不利地位的企业和工人提供援助。那么,为什么《1962 年贸易拓展法》中的 TAA 项目能够获得通过呢?究其原因,从贸易政策制定角度看,主要有以下两个方面:一方面是国会在那时认识到贸易自由化在制造赢家的同时也在制造输家,②从而放弃了自相矛盾的互惠贸易协定"无损害"(no injury)的做法,同时国会也意识到当出现损害时,无法通过撤回减让的方式确定新的关税,并且会破坏总统签订的贸易协定;另一方面是在 20 世纪 50 年代末至 60 年代初,作为特殊利益集团的劳工组织(organized labour)极力支持贸易自由化,但这种支持是有条件的,即要求对因双边或多边贸易协定谈判而受损的工人提供补偿。时任美国劳联—产联(AFL-CIO)主席的乔治·米尼(George Meany)向国会坦言:

"对于一个成功的对外贸易政策而言,一项贸易调整援助项目是绝对必要的,而且正如我们一再说过的那样,它是我们支持那项政策所不可或缺的。贸易调整援助是建立在这样一种广泛的道

---

① [美]布鲁斯·E·克拉伯:《美国对外贸易法和海关法》,蒋兆康等译,法律出版社 1999 年版,第 732 页。

② William R. Golden, JR, "The Politics of Free Trade: The Role of Trade Adjustment Assistance," *Virginia Journal of International Law*, vol. 14 (1973—1974), p. 169.

德原则基础上的：即如果政府采取了某些旨在促进整体的国家福利和安全的政策，它就有义务对那些由于该政策而处于严重不利地位的工人和企业提供有效的救济"。①

从"1934 年体制"看，立法者需要一个排除或转移保护主义压力的机制，从而使他们能够继续执行美国贸易政策，即消除贸易壁垒。就如参议员约翰海因茨(John Heinz)所言：

"没有调整援助项目将使我们的工人除了国会无处可去，同时除了保护没有其他可以要求。这些确实是在钢铁、汽车和许多其他领域正在发生的事情。唯一的出路就是在维持自由贸易政策的同时，附带一个帮助自由贸易的受损者进行调整援助政策的项目"。②

除了上述国内贸易政治原因之外，还有学者将美国出台 TAA 项目的部分原因归结于美国针对所有工人的劳工市场政策项目的不充分性。③

（二）TAA 项目作为逃避条款的替代物

从《1942 年美国与墨西哥互惠贸易协定》首次规定逃避条款至 1947 年，④一直由国务院负责美国贸易协定的谈判，因此是否

---

① Ethan Kapstein, "Trade Liberalization and the Politics of Trade Adjustment Assistance," *International Labour Review*, vol. 137(1998), p. 507.

② Whitney John Smith, "Trade Adjustment Assistance: An Underdeveloped Alternative to Import Restrictions," *Albany Law Review*, vol. 56(1993), p. 945.

③ ［美］C·弗雷德·伯格斯坦主编：《美国与世界经济——未来十年美国的对外经济政策》，朱民等译，经济科学出版社 2005 年版，第 312 页。

④ ［美］约翰·H·杰克逊：《世界贸易体制——国际经济关系的法律与政策》，张乃根译，复旦大学出版社 2001 年版，第 201 页。

援引逃避条款的决定权在国务院。在这一期间,由于行政部门一直没有设立一个公开的处理程序,几乎没有国内产业申请救济,也没有任何一项关税是由于援用逃避条款而加征的。[①] 因为不相信国务院是否有能力防止美国产业受到严重损害,1947 年国会要求总统将决定严重损害的权力从国务院移交给独立的美国关税委员会,以此作为授权杜鲁门总统签订新的贸易协定(GATT)的交易条件。时任国务卿的阿切森与众议员米利金、参议员冯登堡就此达成了著名的"米利金与冯登堡妥协方案"协议。[②] 该协议规定:杜鲁门总统签发第 9832 号总统令,建立一个程序,授权美国关税委员会进行逃避条款的调查,使国内产业的代表可以向关税委员会提出请求,寻求逃避条款的救济。从 1943 年的国务院到 1947 年的美国关税委员会,损害认定主管机构的改变使逃避条款从外交政策工具逐渐演变成为贸易政策工具,但还没有变成一种真正意义上贸易救济措施,主要是因为在当时逃避条款由总统行政命令规定,还没有进入国会立法规定的阶段。

《1951 年贸易协定延长法》首次包含了带有贸易保护色彩的逃避条款,该法第 7 节授权总统在进口商品数量增长以至于给国内相同或类似的商品生产造成严重损害或损害的潜在威胁时,可以提高关税。[③] 从 1951 年至 1962 年的 12 年期间,商务部共提起

---

① 杨向东:《中美保障措施制度比较研究》,法律出版社 2008 年版,第 6 页。

② [美]布鲁斯·E·克拉伯:《美国对外贸易法和海关法》,蒋兆康等译,法律出版社 1999 年版,第 683 页。

③ William J. Mateikis, "The Fair Track to Expanded Free Trade: Making TAA Benefits More Accessible to American Workers," *Houston Journal of International Law*, vol. 30(2007), p. 9.

134 起逃避条款调查案件,其中 33 起案件被认定造成了严重损害,15 起案件采取了提高进口关税的救济措施。[1] 可以看出,逃避条款发挥了一定作用。但从经济、政治与法律角度看,作为贸易自由化的"安全阀"(safety valve),逃避条款具有许多固有的缺陷,如撤回关税减让会破坏总统签订的贸易协定,阻碍自由贸易的发展,违背美国的贸易政策目标,影响自由贸易政策的实施。由于逃避条款的法律标准要求较高,所以它在实践中并不容易被援引。更有甚者,作为贸易政策工具,逃避条款的使用经常影响美国的领导地位和在世界贸易和外交事务中的可依赖性。[2] 在 1953 年为延长互惠贸易协定法而准备的贝尔报告曾经指出:

"为避免必须在损害国家利益和损害企业利益之间作出选择,企业必须进行除了排斥进口之外的产业调整,例如扩大失业保险、帮助工人再培训、产品多样化和生产转型等"。[3]

由此可见,与"危险点条款"相比,TAA 项目的主要优点在于将损害性关税减让产生的责任从外交政策转移至国内项目上来。[4] TAA 项目可以有效避免战后美国外交政策与贸易政策之间

---

① Warren Maruyama, "The Evolution of the Escape Clause-Section 201 of the Trade Act of 1974 as Amended by the Omnibus Trade and Competitiveness Act of 1988," *Brigham Young University Law Review*(1989), p. 401.

② James Robertson, "Adjustment Assistance Under the Trade Expansion Act of 1962:A Will-O'-the-Wisp," *George Washington Law Review*, vol. 33(1964—1965), p. 1091.

③ 赵航:"美国自由贸易政策与战后多边贸易体制",外交学院 2007 年博士学位论文,第 110 页。

④ James Robertson, "Adjustment Assistance Under the Trade Expansion Act of 1962:A Will-O'-the-Wisp," *George Washington Law Review*, vol. 33(1964—1965), p. 1091.

的直接冲突,在不破坏与贸易伙伴关系的基础上,鼓励调整以适应国际竞争的新条件。① 由于其他国家的强烈反对,肯尼迪政府对逃避条款的适用条件施加了许多限制,试图用"调整援助"部分代替"关税调整",为贸易自由化的受损者提供补偿,从而弱化其对贸易保护的支持,使 TAA 项目取代"危险点条款"②,真正成为逃避条款的替代物(quid pro quo)。总之,无论是由于国内贸易政治还是基于外交政策考量,TAA 项目的创立,归根结底是由美国 20世纪 60 年代初期的贸易政治所致,因为外交是内政的延伸。美国政治的至理名言"所有政治都是国内的"(all politics is local)③正好印证了这一现象。

二、贸易调整援助立法的经济理论

由于 TAA 项目比逃避条款具有更多的实质性优点,TAA 项目对劳工组织具有吸引力,能够赢得劳工组织对贸易自由化的政治支持。TAA 的理论逻辑是:首先承认对国内利益产生损害的可能

---

① Mary Anne Joseph, "Trade Adjustment Assistance: An Analysis," *Connecticut Journal of International Law*, vol. 6(1990), p. 286.

② 由于"危险点条款"的使用是以"个别产品"(product-by-product)的关税谈判为基础的,所以仍是一种具有强烈保护主义色彩的措施,无法从根本上弥补逃避条款的不足。但是,TAA 项目可以解决因关税减让而受损者的后顾之忧,使关税谈判可以以"大批交易"(broad categories),即以一揽子交易为基础,从而扩大总统在谈判中的灵活性,更加有助于推动贸易自由化。

③ 托马斯. P. 奥尼尔等:《所有政治都是国内的》,时代出版社 1994 年版。转引自[美]约翰·H·杰克逊:《世界贸易体制——国际经济关系的法律与政策》,张乃根译,复旦大学出版社 2001 年版,第 383 页。

性,然后设计一个对这种损害提供救济的机制,安抚国会中强烈反对关税减让的传统贸易保护主义者。TAA 制度被视为最佳的机制选择,主要是因为 TAA 项目包含了两个性质截然不同的原则:第一,在可能的情况下,政府应当通过干预,增加国内生产商和工人回应进口竞争的机动性和灵活性,从而将对贸易自由化的调整成本降至最低;第二,政府应当补偿失业工人或称离职工人(displaced workers)直接基于关税减让而产生的经济损害的至少部分损失。① 美国的具体做法就是将一种产业调整与补偿方法相结合。②

(一)贸易自由化、结构调整与 TAA 项目

贸易自由化是一把"双刃剑",一方面为国内经济中的出口产业提供新的海外市场;另一方面随着贸易壁垒的消除,国内某些产业将无法避免日益增加的进口竞争所带来的损害。这种损害实际上是一种"经济混乱"(economic dislocation),主要是指工人失业与企业减产或倒闭。③ 贸易自由化必然产生的经济混乱,或称"经济损害"(economic injury),是美国推动贸易自由化的成本或代价。因此,在贸易自由化进程中对进口竞争引起损害的救济问题

---

① Carl H. Fulda, "Adjustment to Hardship Caused by Imports: The New Decisions of the Tariff Commission and the Need for Legislative Clarification," *Michigan Law Review*, vol. 70(April 1972), pp. 151–152.

② William Tanaka & Jenkins Middleton, "Injured Industries, Imports and Industrial Policy: A Comparison of United States and Japanese Practices," *Case W. Res. J. Int' L L.*, vol. 15(1983), p. 443.

③ Whitney John Smith, "Trade Adjustment Assistance: An Underdeveloped Alternative to Import Restrictions," *Albany Law Review*, vol. 56(1993), p. 943.

或针对进口的调整问题(problem of adjusting to imports)应运而生。[1] 针对贸易自由化的结构调整(structural adjustment),或称产业调整,事实上是一个经济效率(economic efficiency)问题,或者说是政府是否应当干预及如何干预市场的问题。在崇尚自由市场理论的美国,一直以来,这是一个争议很大的问题。就进口贸易自由化而言,争点主要涉及应当如何区分失业是关税下降还是其他原因所致。由兰德尔领导的对外经济政策委员会(Commission on Foreign Economic Policy)于1954年向艾森豪威尔总统与国会提交的《1954年兰德尔委员会报告》中认为,因进口增加或贸易壁垒削减而受损是一个更加广泛的问题的部分内容,因此没有正当理由去挑选那些遭受进口损害的输家并提供特别援助,而拒绝那些由于其他原因而产生的受损者。[2] 这也是从1945年"调整援助"概念首次出现至1962年,国会历次贸易延长法中均没有通过TAA项目的主要原因之一。当然,美国国内反对TAA立法的理由还有很多,例如认为TAA项目没有独立存在的必要,因为美国已经建立以失业保险为主体的保险体系;主张不区分经济损害的原因,建立综合项目;援助成为对低效率企业的另外一项补贴项目等。[3] 事实上,自1962年TAA项目建立至今,美国国内对该项目存在的合理性和必要性的争论一直在持续。当然,国内劳工组织和产业

---

[1] Eleanor Roberts Lewis & Harry J. Connolly, JR., "Trade Adjustment Assistance for Firms and Industries," *U. Pa. J. Int' L Bus. L.*, vol. 10 (1988), pp. 581–583.

[2] Richard A. Givens, "The Search for an Alternative to Protection," *Fordham L. Rev.*, vol. 30(1961—1962), p. 28.

[3] [美]布鲁斯·E·克拉伯:《美国对外贸易法和海关法》,蒋兆康等译,法律出版社1999年版,第734—735页。

界广泛支持 TAA 项目,因为它们为国内缓解调整压力增加了一种非保护主义的替代措施。① 从贸易自由化与结构调整的关系角度观之,美国采取两种类型的政策措施,为因市场开放而受损的进口竞争产业提供贸易救济。第一种类型是关税、配额、关税配额及"自愿出口限制"(Voluntary Export Restraint, VER)等措施;第二种类型是反倾销措施、反补贴措施及 337 条款等。上述两种类型的进口限制措施都具有保护主义性质,属于贸易政策范畴,因此无论在政治上还是经济上均有诸多不足。与此相反,TAA 项目不具有保护主义性质。两者的主要差异在于,"进口救济"(import relief)是必要的,但却是退步的(regressive),所以从本质上讲是反对调整(anti – adjustment)的;"调整援助"也是必要的且进步的(progressive),②所以是促进调整(pro–adjustment)的。因此,从理论上讲,TAA 项目应该成为美国应对贸易自由化挑战的首选方式。但是,实践并非如此。美国国内大量的研究数据表明,TAA项目对工人重返岗位产生了一定的效果,但并没有发挥有效促使衰退产业提升国际竞争力的功能和作用。那么政府为什么还要对工人、企业或产业开展的调整提供援助呢? 答案首先要从其他相关经济学理论中寻找。

(二)帕累托最优、补偿原则与 TAA 项目

几乎没有经济学家会怀疑贸易自由化可以促进经济繁荣这一

---

① [美]布鲁斯·E·克拉伯:《美国对外贸易法和海关法》,蒋兆康等译,法律出版社 1999 年版,第 730 页。

② Whitney John Smith, "Trade Adjustment Assistance: An Underdeveloped Alternative to Import Restrictions," *Albany Law Review*, vol. 56(1993), p. 948.

假设,同样作为自由贸易理论基础而存在的比较优势原则也被广泛地接受和认同。① 虽然自由贸易促进美国经济增长,对美国整体福利带来收益,包括国内进口竞争产业的生产效率进一步提高、获得生产的规模经济以及国内消费者可以拥有更多的消费选择等,但这些贸易利益在美国并非平均分配。自由贸易对美国整体有利是指贸易的净利益,尽管它同时带来收益和损失,但收益总是大于损失。因此,必须承认贸易自由化产生经济损害(经济混乱),同时也产生赢家和输家,从而使政治失衡永远无法避免。自由贸易会导致资本和劳动力等生产要素从不具有比较优势的产业向具有比较优势的产业进行转移并因此产生成本。这种成是自由贸易中的赢家和输家之间的转移,而且输家的损失肯定要小于赢家的收益,否则输家完全有可能"贿赂"赢家,要求其放弃贸易自由化。兴起于 20 世纪 30 年代的凯恩斯国家干预主义和福利经济学(Welfare Economics),特别是后者主张的帕累托理论(Pareto theory)和补偿原则(compensation principle)成为美国 TAA 立法的主要依据。根据帕累托最优(Pareto Optimality)原理,假如一项政策能在不使任何人情况恶化的基础之上提高部分人的福利,那么这项政策是

---

① 比较优势原则被经济学家保罗.萨缪尔森论证为"在所有社会科学中既能成立(true)而又有意义(non-trivial)的命题",它是指各国获得繁荣首先是通过利用其可用的资源,集中生产所能生产的最佳产品,然后是通过将这些产品与其他国家所能生产的最佳产品做交易。比较优势原则是多边贸易体制建立的经济学基础,是开放贸易的依据。参见世界贸易组织秘书处编:《贸易走向未来——世界贸易组织(WTO)概要》,法律出版社 1999 年版,第8—10 页。

值得推行的。① 美国 TAA 立法就是对贸易自由化过程中的输家进行补偿,而这种补偿正是赢家所获得的福利的部分转移。换言之,就是基于公平原则对贸易自由化中所获得的福利在输家与赢家之间进行再分配。

美国 TAA 立法就是建立在这样一种自由贸易理论基础上并由国内贸易政治驱动的。TAA 项目是对输家支持贸易自由化立法的一种补偿,或让输家支持贸易自由化而支付的代价,前提是 TAA 项目的成本远远低于贸易自由化所带来的收益。② 有鉴于此,因自由贸易而产生的赢家和输家就会不时地开展宪政博弈,③共同演绎美国贸易政治逻辑的真谛。④ 只有不断给输家提供补偿,才能疏导或转移贸易保护主义的政治压力,从而进一步推动贸易自由化。美国贸易自由化的宪政原理给政府为什么要对因关税削减而失业的工人和企业单独提供补偿作出了最好解答。经济全球化,或称经济一体化,从来都是一枚硬币的两面,因为"所有经济都是国际的"(all economics is international)。⑤ 总之,美国 20 世纪 60 年代的 TAA 立法迎合了美国当时所处的国际、国内政治和

---

① James A. Brander, "Trade Adjustment Assistance: Welfare and Incentive Effects of Payments to Displaced Workers, NBER Working Paper Series, http://www. nber. org.

② Bruce E. Clubb and Otto R. Reischer, "The Trade Adjustment Bills: Their Purpose and Efficacy," *Columbia Law Review*, vol. 61 (1961), p. 493.

③ 钱福臣:《美国宪政生成的深层背景》,法律出版社 2005 年版,第 94 页。

④ [美]戴斯勒:《美国贸易政治》(第四版),王恩冕、于少蔚译,中国市场出版社 2006 年版,第 1—6 页。

⑤ Peter F. Drucker, "Trade Lessons from the World Economy," *Foreign Affairs*, vol. 73 (January/February 1994), p. 99.

经济环境,而后续的 TAA 立法变迁切合了美国贸易自由化发展的宪政逻辑。

第三章　美国贸易调整援助
制度的流变

1962 年美国进行 TAA 立法主要是由于 1934 年以来的贸易自由化使进口关税大大下降,从而引发严重的工人失业和企业减产或倒闭。这种立法新趋向归根结底主要是由美国当时所处的国际政治经济环境决定的,并由国内贸易政治主导的。美国的 TAA 立法是由劳工组织领袖和产业界推动的,其背景之一是外国对美国逃避条款的强烈反对。由于逃避条款本质上是一种最具保护主义色彩的措施,从长远看将阻碍贸易自由化,违背美国贸易政策目标,甚至影响美国与贸易伙伴的双边外交关系。因此,几乎在逃避条款创立的同时,美国开始寻找一种保护主义色彩较轻的措施,以解决贸易自由化所造成的、无法回避的经济损害问题。[①] TAA 项目作为逃避条款的替代物应运而生,其政治目的是为受损的工人和企业进行的调整提供援助,从而弱化它们对贸易限制(主要指逃避条款)的支持。[②] 肯尼迪政府为了进一步推动贸易自由化,减少对逃避条款的依赖,通过对其设定更加严格的损害标准,让受进

---

① Eleanor Roberts Lewis & Harry J. Connolly, JR., "Trade Adjustment Assistance for Firms and Industries," *U. Pa. J. Int' L Bus. L.*, vol. 10(1988), p. 582.

② [美]戴斯勒:《美国贸易政治》(第四版),王恩冕、于少蔚译,中国市场出版社 2006 年版,第 23 页。

口不利影响的工人和企业更加难于直接获得贸易保护,同时引入TAA 项目,将重心从"进口救济"转向"调整援助"。① TAA 项目由《1962 年贸易拓展法》首创,经过《1974 年贸易法》《1988 年综合贸易与竞争法》(Omnibus Trade and Competitiveness Act of 1988,OTCA1988)及《2002 年贸易法》等国会主要贸易立法的修正,基本上沿着两条轨道不断演变:其一是作为"快车道"制度/"贸易促进授权"制度的交换物,TAA 项目与其平行发展(见图表 5);其二是作为逃避条款的替代物,TAA 项目与其交错或交互发展,两者的使用频率并不是趋向一致的(见图表 6)。

图表 5:FT/TPA 与 TAA 的变迁对照

"快车道"/"贸易促进授权"	TAA 项目
《1962 年贸易拓展法》(肯尼迪回合谈判权)	TAA 项目创立
《1974 年贸易法》(东京回合谈判权)	放松 TAA 资格认定标准
《1988 年综合贸易与竞争法》(乌拉圭回合谈判权)	增加石油和天然气工人 TAA
《1993 年北美自由贸易协定执行法》(NAFTA 执行)	覆盖生产转移至墨西哥和加拿大的工人
《2002 年贸易法》(多哈回合谈判权)	重要改革与 TAA 项目的拓展

资料来源:William J. Mateikis,"The Fair Track to Expanded Free Trade:Making TAA Benefits More Accessible to American Workers,"*Houston Journal of International Law*,vol. 30(2007),p. 29.

---

① Chad P. Bown and Rachel McCuloch, " US Trade Remedies and the Adjustment Process," IMF conference in honor of Michael Mussa, Washington DC, June4-5,2004,p. 4.

图表 6：逃避条款与 TAA 的变迁对照

年代	逃避条款	TAA
20 世纪 60 年代	下降	兴起
20 世纪 70 年代	上升	上升
20 世纪 80 年代	上升	下降

从图表 5 和图表 6 的对照可以发现，4 轮 GATT/WTO 多边谈判在促进国际贸易自由化的同时，逃避条款和 TAA 项目整体上也趋向于自由化。无论是从公平还是从效率角度，两者越来越容易被国内工人、企业或产业获得。与 TAA 制度相比，逃避条款被使用的频率更高一些，这主要取决于两者的不同性质以及贸易保护主义势力与自由贸易主义势力在不同时期的实力对比。逃避条款及 TAA 项目的发展和演变直接反映了美国对贸易自由化所产生的经济损害作出的制度回应情况。两者在 20 世纪 60—80 年代以及 21 世纪初期美国促进贸易自由化进程中的地位和作用不完全是成正比或一一对应的，其中原因是多方面的。但是，从获得逃避条款和 TAA 项目的构成要件（或称资格认证）看，损害认定标准、因果关系认定标准、援助措施的变革以及执行机构的变化等因素是几个非常重要的制度变量。

一、贸易调整援助制度的历史沿革

从 1962 年 TAA 项目正式建立至今，国会分别于 1974 年、1981 年、1984 年、1986 年、1988 年、1993 年与 2002 年对其进行了主要修订。从总体上讲，TAA 制度的流变主要经历了 4 个发展阶段:1962—1974 年属于产生与早期阶段(creation and early years);1975—1981 年属于扩展阶段(years of expansion);1981—1987 年属于削减与重新增长阶段(cutback and regrowth);1987—1994 年属于新的发展阶段;从 1995 年开始,TAA 制度进入缓慢发展时期,至 2002 年,才重新进入快速发展阶段。美国从 1962 年创立工人贸易调整援助项目(Trade Adjustment Assistance for Workers)和企业贸易调整援助项目(Trade Adjustment Assistance for Firms)开始,1974 年增加社区贸易调整援助项目(Trade Adjustment Assistance for Communities),1978 年将企业贸易调整援助项目适用于整个产业,建立了产业贸易调整援助项目(Trade Adjustment Assistance for Industries)。为了与《北美自由贸易协定》(North American Free Trade Agreement,NAFTA)相配套,1993 年国会制定"北美自由贸易协定过渡性调整援助项目"(NAFTA – TAA)。《2002 年贸易调整援助改革法》(Trade Adjustment Assistance Reform Act of 2002,TAARA2002)增设了农民贸易调整援助项目(Trade Adjustment Assistance for Farmers)。

(一)TAA 项目的产生与早期阶段

1. 1962—1969 年

从 1947 年美国关税委员会接替国务院负责损害认定程序以来,特别是国会在《1951 年贸易协定延长法》中首次以法律形式规定了逃避条款之后,逃避条款法律地位的变化致使国内产业援引该条款的案件数量急剧上升,从 1951—1962 年的 12 年期间,共提起了 134 起逃避条款调查案件。在这一期间,援引逃避条款的要件非常宽松,甚至无需认定贸易协定中的关税减让(tariff concession）和进口增加（increased imports）之间的因果关系（causation）。同时，美国关税委员会只需以"重要地促成"（contribute importantly）标准来认定进口增加和严重损害（serious injury）或严重损害威胁（a threat of serious injury）之间的因果关系。《1962 年贸易拓展法》对逃避条款作出了重大修改，收紧了以上两个因果关系的认定标准，①使 TAA 项目部分代替逃避条款，成为消除贸易自由化对工人和企业造成损害的更加有效的工具。尽管逃避条款和 TAA 项目两者之间存在诸多差异，但两者的构成要件或资格测试（eligibility test）的设计却基本相似。《1962 年贸易拓展法》第三编全称为"关税调整和其他调整援助"（Tariff Adjustment and Other Adjustment Assistance），其第一章、第二章、第三章与第四章分别对"援助资格"、"对企业的援助"、"对工人的援助"与"关税调整"作出了规定。"对企业的援助"利益包括财政援助（financial assistance）、税收援助（tax assistance）与技术援助（technical assistance）3 种形式；"对工人的援助"利益包括贸易再调整津贴（Trade Readjustment Allowances，TRAs）、培训（Training）、重新安置津贴（Relocation Allowances）3 种形式。根据这 4 章的内容规定，如果贸易协定中的关税减让导致相同或直接竞争产品的进口增加，工人因此遭受失业或失业威胁（或者企业遭受严重损害或严重损害威胁），工人或企业可以向美国关税委员会提出援助申请。具体而言，该法创设了两种相对独立的 TAA 程序（见图表 7）：其一

---

① Stanley D. Metzger，"The Trade Expansion Act of 1962，"*The Georgetown Law Journal*，vol. 51（Spring 1963），pp. 447–448.

是依附于逃避条款的附属程序,即"201路线"(或称"间接路线"),即工人或企业在总统决定采取逃避条款所规定的救济措施之后,可以申请调整援助;其二是独立于逃避条款的单独程序,即"TAA路线"(或称"直接路线"),即无需以逃避条款中损害结果之肯定性裁决为前提,①可以直接向美国关税委员会提出援助申请,通过资格即可申请调整援助利益。

图表7:申请"201路线"与"TAA路线"的不同阶段

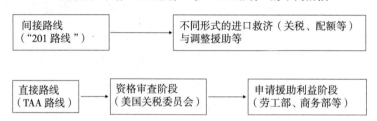

国会对受贸易协定中关税减让严重损害的工人和企业提供两种不同的救济,其主要意图在于区分并灵活使用逃避条款和TAA项目,即只有在整个产业都受到严重损害的特别案件中,才准许使用撤回减让或重新确定关税税率的逃避条款救济。在普通案件中,通过向有关工人和企业提供调整援助的方式,对贸易协定中的关税减让产生的损害进行救济,调整援助将支持他们作出"调整",以适应更加激烈的进口竞争。由此可见,TAA项目和逃避条款相伴而生,后者从纯粹的进口救济措施发展到兼及产业调整,②

---

① Whitney John Smith, "Trade Adjustment Assistance: An Underdeveloped Alternative to Import Restrictions," *Albany Law Review*, vol. 56(1993), p. 944.

② 罗昌发:《美国贸易救济制度:国际经贸法研究(一)》,中国政法大学出版社2003年版,第53—85页。

与前者一起成为美国工人和企业应对进口竞争的积极措施。但遗憾的是,逃避条款和 TAA 项目均没有实现预设的制度功能,即促进对进口竞争的积极调整。《1962 年贸易拓展法》要求贸易协定中的关税减让必须是造成进口增加的"主要原因"(in major part),同时要求进口增加必须是造成损害或损害威胁的"主要因素"(major factor),见图表 8。

图表8:《1962年贸易拓展法》中TAA的要件

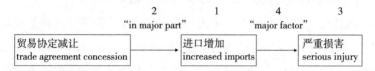

严格的因果关系认定标准及美国关税委员会对其采用的限制性解释使受到损害的国内产业很难获得救济。从 1962 年至 1969年,美国关税委员会共收到 28 项逃避条款和调整援助的请求,但均被认定为未达到法定标准,并拒绝提供救济。①

值得一提的是,美国与加拿大为了实现双边汽车贸易产品自由化,签订了《1965 年美国与加拿大汽车产品贸易协定》(U. S. –Canadian Automotive Products Trade Agreement of 1965),国会为此专门制定了《1965 年汽车产品贸易法》(Automotive Products Trade Act of 1965,APTA1965),以执行该贸易协定。美国汽车工人联合会支持该协定的条件是协定中必须包含保护美国工人不受

---

①　[美]布鲁斯·E·克拉伯:《美国对外贸易法和海关法》,蒋兆康等译,法律出版社 1999 年版,第 693 页。

汽车产品贸易自由化不利影响的保障条款。[1] 因此,APTA1965 建立了针对受损工人的调整援助项目,确立了一个区别于《1962 年贸易拓展法》资格认证的过渡程序。两种程序的主要不同之处在于以下两点:一是根据 APTA1965,美国关税委员会在资格审查时,必须调查是否存在进口正在增加或出口正在下降,而根据《1962 年贸易拓展法》,在进行资格认证时无需考虑进出口的变化;二是 APTA1965 仅授权美国关税委员会进行调查,并没有授权其管理调整援助利益。该法将管理调整援助利益的权力授予总统,而总统又将权力授予一个由财政部长、劳工部长与商务部长组成的"汽车协定调整援助委员会"(Automotive Agreement Adjustment Assistance Board),而《1962 年贸易拓展法》授予美国关税委员会进行调查和裁决的权力。最重要的区别在于资格认证标准方面,APTA1965 委员会开发的"首要因素"(primary factor)标准在适用时低于美国关税委员会最初的"主要原因"标准,[2]所以与《1962 年贸易拓展法》相比,根据 APTA1965 而授予调整援助的案件数量要明显超出很多。尽管 APTA1965 在授予工人调整援助利益方面比《1962 年贸易拓展法》更加有效,但作为行业应对贸易自由化的方法,《1965 年美国与加拿大汽车产品贸易协定》的延长必须得到劳工组织和产业本身的支持,特别要为个体企业和团体提

---

① James E. Jonish, "Adjustment Assistance Experience Under the U. S. – Canadian Automotive Agreement," *Industrial and Labor Relations Review*, vol. 23 (1969—1970), p554.

② John Hardin. Young, "America's Labor Pains and Foreign Trade:The Stillbirth of Adjustment Assistance," *Virginia Journal of International Law*, vol. 13 (1972—1973), p. 261.

供一个更加行之有效的救济体制。①

2. 1969—1974 年

从 1969 年 11 月开始,美国关税委员会违反先例,认为"主要因素"测试(major part test)可以用"若不是"测试(but for test)加以满足。根据"若不是"测试标准,美国关税委员会在裁定"主要原因"测试标准是否符合时,提出以下问题:"若不是关税减让,进口增长会达到它们现有的水平吗?"(But for the concessions would imports be substantially at their present level?)。② 两者的区别在于,根据"主要原因"测试标准,美国关税委员会没有必要裁定进口增加是否是造成损害最重要的因素之一;根据"若不是"测试标准,即使进口增加仅仅是一个较小的原因(a minor cause),美国关税委员会也可以在进口增加和造成的损害之间建立因果关系。美国关税委员会创立"若不是"测试标准,旨在使 TAA 项目更加切实可行。

与此同时,国会逐渐意识到标准过于严格,而且对总统拥有拒绝进口救济和调整援助的广泛的自由裁量权表示担忧。自 1969 年开始,尼克松政府先后成立了 3 个主要的调整援助研究委员会,分别向总统提交研究报告。第一份报告是由当时的特别贸易谈判代表威廉姆·罗斯(William Roth)于 1969 年提交总统的,简称为

①　Jeffrey A. Manley,"Adjustment Assistance: Experience Under the Automotive Products Trade Act of 1965," *Harvard International Law Journal*, vol. 10 (1969), p. 315.

②　John Hardin. Young, "America's Labor Pains and Foreign Trade: The Stillbirth of Adjustment Assistance," *Virginia Journal of International Law*, vol. 13 (1972—1973), p. 258.

"罗斯报告"(the Roth Report)。该报告建议放弃关税减让必须造成工人失业的原则,采取"损害的重大原因"测试(substantial cause of injury test)标准,即进口增加必须仅是造成"混乱的重大原因"(contribute substantially to the dislocation),而非造成损害的"主要因素"。[1] 同时,该报告建议像"汽车协定调整援助委员会"一样,组建一个跨机构委员会,负责建立一个新的调整项目。第二份报告是由艾尔伯特 L·威廉姆斯(Albert L. Williams)负责的"国际贸易与投资政策委员会"(Commission on International Trade and Investment Policy)于 1971 年 7 月向总统提交的,简称为"威廉姆斯报告"(the Williams Report)。该报告建议从两个层面应对进口竞争及工人失业问题:其一是建立一个更加有效的工人和企业 TAA 项目;其二是施加暂时的高关税和配额进口保护措施。[2] 在 TAA 项目的资格审查标准方面,该报告建议采纳"罗斯报告"的方法,放松资格审查标准。但是,针对企业和产业的逃避条款救济,该报告建议收紧资格审查标准,因为授予逃避条款救济不仅影响由于进口竞争而受损的单个企业,而且整个产业因此而受到更加严格的控制。第三份报告是由国际经济事务总裁助理彼得 G·彼德森(Peter G. Peterson)于 1971 年 12 月发表的,简称为"彼德森研究"

---

① John Hardin. Young, "America's Labor Pains and Foreign Trade: The Stillbirth of Adjustment Assistance," *Virginia Journal of International Law*, vol. 13 (1972—1973), p. 266.

② Stanley D. Metzger, "Developments in the Law and Institutions of International Economic Relations—American Foreign Trade and Investment Policy for the 1970's: the Williams Commission Report," *The American Journal of International Law*, vol. 66 (1972), pp. 549–552.

（the Peterson Study）。该研究报告主要围绕尼克松政府的"新经济政策"（New Economic Policy）对世界经济的影响展开的。在该报告中,彼德森对调整援助提出了许多修改建议,其中包括进口贸易问题的早期预警机制;通过产业范围内贸易问题的研究,鼓励最大化的自我援助和市场导向的产业反映,从而加强调整项目的改革;加快援助利益的发放等。上述 3 个研究报告的共同之处在于放松 TAA 项目的资格审查标准,提高项目使用的效率。但是,国会没有通过必要的立法,执行 3 个报告中的任何建议。

　　在 1962—1974 年期间,美国工人贸易调整援助项目和企业贸易调整援助项目均没有真正发挥预设的功效。在 1962—1969 年期间,没有企业获得援助资格;在 1969—1974 年期间,只有 46000 名工人和 16 个企业获得了调整援助。[1] 逃避条款也没有成为贸易保护的有效工具。从 1962—1969 年,美国关税委员会没有对 1 起申诉案件作出肯定性严重损害的裁决。从 1962—1974 年,在 32 起申请逃避条款救济的案件中,只有 3 起案件符合严重损害的标准,而美国关税委员会在另外 6 起案件中正反意见各占一半。虽然总统有权决定是否对这 9 个案件采取救济措施,但最终也只有 6 起案件获得进口限制的救济,也就是说,逃避条款在"1962 年体制"下只有 11% 的成功率。[2] 逃避条款的高损害标准促使遭受

---

[1]　Congress of the United States, Office of Technology Assessment: "Trade Adjustment Assistance New Ideas for an Old Program – Special Report, " OTA – ITE – 346, June 1987, p. 92.

[2]　Paul C. Rosenthal and Robin H. Gilbert, "The 1988 Amendments to Section 201: It Isn't Just for Import Relief Anymore, " *Law & Policy in International Business*, vol. 20(1989), pp. 406–407.

贸易自由化不利影响的国内产业进而转向反倾销措施,或寻求本国政府与外国政府达成"自愿设限协定"(Voluntary Restraint Agreements, VRAs)。①

(二)TAA 项目的扩展阶段

从 20 世纪 70 年代开始,美国国际经济霸主的地位逐渐动摇,西欧、日本等国家和地区的经济迅速崛起,国内汽车、钢铁、纺织、制鞋等产业的国际竞争力不断下降,新贸易保护主义开始抬头,②劳工组织不再支持自由贸易政策,贸易自由化面临困境。尼克松政府从外交政策层面推行责任共担的"尼克松主义",强调西方国家共同承担义务,这意味着美国开始倾向于放弃领导世界的责任。在贸易政策层面,尼克松政府调整贸易政策,不再将日本和西欧视为贸易伙伴,而是当作竞争对手,重点解决这些国家对美国进行的"不公平"和"不对等"的贸易做法。就对日贸易政策而言,美国强调贸易的平衡性。所谓"平衡"不只是指双方贸易额的相等,而主要是指相互进入对方市场的"公平制度"。③ 尼克松政府认为,日

---

① James Robertson, "Adjustment Assistance Under the Trade Expansion Act of 1962: A Will-O'-the-Wisp," *George Washington Law Review*, vol. 33(1964—1965), p. 403.

② 与20世纪70年代之前以关税壁垒为主要形式的传统贸易保护主义措施不同,新贸易保护主义采取非关税壁垒形式,具体措施表现为:复杂的海关估价程序、各种形式的技术标准、动植物检验检疫、"有秩序销售协定"(Orderly Marketing Arrangements, OMAs)、补贴措施、进出口配额、反倾销措施、反补贴措施及保障措施,等等。这些形式各异、种类繁多的非关税壁垒往往与一国的各种国内政策紧密相联,因此具有很强的隐蔽性和不透明性,成为贸易自由化的主要障碍。

③ 林珏:《战后美国对外贸易政策研究》,云南大学出版社1995年版,第71页。

本对美贸易顺差的加剧,在很大程度上是由美元汇率比价过高,日元过低,以及日本政府有意识的进口限制和产业政策造成的。为了打击外国不公平贸易行为,同时继续推动贸易自由化,美国一方面继续采用多边谈判来解决国际贸易和国际收支不平衡问题,并于1973年开启东京回合谈判,消除与西欧、日本等国家之间日益增多的非关税壁垒;另一方面却单方面采取行动,强行解决所面临的贸易问题,同时在国内贸易保护主义的政治压力下不得不增设各种新的非关税壁垒。因此,20世纪70年代美国贸易政策的主要特点是:交替使用自由贸易和贸易保护手段,整体上推行自由贸易,但局部主张公平贸易。为此,尼克松总统向国会递交的1973年贸易改革法案及国会于1974年12月通过并由福特总统签署生效的《1974年贸易法》基本上贯彻了美国"自由但公平的贸易政策"的思想。

1.《1974年贸易法》的核心内容与东京回合谈判

福特政府制定的《1974年贸易法》总体上沿袭了《1962年贸易拓展法》的立法体例,围绕自由贸易和贸易保护这一对永恒矛盾体的力量对比展开,但从《1974年贸易法》对贸易行政机构及贸易制度的改革和创新角度看,美国贸易保护主义力量正在赶超自由贸易主义力量。该法完整地建立了美国推动贸易自由化的"四位一体"制度架构,奠定了美国现代贸易政策的制度基础。[1] 福特政府改革了执行贸易政策的行政机构,将特别贸易代表办公室更

---

① Liberty Mahshigian, "Orderly Marketing Agreements: Analysis of United States Automobile Industry Efforts to Obtain Import Relief," *Hastings International and Comparative Law Review*, vol. 6 (1982), p. 161.

名为美国贸易代表办公室,提升为内阁级的一个法定机构并置于总统办公室(Executive Office of the President)内。美国将一个临时性的机构改组成一个永久性的政府机构,旨在确保国际贸易政策将不再完全被外交政策利益或国家安全利益所左右。[1] 美国贸易代表是美国在国际贸易谈判中的主要代表,负责发展、协调并谈判美国的国际贸易政策。[2] 从此,美国贸易代表办公室开始接受总统和国会的双重领导,既是总统手下的一个正式部门,又是反映国会声音的一个协调机构,[3]是国会第二次扩权的象征。与此同时,福特政府改革执行贸易政策的另外一个准司法机构,即美国关税委员会,将其更名为美国国际贸易委员会,负责执行贸易救济措施,主要履行 201 条款、反倾销措施与反补贴措施的调查职能。将美国关税委员会中的"**关税**"2 字换成"**国际贸易**"4 字,暗示了美国贸易政策的重心已经从关税壁垒转向非关税壁垒。

《1974 年贸易法》建立了新的贸易制度,加快了美国出口贸易政策的改革。最著名的制度创新是该法设立了"快车道"程序,将国会授予总统的贸易协定谈判权实现"制度化",即允许总统根据禁止修正、限制争论及要求委员会自动通过的程序,向国会提交实施贸易协定的法案。这种做法的实质在于剥夺了贸易保护主义利

---

[1] James L. Edwards, "The Omnibus and Fair Trading Act of 1988 and the United States Trade Representative: Suggestions for Better Coordination and Implementation of an Effective International Trade Policy," *Brigham Young University Law Review*, (1989), p.747.

[2] 何思因:《美国贸易政治》,时英出版社 1994 年版,第 138 页。

[3] 孙哲、李巍:"美国贸易代表办公室与美国国际贸易政策",载《美国研究》2007 年第 1 期。

益集团运用国会立法机制获得让步的机会,使这类利益集团更加难于阻挠自由贸易协定,从而免受国内贸易保护主义的羁绊。①该程序将进一步扩大总统和美国贸易谈判代表的贸易协定谈判权力,使他们有权做出必要的让步,有助于降低、取消或协调非关税壁垒,加快贸易谈判的进程,②为福特政府和卡特政府参与并主导东京回合谈判提供了制度保障,从而成为真正意义上的贸易自由化促进或拓展机制。与"快车道"程序同样闻名的是,该法第301节创立了素有"进攻性单边主义"(aggressive unilateralism)之称的301条款。③事实上,早在《1962年贸易拓展法》第252节中,国会授予总统对外国不公平进口限制措施进行报复的权力,④该条款就是301条款的雏形。

《1974年贸易法》调整了美国进口贸易政策,创新了作为贸易自由化公平保障机制的反补贴措施和反倾销措施,使两者能够更好地服务于公平贸易政策,特别是对反补贴税法的修改,使其从界定模糊的外交政策工具转化成有效的私法救济手段。⑤国会将反

---

① 〔美〕路易斯·亨金:《宪政·民主·对外事务》,邓正来译,生活·读书·新知三联书店1996年版,第52页。

② 杨树明、陈功:"美国对外贸易法中'贸易促进权'模式探析",载《中山大学学报》(社会科学版)2005年第5期。

③ 陈利强:"试论GATT/WTO协定之私人执行——一个美国法的视角",载《现代法学》2008年第4期。

④ 杨国华:《美国贸易法"301条款"研究》,法律出版社1998年版,第3—4页。

⑤ 〔美〕布鲁斯·E·克拉伯:《美国对外贸易法和海关法》,蒋兆康等译,法律出版社1999年版,第400页。

补贴措施和反倾销措施进一步实现"程序化"和"司法化"①,即"权利化",其主要目的在于限制以总统为首的贸易行政机构的自由裁量权。此外,《1974 年贸易法》第二编重点改革了"进口救济"②和"调整援助"两项内容。其中"进口救济"部分就是修正后的逃避条款,该法将其更名为 201 条款并沿用至今,主要是因为该法不再要求将贸易协定中的关税减让作为进口增加的主要原因,逃避关税减让义务的必要性因此也就不存在了。从结构调整角度看,该条款包含了"201 路线"("间接路线")。"调整援助"就是"TAA 路线"("直接路线")的内容,分别包括第二章"对工人的援助"、第三章"对企业的援助"与第四章"对社区的援助"。第四章是《1974 年贸易法》新增的项目。

由于贸易保护主义者对《1962 年贸易拓展法》中逃避条款的不满,《1974 年贸易法》对 201 条款作出了较大的修改。同时,由于 1962 至 1969 年无人受益,劳工组织对 TAA 项目几乎丧失了信心。美国劳联-产联主席乔治·米尼认为调整援助无法解决现代贸易问题,因此将 TAA 项目称之为"葬礼保险"③(burial insurance)。从此,强烈要求放宽工人 TAA 项目的资格认证标准的呼声不断高涨。企业 TAA 项目多年以来一直处于休眠状态,与工人 TAA 项目相比,该项目不易获得政治支持。为了迎合新贸易

---

① Peter D. Ehrenhaft, "The 'Judicialization' of Trade Law," *The Notre Dame Lawyer*, vol. 56(1980—1981), pp. 608–612.

② 立法术语意义上的"进口救济"与学理意义上的"进口救济"涵义不尽相同,前者主要指逃避条款或 201 条款,后者主要包括反倾销措施、反补贴措施、201 条款及 337 条款等。

③ Ethan Kapstein, "Trade Liberalization and the Politics of Trade Adjustment Assistance," *International Labour Review*, vol. 137(1998), p. 509.

保护主义的需求,减少贸易自由化的阻力,《1974 年贸易法》对
201 条款的要件和 TAA 项目的资格认证标准分别进行了改革,使
两者更趋自由化,让国内工人、企业或产业更加容易获得救济或援
助利益,从而寻求贸易保护主义利益集团对由福特政府和卡特政
府推动的东京回合谈判的支持。

2. 201 条款之实体法和程序法的变革

201 条款调查可以分为两个阶段,即由美国国际贸易委员会
负责的损害调查阶段和由总统负责的贸易保护阶段。[①] 就第一阶
段而言,《1974 年贸易法》对要件作出了重大修改,主要表现在:第
一,国内产业无须证明贸易协定中的关税减让是造成进口增加的
主要原因,使关税减让与进口增加脱钩。[②] 第二,不再要求进口增
加是造成严重损害的主要因素,只要是重大原因(substantial
cause)即可;[③]第三,澄清了严重损害的认定标准,将其界定为重
大或重要部分的损害或伤害(damage or a hurt of grave or important
proportions),但其受损害的严重程度比反倾销法和反补贴税法所
要求的"实质损害"(material injury)的程度要高。[④] 此外,对国内
产业含义进行了重新界定。

---

① [美]詹姆斯·德林:《美国贸易保护商务指南——反倾销、反补贴和保障
措施法规、实践与程序》,毛悦、刘小雪译,彭宾审校,社会科学文献出版社 2007 年
版,第 173—174 页。

② Richard L. O'Meara, "United States Trade Law: Reexamining the Escape
Clause," *Virginia Journal of International Law*, vol. 26(1985—1986), p. 270.

③ Paul C. Rosenthal, "Industrial Policy and Competitiveness: The Emergence of
the Escape Clause," *Law & Policy in International Business*, vol. 18(1986), p. 764.

④ 罗昌发:《美国贸易救济制度:国际经贸法研究(一)》,中国政法大学出
版社 2003 年版,第 63 页。

如果美国国际贸易委员会作出肯定性裁决,总统就应采取所有适当和可行的行动,而且这些行动应促进国内产业针对进口竞争所进行的积极调整,并将产生高于成本的经济和社会效益。《1974 年贸易法》对总统在贸易保护阶段的权力进行了调整,一方面增加总统可以采取的进口救济措施,授予总统与外国开展"有秩序销售协定"(OMAs)的权力;另一方面要求总统采取的救济措施必须符合国家经济利益(national economic interests)。这种限制方式反映了国会的基本观点:即进口救济不应当基于外交政策利益或国家安全利益而被拒绝或剥夺。尽管《1974 年贸易法》用国家经济利益条款限制了总统在采取进口救济措施时享有的自由裁量权,但总统考虑经济因素时仍保留广泛的自由裁量权(broad discretionary powers)。与限制总统权力相对应的是,《1974 年贸易法》修改了"立法否决权",①对总统不采取美国国际贸易委员会建议的进口救济措施进行了限制,将国会的表决要求从《1962 年贸易拓展法》的"每院有表决权议员多数的肯定性投票"降至"每院出席并表决的议员的多数"。② 经过实体法和程序法方面的修改,从 1974 年开始,国内产业援引 201 条款的案件数量逐渐增加,

---

① 就如本书第一章提及的,"立法否决权"是《美国宪法》授予国会的一项制衡总统权力的权力,旨在形成一个国会与总统的权力分立与制衡体制。逃避条款或 201 条款中的"立法否决权"条款最早出现在《1958 年贸易协定延长法》中,该条款规定了国会否决总统不同意美国关税委员会建议的救济措施的表决机制。后经《1962 年贸易拓展法》、《1974 年贸易法》及《1984 年贸易与关税法》等多次修改,充分展示了贸易保护主义力量与自由贸易主义力量在逃避条款或 201 条款上的立法博弈。

② Richard L. O' Meara, "United States Trade Law: Reexamining the Escape Clause," *Virginia Journal of International Law*, vol. 26(1985—1986), pp. 281-282.

从 1974—1988 年,201 条款调查案件共 61 起,其中美国国际贸易委员会作出肯定性损害裁决 34 起,总统共在 19 起案件中提供救济措施。但是,请求者一般不会走"201 路线"("间接路线"),从而寻求"调整援助"。因为大多数请求者认为,如果他们从美国国际贸易委员会获得肯定性裁决,但最后从总统那里得到的却是"调整援助",他们就败诉了,因为它们真正需要的是贸易保护。①因此,为了获得"调整援助",请求者应当走"TAA 路线"("直接路线")。

3. TAA 项目的改革和扩展

"TAA 路线"("直接路线")可以分为两个阶段,即劳工部长或商务部长资格认证(certification)阶段和援助审批(approval)阶段。换言之,请求者为了获得援助利益,必须完成一个两步走程序(a two-step process)。为了使 TAA 利益更容易被获得,《1974 年贸易法》放松了资格认证标准,主要在以下 4 个方面对 TAA 项目作了修改:第一,不再要求证明贸易协定中的关税减让导致了对工人或企业的损害,或者损害主要是由于进口增加引起的。第二,在损害调查中,将进口增加和损害结果之间的因果关系要求由"主要因素"放宽至"重要地促成"。第三,分别为工人 TAA 项目和企业 TAA 项目中的损害认定创立了两个新的标准,即相当一部分工人事实上失业(完全或部分)或面临失业(完全或部分)的威胁;一家企业或其分支机构的销售、生产或两者都出现了绝对下滑。第四,将 TAA 项目的主管机构由美国关税委员会调整为劳工部

---

① ［美］布鲁斯·E·克拉伯:《美国对外贸易法和海关法》,蒋兆康等译,法律出版社 1999 年版,第 725 页。

(Department of Labor)和商务部(Department of Commerce),①由工人或企业分别直接向上述两部提出申请,并且由两部部长作出是否授予调整援助资格证明的决定。此外,该法大大提高了援助利益,将贸易再调整津贴提高到工人先前工资的 70%,最高为全国平均制造业工资的 100%。该法还增加了社区贸易调整援助项目。②

　　除上述整体修改之外,该法分别对工人 TAA 项目和企业 TAA 项目作出了特别的增补和修订。针对工人 TAA 项目,主要有以下几个方面内容:第一,新增了求职津贴(Job Search Allowances)条款;第二,修改了针对工人 TAA 资格司法审查的可获得性条款;第三,精简申请程序和行政程序,提高援助效率。针对企业 TAA 项目,该法主要作了以下几个方面的修改:第一,放弃了使用较少的税收援助,要求企业自主承担部分技术援助代价;第二,商务部使用行政自由裁量权,在 1977 年开始对整个产业提供调整援助,创立了产业贸易调整援助项目;第三,商务部开发了一种针对企业 TAA 项目的"交付机制"(delivery mechanism),通过在全国范围内建立 11 个非营利性质的贸易调整援助中心(Trade Adjustment Assistance Center,TAAC),帮助企业申请 TAA 项目以及提供技术援助。③

　　由于放宽了对工人和企业的资格认证标准,从 1975—1981

　　①　Jessica Schauer,"Federal Trade Adjustment Assistance for Workers:Broken Equipment,"*Boston College Third World Law Journal*,vol. 26(Spring 2006),p. 402.

　　②　韩立余:《美国外贸法》,法律出版社 1999 年版,第 305 页。

　　③　Eleanor Roberts Lewis & Harry J. Connolly, JR. ," Trade Adjustment Assistance for Firms and Industries,"*U. Pa. J. Int' L Bus. L.* ,vol. 10(1988),p. 587.

年,超过 130 万名工人有资格获得 TAA 利益。在 1975—1979 年
期间,符合 TAA 资格的工人大部分来自皮革、鞋业、纺织及装饰行
业。但在 1980 年,其中一半工人是由于汽车进口空前激增引发的
大面积失业所致,因此卡特政府决定加快汽车行业失业工人的资
格认证,使获得 TAA 利益的工人数量急剧增长。与此同时,企业
TAA 项目也取得了长足发展,因此这一时期被称之为"扩展之年"
(years of expansion)。① 但是,美国劳工部曾委托 Mathematica
Policy Research,Inc. 的咨询公司对获得 TAA 资格的失业工人开展
一项广泛调查后发现,大多数 TAA 利益接受者期望自己只是临时
失业。换言之,他们的失业是周期性的而非永久性的经济变化所
致,他们期待自己的雇主在经济条件改善之后再雇用他们,因此,
仅一小部分 TAA 利益接受者实际上改变了工作。相反,那些因为
企业倒闭而遭受重大收入损失的永久性失业的工人却无缘 TAA
项目。毋庸置疑,这是一个爆炸式的调查结论,对国会和尼克松政
府的部分人而言,TAA 项目变成了一项"赠品"(giveaway)。此外,
美国审计总署(General Accounting Office,GAO)的一份调查报告
发现,当 TAA 项目的受益者收到第一笔支付时,71% 的受益者已
经回到工作岗位,而且他们中的 60% 回到了原来雇主提供的工作
岗位。这两项调查结论说明,TAA 项目既没有提供援助
(assistance),也没有促进调整(adjustment)。实践运作证明 TAA
制度本身并没有实现预设的目的和功能,因此美国国内有人认为

① Congress of the United States, Office of Technology Assessment: "Trade
Adjustment Assistance New Ideas for an Old Program–Special Report," OTA–ITE–
346,June 1987,p. 23.

TAA 项目没有必要存在,要求取消的呼声越来越大。

(三) TAA 项目的削减与重新增长阶段

从 1980 年开始,美国所处的世界经济格局已经发生重大变化,战后美国垄断国际贸易所有行业的局面被彻底打破,美国、西欧、日本三足鼎立的经济竞争格局初步形成。随着贸易逆差急剧增长,美国遭遇空前的贸易赤字问题,与西欧和日本之间的贸易摩擦逐渐增多,国内新贸易保护主义甚嚣尘上。[1] 美国纺织、钢铁、汽车、消费电器及半导体等产业丧失了贸易竞争优势,产业国际竞争力不断下降。1981 年上台执政的里根政府面临减少美国贸易逆差、提高产业国际竞争力的重大任务,而国会认为解决贸易赤字的主要方法就是改革贸易法。因此,1979 年东京回合谈判结束之后,卡特政府首次使用"快车道"程序,顺利制定了《1979 年贸易协定法》(Trade Agreements Act of 1979),执行涉及非关税壁垒的东京回合谈判协定。[2] 国会通过该法将谈判非关税壁垒的"快车道"程序再延长 9 年,至 1988 年 1 月。

尽管《1979 年贸易协定法》对 201 条款作出了部分修订,但日趋衰退的国内进口竞争产业对实施现状极为不满,认为 201 条款中的总统自由裁量权限太大,而且可供选择的救济措施种类过少,

---

① Senator Dan Quayle, "United States International Competitiveness and Trade Policies for the 1980s," *Northwestern Journal of International Law & Business*, vol. 5 (1983), p. 1.

② Michael A. Carrier, "All Aboard the Congressional Fast Track: From Trade to Beyond," *Geo. Wash. J. Int' I L. & Econ.*, vol. 29 (1995—1996), p. 706.

以至于遭受损害的产业无法获得真正有益的救济。[1] 同时,国会认为 201 条款的实体和程序规则本身不利于鼓励受损害的产业依据该条款的规定申请救济,从而导致以总统为首的贸易行政部门频繁的与外国达成"自愿设限协定"。[2] 当然,国会要求改革 201 条款的主要理由是该条款对提升产业国际竞争力没有多大作用。当遭受损害的国内产业依据 201 条款提出救济申请之后,美国国际贸易委员会作出肯定性损害裁决,并建议总统采取关税配额的救济措施,但总统考虑须对外国提供补偿,[3]或者总统担心遭受外国贸易报复之外交政策考虑,而往往提供调整援助。然而事实证明,只有极少数的产业通过"201 路线"("间接路线")申请调整援助。[4] 国会在里根政府的第一任期内制定的《1984 年贸易与关税法》(Trade and Tariff Act of 1984)也仅对"201 路线"("间接路线")进行了局部改革,并没有作出重大修改。相反,1981 年里根政府上台之后,立刻对"TAA 路线"("直接路线")进行审查和评估,并根据上述两个调查报告所揭示的问题,在《1981 年综合预算平衡法》(Omnibus Budget Reconciliation Act of 1981,OBRA1981)中对 TAA 项目作出了较大调整和修改,旨在削减 TAA 项目。

---

① Paul C. Rosenthal and Robin H. Gilbert, "The 1988 Amendments to Section 201:It Isn't Just for Import Relief Anymore," *Law & Policy in International Business*, vol.20(1989),p.423.

② Ernesto M. Hizon, "The Safeguard Measure/VER Dilemma:the Jekyll and Hyde of Trade Protection," *Northwestern Journal of International Law & Business*,vol.15 (1994),p.106.

③ 罗昌发:《贸易与竞争之法律互动:国际经贸法研究(三)》,中国政法大学出版社 2003 年版,第 52 页。

④ 罗昌发:《美国贸易救济制度:国际经贸法研究(一)》,中国政法大学出版社 2003 年版,第 74 页。

1. 工人 TAA 项目的重大修订

里根政府为了减少财政开支,说服国会在《1981 年综合预算平衡法》中对工人 TAA 项目的两个方面作出了重要调整:其一是收紧了资格审查标准,将因果关系认定中的损害标准从"重要地促成"提升至"重大原因";其二是减少 TAA 利益,特别是贸易再调整津贴的数量。由于 1980 年工人 TAA 项目的现金援助实际数量超过了失业保险,①国会在《1981 年综合预算平衡法》中对《1974 年贸易法》作出了相应的修改,减少了工人 TAA 项目的援助数额,使其降至失业保险的水平,并且规定只有在失业保险金使用完毕的情况下才可以提供 TAA 项目的现金援助,②同时削减成本,将援助项目的重点从收入支持转向工人培训,将工人 TAA 项目的目标从维持原岗位就业改成支持换岗。③ 此外,因为国会对工人 TAA 项目的可行性仍不确定,所以只将该项目延长了 1 年。④随着对工人 TAA 项目的财政投入的大量缩减,申请 TAA 项目的工人数量呈现出迅速下降的趋势,国会出台《1985 年统一综合预算平衡法》(Consolidated Omnibus Budget Reconciliation Act of 1985,COBRA1985)之时,TAA 项目已经跌入低谷。美国政府建议

---

① Christopher Magee,"Administered Protection for Workers:An Analysis of the Trade Adjustment Program,"*Journal of International Economics*,vol. 53,p. 68.

② 李卓、刘建兵:"论美国贸易调整援助计划,"载《经济评论》2005 年第 4 期。

③ Harold A. Bratt, "Issues in Worker Certification and Questions of Future Direction in the Trade Adjustment Assistance Program,"*Law & Policy in International Business*,vol. 14(1982),p. 819.

④ [美]布鲁斯·E·克拉伯:《美国对外贸易法和海关法》,蒋兆康等译,法律出版社 1999 年版,第 746 页。

废除 TAA 项目,因为《1982 年工作培训合作法》(Job Training Partnership Act of 1982,JTPA1982)第三编已经覆盖受进口不利影响的工人和企业,所以没有必要单独制定援助项目。1985 年 12 月,工人 TAA 项目失去了法律授权,曾一度被中止。但是,由于 TAA 项目给予工人的津贴比其他联邦项目更高,工人 TAA 项目在国会继续享有政治支持。因此,1986 年 4 月国会对工人 TAA 项目恢复授权。《1985 年统一综合预算平衡法》授权工人和企业 TAA 项目继续存在,只是采取了一种被削弱的方式。[①] 该法在实体和程序方面对工人 TAA 项目作出了小部分修改,延长了申请资格的期限,重新强调培训的重要性,并将项目授权至 1991 年 9 月 30 日。这次授权是近 6 年来对工人 TAA 项目进行的最长时间的延长,旨在使工人 TAA 项目拥有一个相对稳定的前途。从 1985 年开始,TAA 项目在不确定的状态下逐渐逆转,在 1986 年和 1987 年,针对工人 TAA 项目的培训申请迅速增长。

2. 企业 TAA 项目的主要改革

《1981 年综合预算平衡法》对工人 TAA 项目和企业 TAA 项目的授权截至 1981 年 9 月 30 日,后经延长至 1982 年,但国会终止了对社区的援助。[②] 由于《1981 年综合预算平衡法》没有对企业 TAA 项目进行重要调整,美国政府于 1982 年决定停止企业 TAA 项目,主要理由是受进口竞争损害的企业没有资格获得向未受国内竞争或其他原因损害的企业提供的任何特殊援

---

① ［美］布鲁斯·E·克拉伯:《美国对外贸易法和海关法》,蒋兆康等译,法律出版社 1999 年版,第 749 页。

② Mary Anne Joseph,"Trade Adjustment Assistance:An Analysis,"*Connecticut Journal of International Law*,vol.6(1990),p.255.

助。具体而言,主要基于以下三个方面的原因:第一,因进口竞争而导致的经营不善不能够理所当然地成为政府给予特别援助的理由,因此企业无法提供要求获得政府援助的正当理由。第二,企业虽获得贷款和贷款保证,但仍因经营不善等原因而导致濒临破产的边缘,某些企业甚至刚刚获得 TAA 的财政援助时就已经濒临破产,所以企业 TAA 项目没有发挥作用。第三,除调整援助之外,受不公平进口竞争损害的企业可以根据相关贸易法,获得贸易保护。1986 年 4 月国会对企业 TAA 项目恢复授权,但援助形式发生了重要变化。企业 TAA 项目去除了财政援助,将原先开发和执行"经济调整建议书"(economic adjustment proposal)的技术援助作为主要措施加以保留。① 然而,企业 TAA 项目仅存在 1 年,美国政府于 1987 年 1 月再次建议终止该项目,同时商务部将 TAAC 的职能行使延长至 1987 年 6 月。因此,对企业 TAA 项目而言,这一阶段是"赤裸裸的幸存"(bare survival)时期。总之,从 1981 年至 1987 年,美国 TAA 项目经历了削减与重新增长时期。②

(四)TAA 项目的新的发展阶段

20 世纪 80 年代,美国贸易赤字的急速增长反映了美国经济

---

① Eleanor Roberts Lewis & Harry J. Connolly, JR. , " Trade Adjustment Assistance for Firms and Industries," *U. Pa. J. Int' L Bus. L.* , vol. 10 (1988), pp. 587−588.

② Congress of the United States, Office of Technology Assessment: " Trade Adjustment Assistance New Ideas for an Old Program − Special Report," OTA − ITE − 346 , June 1987 , pp. 26−30.

实力和贸易竞争地位的下降。出口额止步不前,1986 年的出口总额实际上低于 1980 年的水平,但进口额却不断攀升。美国贸易赤字总额在 1983 年上升至 670 亿美元,到 1987 年又飚升至 1595 亿美元。[1] 对于贸易赤字的成因问题,当时国内存在两种不同的看法。以时任里根总统经济顾问委员会主席的马丁·菲尔德斯坦为代表的部分学者认为,巨额贸易赤字是由国内宏观经济政策,即美元的大幅升值和总统的赤字财政政策导致的,而非国外不公平贸易政策的产物。[2] 但是,当时国内主流观点将贸易赤字归因于西欧、日本等国家和地区的不公平贸易行为,认为不公平贸易竞争使美国产品的国际竞争力下降,造成贸易赤字不断攀升。[3] 为了提升产业的国际竞争力,减少贸易赤字,里根政府兼顾内因和外因,调和贸易保护主义与自由贸易主义,走了一条中间道路:即一方面调整宏观经济政策,包括降低美元汇率,扩大商品出口,继续推动贸易自由化的发展;另一方面主张"公平贸易政策",从多边主义转向双边互惠主义,强调"新互惠主义",要求西欧和日本等经济体向美国对等开放市场。[4]

---

① ［美］戴斯勒:《美国贸易政治》(第四版),王恩冕、于少蔚译,中国市场出版社 2006 年版,第 59 页。

② ［美］马丁·菲尔德斯坦主编:《20 世纪 80 年代美国经济政策》(下册),经济科学出版社 2000 年版,第 558 页。

③ 陈宝森:《美国经济与政府政策——从罗斯福到里根》,世界知识出版社 1988 年版,第 859 页。

④ Jagdish N. Bhagwati and Douglas A. Irwin, " The Return of the Reprocitarians–U. S. Trade Policy Today," *The World Economy*, vol. 10 (July 1987), pp. 108–109.

1.《1988 年综合贸易与竞争法》的重要内容与乌拉圭回合谈判

面对 20 世纪 80 年代美国所处的国际竞争环境与贸易保护主义压力,里根政府整体上主张自由贸易,积极推动贸易自由化。但从 1980 年开始,国会中要求贸易保护立法的议案层出不穷,美国贸易政策出现了三种新倾向:"单边主义"、"管理贸易"与"国会行动主义"。① 规模庞大、内容庞杂的《1988 年综合贸易与竞争法》集中体现了这三种转向。该法历经国会和政府 3 年的激烈辩论,由里根总统于 1988 年 8 月签署并正式生效,是"二战"后美国规模最大的国会贸易立法,同时也是一部最具贸易保护主义色彩的纲领性贸易法。

如果说《1984 年贸易与关税法》拓展了"看门人委员会"(gatekeeper committees)的权限,那么《1988 年综合贸易与竞争法》扩大了国会的整体权力,旨在进一步促进全球贸易自由化并且削减贸易壁垒。因此,该法的特殊重要性在于它再次延长了对总统的"快车道"授权,授权行政部门以官方身份参与乌拉圭回合谈判和双边贸易协定谈判。② 同时,该法对"快车道"程序作出了重要修正:首先,将原定于 1988 年 1 月 3 日到期的"快车道"授权延长至 1991 年 6 月 1 日,并且可能将其延长至 1993 年 6 月 1 日。其次,要求总统和相关委员会就协定的性质、协定何以实现该法的目标和政策以及与执行相关的所有问题作出说明。最后,也是该法

---

① [美]马丁·菲尔德斯坦主编:《20 世纪 80 年代美国经济政策》(下册),经济科学出版社 2000 年版,第 551 页。

② 林珏:《战后美国对外贸易政策研究》,云南大学出版社 1995 年版,第 133 页。

最重要的修改,即建立了参众两院的所谓"反快车道"(reverse fast
track)程序。① 如果总统不能或不愿与国会就贸易谈判和贸易协
定进行磋商,国会可以对贸易协定实施"反快车道"程序,将"快车
道"转为"慢车道"(slow track),采用国会常规方法缔结"国会—
行政协定"。当包括众议院规则委员会、众议院赋税委员会与参
议院财政委员会在内的"看门人委员会"向全体众议院提交"程序
不同意决议"时,该程序得以启动。由此可见,国会建立"反快车
道"程序,旨在强化对总统贸易协定谈判权的监督和控制。它对
"快车道"程序构成了直接的制约,是"国会行动主义"的充分
体现。

　　从贸易保护主义角度看,《1988 年综合贸易与竞争法》的重点
内容在于进一步规范对因国外不公平贸易行为和进口竞争而造成
损害的救济。国会转向所谓的"单边主义",强化 301 条款的实
施,在《1974 年贸易法》之 301 条款的基础上,将其细分成"一般
301 条款"、"特别 301 条款"与"超级 301 条款"3 种类型。② "特
别 301 条款"旨在为国际贸易中侵犯美国知识产权的不公平行为
提供救济,而"超级 301 条款"旨在确定美国贸易自由化的重点国
家,由美国贸易代表向国会提交《国家贸易评估》报告,要求设置
高贸易壁垒的国家向美国开放市场。国会强化 301 条款的使用,
其主要原因之一是当时 GATT 的争端解决机制存在先天性的缺陷

————————

　　① 　Michael A. Carrier,"All Aboard the Congressional Fast Track:From Trade to
Beyond,"*Geo. Wash. J. Int' I L. & Econ.*,vol. 29(1995—1996),pp. 709–710.
　　② 　李明德:《"特别 301 条款"与中美知识产权争端》,社会科学文献出版社
2000 年版,第 12 页。

而运作效率低下,无法实现美国对多边贸易体制的利益要求。① 更为重要的是,美国进一步强化出口商权利的主要目的是在"快车道"程序受到越来越多限制的前提下,为"出口导向利益"集团建立一种机制,使其能够在与贸易保护主义力量的对抗中重新发挥作用,意在抵消"进口竞争利益"集团的政治影响。② 1934年国务卿赫尔领导的国务院将出口商引入由进口竞争商统治的"1930年体制",创立了"1934年体制"。美国强化出口商301条款权利是对赫尔治国方略的继承和发扬。为了与出口商"301条款"权利保持平衡,《1988年综合贸易与竞争法》修改了针对不公平贸易行为的反补贴税法和反倾销法,因此有学者将20世纪80年代盛行使用不公平贸易法、实现广泛的贸易保护主义目标的现象称之为"法律保护主义"(legal protectionism)。③ 此外,该法对"进口救济"和"调整援助"进行了全面规范,以有效应对激烈的进口竞争造成的经济损害。

2. 201 条款之实体法和程序法的修订

《1988年综合贸易与竞争法》在4个方面对201条款进行重要修改:第一,有关201条款的基本目的,该法强调从纯粹的进口

---

① Jared R. Silverman, "Multilateral Resolution over Unilateral Retaliation: Adjudicating the Use of Section 301 Before the WTO," *U. Pa. J. Int'l Econ. L.*, vol. 17 (1996), pp. 241–242.

② Kenneth W. Dam, "Cordell Hull, the Reciprocal Trade Agreements Act, and the WTO-An Essay on the Concept Rights in International Trade," *N. Y. U. J. L. & Bus*, vol. 1(2004—2005), p. 724.

③ Carl J. Green, "The New Protectionism," *Northwestern Journal of International Law & Business*, vol. 3(1981), p. 11.

救济转向促进对进口竞争的积极调整,①提升产业的国际竞争力。立法基本目标的转变是该法对 201 条款作出的最重要的修正。尽管该法并没有将请求者提交"产业调整计划"(industry adjustment plan)作为申请要件之一,但法律规定请求者须在申请时或其后 120 日内,向美国国际贸易委员会和美国贸易代表提交旨在适应进口竞争的积极调整计划。该法鼓励请求者提交"产业调整计划",旨在说明他们将如何对进口竞争作出调整。虽然计划是选择性的,但一经提交,美国国际贸易委员会在提出救济建议时必须考虑这些计划。② 第二,有关美国国际贸易委员会的建议权和总统的救济措施,该法授权美国国际贸易委员会不仅可以建议总统采取增加关税、加列或设置配额、关税配额、数量限制、"有秩序销售协定"及调整援助等有效措施,使国内产业对进口竞争作出积极调整,而且授权美国国际贸易委员会建议总统开展国际谈判,以减轻过度进口竞争对美国产业造成的严重损害。此外,为了促使国内产业进行积极调整,以适应新的进口竞争,该法还授权美国国际贸易委员会建议总统采取法律所授权的其他措施。国会授予美国国际贸易委员会广泛的建议权及授予总统较广的决定权,其目的是为了在进口救济期间促进产业调整,避免因过度的进口竞争而遭受损害,同时扭转国内受损产业过分依赖 201 条款以寻求一揽子贸易保护、而

---

①　所谓对进口竞争的积极调整是指国内产业在实施救济措施完毕之后,可以成功地与进口进行竞争,或国内产业已将其资源有秩序地转移至其他的生产用途;或国内产业受影响的工人已经有秩序地过渡到有生产力的途径上。参见罗昌发:《美国贸易救济制度:国际经贸法研究(一)》,中国政法大学出版社 2003 年版,第 77 页。

②　[美]布鲁斯·E·克拉伯:《美国对外贸易法和海关法》,蒋兆康等译,法律出版社 1999 年版,第 696 页。

不像预期那样利用救济措施进行产业调整的局面。第三,增设监督程序,限制重新申请救济的期限,从过程上督促国内产业真正开展产业调整,而不是像往常一样,将201条款救济作为一种政府对产业的补贴加以使用。该法要求美国国际贸易委员会监督国内产业发展的情形,包括国内产业内的工人和企业为作成积极调整,以适应进口竞争所作出的努力和进展情况。该法对未获得救济和已获得救济的两种情形分别规定了重新申请救济的期间。第四,有关对总统自由裁量权的限制,该法通过扩大总统可以采取措施的范围,间接缩小总统的权限。该法第203节"促进对进口竞争的积极调整的行动"授权总统根据本章的规定,应在其权限内,采取一切适当和可行的措施。同时,总统认为此措施将帮助国内产业对进口竞争做出积极的调整,而且带来的经济和社会收益高于成本。这些措施除了提高关税、使用配额和关税配额、采取数量限制、提出立法建议及进行国际谈判等各种"进口救济"措施之外,还包括采取调整援助。授权总统采取广泛措施的目的是为了使总统不再以"没有合适的措施"为由,否定美国国际贸易委员会提出的建议。

除上述规定之外,该法还针对两种特殊情况,增加了两类新的救济方式,使以201条款为中心的保障措施体系更加全面和丰富。第一,为"易腐烂农产品"(perishable agricultural products)提供紧急救济;第二,当发生"紧要情形"(critical circumstances)时,提供临时的进口救济。① 此外,该法对认定严重损害或严重损害威胁

---

① Paul C. Rosenthal and Robin H. Gilbert, "The 1988 Amendments to Section 201:It Isn't Just for Import Relief Anymore," *Law & Policy in International Business*, vol. 20(1989),p. 434.

的因素作出了相应的修改,从而有助于受损产业获得救济。

《1988 年综合贸易与竞争法》对"201 路线"("间接路线")进行修订,其主要目标在于扩大受损产业获得救济的可能性,促进对进口竞争的积极调整,提升产业的国际竞争力。为此,国会将立法重点转移到促进积极调整及控制总统自由裁量权两个密切相关的政治争点上面,而不是认定损害和因果关系及提供临时进口救济等技术层面。这些变化充分说明了该法和《1974 年贸易法》在价值取向和立法原则上的重大区别。同时,国会通过该法进一步强调其对 201 条款的偏爱,不支持利用"自愿设限协定"等非成文法措施,为缺乏国际竞争力的产业提供救济。20 世纪 80 年代中期,里根政府转向"管理贸易"政策,与外国签署有关汽车和钢铁的"自愿设限协定",旨在解决外国进口对美国产业造成的经济损害问题。[①]"自愿设限协定"属于 GATT 的"灰色区域",其目的是为了控制特定产品进口,避免 201 条款的直接适用。[②] 总之,国会对"201 路线"("间接路线")的修正是为了帮助国内贸易保护主义者提高进口救济的使用效率,促进产业调整,从而更好地应对进口竞争。

3. TAA 项目的改革和扩展

《1988 年综合贸易与竞争法》对"TAA 路线"的修改幅度远不如"201 路线",主要是因为"201 路线"已经包含了 TAA 项目。但是,该法仍被视为对 TAA 立法的一个重要转折点。该法对工人

---

① ［美］马丁·菲尔德斯坦主编:《20 世纪 80 年代美国经济政策》(下册),经济科学出版社 2000 年版,第 564 页。

② 莫世健:《贸易保障措施研究》,北京大学出版社 2005 年版,第 39 页。

TAA 项目作出了较大修改:第一,将产品组成部件的提供者纳入生产者范畴,农业、石油与天然气产业中的工人可以成为援助对象,进一步拓展援助范围。[1] 第二,突出对失业工人再培训的重要性,将获得 TAA 项目的收入支持与参加再培训项目相结合,同时确保贸易再调整津贴仅支付给永久性失业的工人,因为临时性失业的工人在失业保险到期之前已经回到原来的工作岗位。[2] 此外,该法将 TAA 授权延长至 1993 年 9 月 30 日,比 1993 年夏季到期的"快车道"授权的期限稍长一些。

《1988 年综合贸易与竞争法》对企业 TAA 项目的资格认证标准作出了两大修改:第一,任何从事石油或天然气勘探或钻井的企业应当被认为是"生产"石油或天然气的企业,并且同时生产与石油或天然气直接竞争的产品。但之前并没有必然将从事勘探或钻井的企业当作生产商,只有事实上生产与进口产品存在直接竞争关系产品的企业可能获得资格。第二,对提供"关键货物或服务"的生产商开放援助资格申请。例如,进口增加与产品组成部件存在直接竞争或相似的企业可以申请资格审查,但过去只有竞争产品的实际生产商才能拥有审查资格。

值得一提的是,该法再次提出信托基金(trust fund)问题,要求对所有为在美国关境消费而进入美国市场的货物征收一项不超过总价值的 0.15% 并足以支持 TAA 项目的进口费。[3] 这个基金针

---

① [美]布鲁斯·E·克拉伯:《美国对外贸易法和海关法》,蒋兆康等译,法律出版社 1999 年版,第 750 页。

② Whitney John Smith, "Trade Adjustment Assistance: An Underdeveloped Alternative to Import Restrictions," *Albany Law Review*, vol. 56(1993), p. 969.

③ 参见《美国法典》第 19 编,第 2397 节。

对所有 TAA 项目,若单方面征收进口费,将违反 GATT 规则,因此该法授权总统开展必要的谈判,以获得 GATT 对征收进口费的批准,同意与美国缔结自由贸易协定的任何国家利用进口费的收入为促进进口竞争的调整援助项目提供资金支持。①

总之,20 世纪 80 年代的美国贸易政策更加具有党派色彩,自由贸易主义力量趋向衰弱,美国贸易代表办公室的权限不断扩张,贸易政策制定体制变得更加错综复杂。这些变化充分体现了贸易保护主义力量不断上升的趋势,并已经形成了抵制贸易自由化的制度基础,削弱了旨在转移或排除贸易保护主义压力的"1934 年体制"。

4. 北美自由贸易协定过渡性调整援助项目

1991 年 3 月 1 日,在"快车道"授权到期前 90 日,布什总统要求国会延长"快车道"授权至 1993 年 6 月 1 日,以解决《北美自由贸易协定》和乌拉圭回合谈判内容的执行立法问题。在克林顿政府的不懈努力下,两者的执行立法问题都得以顺利解决,但劳工标准和环境标准等问题使《北美自由贸易协定》在美国国内引发了自《1930 年斯穆特—霍尔利关税法》颁布以来贸易保护主义与自由贸易主义之间最引人注目、最激烈的论战。② 此外,由于美国担心 WTO 争端解决机制对国家主权构成限制和挑战等原因,《1994

---

① Eleanor Roberts Lewis & Harry J. Connolly, JR., "Trade Adjustment Assistance for Firms and Industries," *U. Pa. J. Int' L Bus. L.*, vol. 10(1988), p. 589.

② [美]戴斯勒:《美国贸易政治》(第四版),王恩冕、于少蔚译,中国市场出版社 2006 年版,第 193 页。

年乌拉圭回合协定法》因此也备受关注和争论。①

国会在 1993 年通过了《北美自由贸易协定执行法》(North American Free Trade Agreement Implementation Act),其中《北美自由贸易协定工人保障法》(NAFTA Worker Security Act)为因从加拿大和墨西哥进口增加,或生产转移至上述两国而失业的工人建立了一项新的 TAA 项目,即北美自由贸易协定过渡性调整援助项目。除了包括因进口竞争增加而失业的工人外,该项目也向因生产转移而失业的工人提供援助,劳工部甚至向"二级工人"(secondary workers)提供援助。这种做法造成了大量的重叠、混乱以及工人之间人为的歧视性现象。②

(五)TAA 项目的缓慢发展阶段

由于一直以来 TAA 项目运作效率低下,没有实现预设的功能和目标,从 20 世纪 90 年代开始,劳工组织对 TAA 项目的热情逐渐降温,转向发展中国家的劳工标准和环境标准问题,特别关注低工资国家的劳工标准问题,将制定国际劳工工资标准作为贸易自由化优先考虑的重点。③ 从 1995 年开始,传统保护主义日趋式微,美国贸易自由化立法中出现了涉及劳工标准和环境标准的新问题,贸易壁垒开始向社会价值领域渗透,贸易政策范围被拓展至

---

① John H. Jackson, "The Great 1994 Sovereignty Debate: United States Acceptance and Implementation of the Uruguay Round Results," *Columbia Journal of Transnational Law*, vol. 36 (1998), pp. 157−160.

② [美]C·弗雷德·伯格斯坦主编:《美国与世界经济——未来十年美国的对外经济政策》,朱民等译,经济科学出版社 2005 年版,第 313 页。

③ Teresa R. Favilla−Solano, "Legal Mechanisms for Enforcing Labor Rights Under NAFTA," *University of Hawaii Law Review*, vol. 18 (1996), pp. 298−308.

"与贸易有关"的非贸易议题。与此同时,国内利益集团出现分化,共和党与民主党之间的对立和夙愿日渐增加,政府与国会之间的合作日趋困难,因此过去 20 年运行顺利的"快车道"程序从此停滞不前。从 1994—2002 年,克林顿政府 8 年没有获得国会"快车道"授权,主要是因为劳工标准和环境标准议题成为贸易保护主义者反对贸易自由化的重要论据。[1] 同时,"快车道"授权的失败说明美国贸易保护主义力量与自由贸易主义力量之间的对决已经上升至反对全球化与支持全球化之间的交锋。尽管克林顿总统自 1993 年上台执政以后,实施战略性贸易政策,启动《国家出口战略》(National Export Strategy),[2]对美国经济的高速增长作出了巨大贡献,但他曾多次表示,他无法说服整个国家,特别是自己的政党去支持全球化。

从 WTO 层面看,贸易与劳工、贸易与环境等非贸易议题引起了以美国为代表的发达国家的高度关注和激烈争论,"WTO 的边界问题"(the boundaries of the WTO)变成 WTO 法研究的重点和争辩的焦点。[3] 各成员的劳工标准和环境标准对 WTO"反歧视模式"构成了巨大挑战。

《1994 年乌拉圭回合协定法》对 201 条款中的几个方面作了技术性修订,同时国会在 1993 年、1998 年与 2000 年分别授权延

---

① 屠新泉:"党派政治与美国贸易政策的变迁",载《美国研究》2007 年第 4 期。

② 刘伟丽:"战略性贸易政策理论研究",东北财经大学 2005 年博士学位论文。

③ Jose E. Alvarez, "Symposium:the Boundaries of the WTO," *American Journal of International Law*, vol. 96(2002), pp. 1–5.

长 TAA 项目,但在 1994 年至 2002 年期间,无论是"201 路线"还是"TAA 路线"均没有取得突破性进展。

(六)TAA 项目的快速发展阶段

2001 年初上台后,布什政府面临改革美国贸易政策的艰巨任务,因为当时贸易政策的大环境已经十分严峻,贸易自由化遭遇倒退的境况。新政府为了让贸易政策回到自由化轨道上来,决定采取战后曾屡次奏效的"两手策略",①即启动新一轮的国际谈判,同时在国会通过"快车道"程序,授权政府实施新的谈判结果。由于两党在贸易自由化立场上存在严重分歧,国会在 20 世纪 90 年代先后 3 次拒绝给予总统"快车道"授权。在 2001 年至 2002 年期间,第 107 届国会只以微弱多数通过对布什政府的授权,众议院以 215 票对 214 票,仅以一票之差通过了该授权法案,并且投票结果几乎完全以政党划界(across the party line)。② 这个僵局说明了一个基本的政治事实:即美国国内支持与反对进一步全球化的意见已经势均力敌,美国政府必须抵制反全球化势力的不断蔓延,完成从国内向全球化的过渡,使美国适应全球化。因此,美国需要"一个新的贸易政策"(A New Trade Policy for America),③以应对全球化对国内带来各种挑战的同时,

---

① [美]C·弗雷德·伯格斯坦:"美国贸易政策的复兴",沈旭华译,林晓云主编:《美国法通讯》(第三辑),法律出版社 2004 年版,第 86 页。

② William A. Lovett, " Bargaining Challenges and Conflicting Interests: Implementing the Doha Round," *Am. U. Int' l L. Rev.* , vol. 17(2002), p. 975.

③ Charles B. Rangel, "Moving Forward: A New, Bipartisan Trade Policy That Reflects American Values," *Harvard Journal on Legislation* , vol. 45(2008), p. 387.

继续推动贸易自由化。

1.《2002 年贸易法》的主要内容与多哈回合谈判

美国政府于 2001 年 11 月启动了 21 世纪的首轮多边贸易谈判,即"多哈回合",又称"多哈发展回合",同时国会于 2002 年 7 月通过《2002 年贸易法》,开启美国贸易政策的复兴之路。该法包括两个子法,即《2002 年两党贸易促进授权法》与《2002 年贸易调整援助改革法》,前者授权总统和美国贸易代表推动多哈回合谈判,后者授权实施一个新的、全面的 TAA 项目。根据时任美国贸易代表佐立克的建议,布什政府将"快车道"授权更名为"贸易促进授权",使人民更加能够清楚地了解政府在贸易政策上的真实意图,即实施自由、公平的贸易政策。根据《2002 年两党贸易促进授权法》的规定,"快车道"授权或"贸易促进授权"已经于 2007 年 6 月 30 日到期。奥巴马政府能否重新获得授权,从很大程度上将决定 WTO 多哈回合谈判能否顺利完成。从 GATT 前 8 轮谈判的实践看,美国是多边贸易谈判的主要推手,在多边贸易体制中始终处于领导地位。① 2008 年 7 月底召开的 WTO 小型部长会议未能就农业和非农两大核心议题的谈判模式达成共识,致使屡经磨难的多哈回合谈判再次崩溃,多哈回合谈判中的主要矛盾开始显现。表面上各成员之间对农产品特别保障机制触发水平的分歧导致了谈判的破裂,② 但实质上美国拒绝大幅削减导致贸易扭曲的补贴

---

① 屠新泉:《中国在 WTO 中的定位、作用和策略》,对外经济贸易大学出版社 2005 年版,第 39 页。

② 林学贵:"WTO 多哈回合谈判破裂对中国农业的影响",载《国际贸易》2009 年第 2 期。

被认为是谈判破裂的真正根源。①《2002 年贸易法》将"贸易促进授权"和 TAA 项目挂钩,旨在进一步推动贸易自由化,特别是要减少国内特殊利益集团对农产品贸易自由化的抵制,支持多哈回合在农产品市场准入、农业补贴与非农谈判议题上取得突破。

2.《2002 年贸易调整援助改革法》对"TAA 路线"的全面修改

《2002 年贸易调整援助改革法》对 TAA 项目作出以下几项重大改革:第一,将 NAFTA-TAA 与之前的工人 TAA 项目合二为一,组成新的工人 TAA 项目,包括工人 TAA 项目和替代工人 TAA 项目(Alternative Trade Adjustment Assistance for Older Workers,ATAA)。替代工人 TAA 项目针对年长的工人,是工人 TAA 项目的补充,具体内容包括快速反应援助、再就业服务、工资保险(earnings insurance)与新增加的援助形式,即医疗保险税收优惠(Health Coverage Tax Credit,HCTC)。② 第二,扩大资格标准范围,将援助对象范围扩大至农场主、农业产业工人以及已获调整援助

---

① 美国贸易谈判代表施瓦布将对崩溃的指责转移到印度和中国身上,宣称印度和中国坚持农产品特别保障机制的低触发点的做法是为了自私地寻求新的贸易保护主义机制。事实上,美国坚持的农产品特别保障机制的高触发点与发展中国家主张的低触发点之争是美国为了避免在接下来的棉花补贴议题上承担谈判破裂的责任,而将指责转移到农产品特别保障机制触发点标准问题上,意图使印度和中国成为阻碍多哈回合谈判进程的替罪羊。参见龚柏华主编:"WTO 多哈谈判崩溃的内情",载《WTO 快讯》2008 年第 160 期。

② United States Government Accountability Office, "Trade Adjustment Assistance: Reforms Have Accelerated Training Enrollment, but Implementation Challenges Remain," GAO Report to the Committee on Finance and US Senate. GAO-04-1012, September 2004, p. 7.

资格的企业的上游或下游企业中间接受到贸易不利影响而失业的
"二级工人"。① 第三,将资格标准扩大至因生产转移(shift in
production)至与美国有双边自由贸易协定的国家及转移到已经存
在或可能增加进口的国家而失业的工人。② 第四,设立农民贸易
调整援助项目(Trade Adjustment Assitance for Farmers)。③ 此外,
该法还对延长贸易再调整津贴和培训时间、提高培训费用、求职津
贴与重新安置津贴数额及处理申请的 40 天时限等问题作了具体
规定,并将 TAA 项目授权延长至 2007 年 9 月 30 日。经国会授
权,布什政府在 2007 年将 TAA 项目又延长 3 个月,至 2007 年 12
月 31 日。《2008 年统一拨款法》(Consolidated Appropriations Act
of 2008)继续为工人 TAA 项目和替代工人 TAA 项目提供拨款,④
2008 年财政年为这两个项目的实施提供了全部资金。总之,
《2002 年贸易调整援助改革法》对 TAA 项目自 1962 年建立以
来进行了最广泛的改革与拓展,其中医疗保险税收优惠与替代
工人 TAA 项目中的工资保险是对失业工人保险方面最突出的
创新。⑤

———————

　　① 　John J. Topoleski,"Trade Adjustment Assistance for Workers:Current Issues
and Legislation," CRS Report for Congress. RL34383,February 20,2008,p. 3.
　　② 　[美]C·弗雷德·伯格斯坦主编:《美国与世界经济——未来十年美国
的对外经济政策》,朱民等译,经济科学出版社 2005 年版,第 316 页。
　　③ 　Geoffrey S. Becker,"Trade Adjustment Assistance for Farmers," CRS Report
for Congress. RS21182,August 2,2002,p. 1.
　　④ 　John J. Topoleski: ,"Trade Adjustment Assistance for Workers:Current Issues
and Legislation," CRS Report for Congress. RL34383,February 20,2008,p. 7.
　　⑤ 　[美]C·弗雷德·伯格斯坦主编:《美国与世界经济——未来十年美国
的对外经济政策》,朱民等译,经济科学出版社 2005 年版,第 316 页。

二、贸易调整援助制度的发展动向

2009 年 2 月,美国贸易谈判办公室公布了《2009 年贸易政策议程和 2008 年美国总统贸易协定项目年度报告》(2009 Trade Policy Agenda and 2008 Annual Report of the President of the United States on the Trade Agreements Program),其中第 5 部分"贸易执行活动"对美国 TAA 项目的最新情况作了评价。该报告分别对自 2002 年以来工人 TAA 项目和农民 TAA 项目及修订后的《1974 年贸易法》中的企业和产业 TAA 项目的执行情况进行了评述。从整体上看,美国 TAA 项目的实施情况还是可以的,但无论从行政管理层面还是从国会立法层面看,TAA 项目的继续发展将面临一系列的挑战。

从 2001 年开启多哈回合谈判以来,美国在 WTO 多哈谈判层面,一方面同意向 WTO 作出的具有贸易扭曲的农业补贴削减幅度;另一方面国会与总统均支持新的农业法案,维持或增加农业补贴。在双边和区域自由贸易协定谈判层面,贸易保护主义者要求加入严格的劳工标准和环境标准条款。在国别贸易政策层面,美国商务部于 2006 年对"非市场经济"地位的中国适用反补贴税法。① 这种

---

① 美国自 2006 年对中国出口铜版纸提起"双反合并"调查以来,已经相继对标准钢管、薄壁矩形钢管、复合编织袋、非公路用轮胎、未加工橡胶磁及轻质热敏纸等几十种产品提起了调查,特别在 2009 年全球金融危机背景下,美国对中国出口产品的"双反合并"调查案件呈现出井喷式增长。参见"中美贸易战愈演愈烈,"中国贸易救济网:http://www.cacs.gov.cn。

"多轨制贸易政策"①在美国参与经济全球化程度不断加深的背景下具有保护主义倾向,是贸易自由化的严重倒退。作为贸易自由化的发动机,"快车道"授权或"贸易促进授权"能否延续将成为美国继续实施"多轨制贸易政策"、推动贸易自由化的重心之所在,同时也是 TAA 项目能否进行全面改革的关键。美国分别在 1962 年、1974 年、1988 年与 2002 年先后 4 次授予总统"快车道"授权或"贸易促进授权",有力地推动了多边贸易体制的发展,遏制了贸易保护主义势力,促进国内经济增长和充分就业。因此,TAA 项目的发展和变革已经成为国会重新给予总统"快车道"授权或"贸易促进授权"的关键,因为它是美国为全球化反对者提供的主要补偿机制。

(一)TAA 项目发展面临的主要问题

从 1962 年创立并发展至今,美国 TAA 项目的变革和创新主要是由国内劳工组织和进口竞争产业推动的,因此 TAA 项目与美国贸易政策、产业政策与劳工市场政策产生了紧密的联系。受援助对象从工人、企业或产业、社区、NAFTA 到农民和渔民,在近半个世纪发展史上美国 TAA 出现了多种形式的项目。在整个发展过程中,TAA 项目单独存在的必要性、TAA 项目的有效性和公平性、资格标准范围、援助措施及行政管理等始终是国会立法时争论的核心问题。

---

① 孙哲、李巍:"美国贸易代表办公室与美国国际贸易政策",载《美国研究》2007 年第 1 期。

1. 受对外贸易不利影响而失业与非受对外贸易不利影响而失业的区分

由于一直以来是否需要对受对外贸易不利影响(adversely affected)或受进口竞争影响而失业进行单独立法存在不同看法,特别是当存在一个统一的失业保险项目(unemployment insurance program)时,是否还需要对因政府关税减让而产生的失业进行援助存在分歧,美国工人 TAA 项目在特定时期遭遇不同的命运。《1974 年贸易法》不再要求证明贸易协定中的关税减让导致了对工人和企业的损害,这一规定部分切断了 TAA 项目和贸易政策之间的联系。随着美国经济日益融入全球化,导致工人失业和企业倒闭的原因不断增多,如技术进步、国外竞争者生产率提高及国际竞争加剧等。这一现象势必对美国工人和企业造成重大压力,同时进一步增加了区分受对外贸易不利影响而失业与非受对外贸易不利影响而失业的难度。因此,是否应当彻底切断 TAA 项目和贸易政策之间的联系,取消 TAA 项目,或者不论何种原因对所有失业工人提供援助将继续成为国会争辩的焦点。由于长期以来 TAA 项目的有效性和公平性遭受质疑,美国国内部分观点认为 TAA 项目已经从一个补偿因进口竞争而受损的工人和企业的项目逐渐发展成为一个普遍性的增加收入的方案和培训项目。由于 TAA 项目没有能够实现补偿产业损失,增强产业竞争力的目标,这种意见也必将对 TAA 项目的发展动向产生重要影响。

2. TAA 项目资格标准的拓展及资金来源

国会对是否应当将资格标准进一步拓展,覆盖服务业工人,同时明确生产转移的资格标准,以至包括所有国家这一问题存在争议。自 1962 年以来,随着美国不断深入参与贸易自由化,TAA 项目的资格标准需要适时调整,援助对象范围需要不断拓展。国会主流观点认为应当将 TAA 项目拓展至服务业工人以及生产转移至包括非自由贸易协定缔约国在内的所有国家。这种改革建议将大大提高 TAA 项目的资金需求,从而产生资金来源问题。《1974年贸易法》曾要求财政部设立一个信托基金,征收一定比例的进口关税作为该基金的资金来源,然后用此基金为 TAA 项目提供资金支持。《1988 年综合贸易与竞争法》再次要求建立该基金,但由于单方面征收进口关税或进口费涉嫌违反 GATT 规则,这一个信托基金一直没有建立。美国《2000 年持续倾销与补贴抵消法》(Continued Dumping and Subsidy Offset Act of 2000,CDSOA2000),又称《伯德修正案》(Byrd Amendment),授权政府将反倾销关税收入补贴给国内产业。但是,WTO 争端解决专家组在 2002 年 9 月作出裁决,认定该修正案构成"不被允许的反倾销或反补贴的具体行为",违背了 WTO《反倾销协定》和《补贴与反补贴措施协定》中的相关条款。[①] 曾经有国会议员建议使用《伯德修正案》的关税收入来资助美国工人 TAA 项目的拓展,但从 WTO 合法性角度看,为了达到调整目的,从 201 条款中得到的关税收入来资助美国工人 TAA 项目的改革应该更加符合 WTO 的原则和规则。因此,如何拓展 TAA 项目资格标准以及确保合法的资金来源应当成为 TAA 项目改革的重要问题。另外,拓展 TAA 项目的资格标准还包括是否应当重启社区 TAA 项目问题。

---

① Jeanne J. Grimmett & Vivian C. Jones, "The Continued Dumping and Subsidy Offset Act," CRS Report for Congress. RL33045, December 19, 2005, pp. 9–12.

(二)TAA 项目的两种代表性的改革方向

从近几届国会立法议案及辩论情况看,美国 TAA 项目的发展趋向可以归纳为以下两种类型。第一种称之为 TAA 项目的完善性改革,这种改革模式建议将调整援助对象范围扩充至服务业工人,①同时将向非自由贸易协定国家的生产转移扩大至受出口服务外包(service offshoring)影响的服务行业。由于现行法律只允许向与美国缔结自由贸易协定的国家及《非洲增长与机遇法》(African Growth and Opportunity Act,AGOA)、《加勒比海盆地经济复苏法》(Caribbean Basin Economic Recovery Act,CBERA)与《安第斯地区贸易优惠法》(Andean Trade Preference Act,ATPT)所载明的受惠国(beneficiary countries)两类国家进行生产转移的工人和企业提供 TAA 项目,美国参议院财政委员会主席马克斯·鲍卡斯(Max Baucus)建议将 TAA 项目拓展成为"全球化调整援助"(Globalization Adjustment Assistance,GAA)项目。② 第二种称之为 TAA 项目的根本性改革,即将因对外贸易不利影响而失业与基于正常经济原因而失业的二元援助体系合二为一,③将 TAA 项目与传统失业保险项目合并,旨在重构美国失业援助体系。作为经济

----

① John J. Topoleski,"Extending Trade Adjustment Assistance(TAA) to Service Workers: How Many Workers Could Potentially Be Covered?," CRS Report for Congress. RS22761,November 23,2007,p. 2.

② Raymond J. Ahearn," Globalization, Worker Insecurity, and Policy Approaches," CRS Report for Congress. RL34091,Updated July 24,2007,p. 11.

③ Linda Levine,"Offshoring(a. k. a. Offshore Outsourcing) and Job Insecurity Among U. S. Workers," CRS Report for Congress. RL32292,Updated June 18,2004,p. 19.

刺激方案的部分内容,奥巴马总统出台了《2009 年贸易与全球化调整援助法》(Trade and Globalization Adjustment Assistance Act of 2009),授权 TAA 项目于 2010 年 12 月 30 日截止。从该法律文本观之,TAA 项目的变革趋向于第一种类型,即从技术层面继续修正和拓展 TAA 项目,以应对贸易自由化带来的新变化。

总之,TAA 项目因美国推动贸易自由化而产生、发展与变迁。随着全球贸易日益一体化,要区分受对外贸易不利影响而失业与非受对外贸易不利影响而失业将变得越加困难。TAA 项目的生成和演变切合美国在不同时期推动贸易自由化的客观条件。无论是完善性改革还是根本性改革,TAA 项目的进一步变革也必将遵从美国贸易自由化的宪政原理,适应未来美国所处的国内、国际政治和经济环境。

第四章 美国贸易调整援助制度的
基本内容

美国 TAA 项目分别可以通过"201 路线"或"TAA 路线"获得,两者有机地组成了美式贸易调整援助制度。"201 路线"就是 201 条款程序,由《1962 年贸易拓展法》首创,是对进口竞争引起损害的一种新的救济。遵从"201 路线"的要求,在美国国际贸易委员会对损害结果作出肯定性裁决的前提下,同时总统决定采取逃避条款或 201 条款所规定的救济措施之后,请求者才可以申请"调整援助"。因此,"201 路线"是一种"间接路线","调整援助"只是救济措施中的一种而已,它与逃避条款的"关税调整"并列组成了《1962 年贸易拓展法》第三编内容。《1974 年贸易法》第二编由"进口救济"与"调整援助"两项内容构成,为贸易自由化过程中受到损害的产业提供救济。《1988 年综合贸易与竞争法》进一步拓宽了"进口救济"的措施范围,同时要求申请"进口救济"的产业必须证明它们准备针对进口竞争作出积极调整,将"进口救济"和"调整援助"捆绑在一起。无论是 1962 年、1974 年还是 1988 年的国会贸易立法,"201 路线"中的"调整援助"必须建立在美国国际贸易委员会作出的肯定性损害裁决的基础上。总统可以指示劳工部长或商务部长,快速考虑工人或企业提出的"调整援助"申请。

依照"TAA 路线",请求者可以直接向劳工部长或商务部长提出援助申请,通过资格认证即可申请"调整援助"。

总之,不管是"201 路线"还是"TAA 路线",两条路线均由劳工部长或商务部长资格认证(eligibility certification)与援助审批(assistance approval)两个阶段构成。根据《1974 年贸易法》、《2002 年贸易调整援助改革法》及最新修订的 TAA 项目内容,美国 TAA 制度主要由工人 TAA、企业 TAA 与农民 TAA 三种相对独立的子项目构成,因此可以简单地将美国现行的 TAA 制度概括为"两条路线及三个项目"。下文从实体法和程序法角度,分别对三种项目进行分析。

一、工人贸易调整援助项目

工人 TAA 项目(TAA for Workers)是最重要的子项目,因为美国 TAA 项目主要是在劳工组织的推动下不断发展的。该项目主要援助受对外贸易不利影响而失业的工人,包括年长的工人,其目标是使受对外贸易不利影响的工人尽快回到适合的岗位,并为其提供必要的培训和收入支持。《2002 年贸易调整援助改革法》授权该项目的到期日期为 2007 年 9 月 30 日。

(一)机构、职责与程序

该项目由美国劳工部负责管理,具体执行机构为就业与培训局(Employment and Training Administration,ETA)下设的贸易调整援助处(Division of Trade Adjustment Assistance,DTAA)。劳工部与各州的相关机构签订合作协议,由劳工部就业与培训局和地方的一站式经营者或合伙人(one-stop operator or partner)共同负责实施,开展相关工作。① 就业与培训局负责处理请求(petitions)、签发认证书或团体工人申请 TAA 资格的拒绝书。各州的相关机构作为联邦代理人,负责提供项目信息、处理申请(applications)、裁定个人援助利益资格、签发支付款项及提供再就业服务和培训机会等。

从运作程序角度看,失业工人(离职工人)要获得工人 TAA 项目援助,必须完成以下两个步骤:第一,由劳工部对援助资格进行认证;第二,在通过资格认证后,由州政府相关机构实施援助措施。② 失业工人要获得援助资格,必须先后经历团体申请和个人申请两个阶段。③ 只有团体的资格证明被发放后,该团体中的个人才可以向当地的一站式职业中心(One-Stop Career Center)提出个人的贸易调整服务和援助申请。

(二)工人援助资格认证

1. 以团体身份或名义申请援助资格

调整援助申请资格证明的书面请求应由 3 名或 3 名以上的工人团体(包括农业企业或任何农业企业分支机构的工人)、工人注册或公认的工会、工人正式授权的其他代表、工人的雇主或一站式经营者或合伙人同时向劳工部长或州长提出。根据《1998 年劳动

---

① 参见《美国法典》第 19 编,第 2311 节。

② 参见《美国法典》第 19 编,第 2271 节。

③ John J. Topoleski, "Trade Adjustment Assistance for Workers (TAA) and Alternative Trade Adjustment Assistance for Older Workers(ATAA)," CRS Report for Congress, RS22718, February 25, 2008, p. 4.

力投资法》(Workforce Investment Act of 1998,WIA1998)的相关规定,一站式经营者或合伙人主要是指州就业保障机构(state employment security agencies)和州离职工人机构(state dislocated worker unit)。书面请求需要说明提出请求的这批工人在何地、何企业,生产何种或哪些产品。提出请求的这些工人必须在或曾经在受影响的企业工作,且在工作期间的生产活动与造成冲击的进口产品有关。

2. 援助资格审查

在接到书面请求之后,州长应根据《1998年劳动力投资法》和其他联邦法律的授权,给请求者提供快速反应援助和相应的服务,同时协助劳工部长审查请求。劳工部在接到请求后,应立即公布该请求,并开始调查。在接到请求后的40天内,劳工部长将根据法定条件,决定请求人是否通过资格审查。一旦通过资格审查,劳工部应签发资格证明,同时告知请求人在何时何地可以申请何种具体的援助措施,并立即在《联邦纪事》(Federal Register)上公布决定的摘要以及做出决定的理由。贸易调整援助处在进行资格审查时,应当依据以下法定条件或标准:工人团体(3人或3人以上)等向美国劳工部请求调整援助,并证明其所供职的企业或其分支机构中存在大量或重要比例的工人已经全部或部分失业或离职或面临全部或部分失业或离职威胁。工人离职或面临离职威胁至少是由以下3项原因之一引起的:第一是进口增加,即该企业或其分支机构产品的同类产品或直接竞争的产品进口增加,"重要地促成"了工人离职及销售成生产下降;第二是生产转移,即该企业的生产已转移至境外其他国家,这些国家与美国签订了自由贸易协定,或者受益于《非洲增长与机遇法》、《加勒比海盆地经济复苏法》与《安第斯地区贸易优惠法》3 项法律,又或者该国家所生产的、与该企业生产的同类产品或直接竞争产品对美国正在或可能产生进口增长;第三是间接受到贸易不利影响的上游或下游企业的"二级工人"。①

3. 以个人身份或名义申请援助利益

只有获得团体资格证明的工人才可以以个人名义向当地的一站式职业中心申请工人 TAA 项目所提供的各种形式的援助措施,或称援助利益。

(三)对工人的援助措施

工人 TAA 项目的援助措施(援助利益)主要有以下几种:

1. 贸易再调整津贴(TRAs)

(1)资格要求(qualifying requirements)

工人 TAA 项目提供收入支持的目的是为了帮助失业工人顺利完成培训过程。② 符合下列条件的失业工人可以申请获得贸易再调整津贴:①该工人的全部或部分离职发生于:a. 资格证明具体规定的、已开始全部或部分离职或即将面临全部或部分离职威胁之日或之后;b. 在裁定作出后开始的 2 年有效期限届满前;c. 在劳工部长作出终止裁定前。②在发生全部或部分离职前的 52 周期限内,该工人在受影响的岗位上至少有 26 周工资为 30 美元及以

① United States Government Accountability Office, "Trade Adjustment Assistance: Program provides an Array of Benefits and Services to Trade - Affected Workers," Testimony before the Committee on Ways and Means, House of Representatives, GAO-07-994T, June 14,2007, pp. 7-8.

② 参见《美国法典》第 19 编,第 2292—2293 节。

上周薪就业。③该工人在受益期限内有权享有或经申请应该有权享有1周的失业保险。④该工人在失业周内,由于工作接受和求职要求的原因,该工人不能根据《1970年联邦——州延长失业补偿法》获得延长的补偿。⑤该工人报名参加了劳工部长批准的培训项目或者在全部或部分离职后,完成劳工部长批准的培训项目并且已经得到了书面证明。

符合上述条件的工人需在资格证明申请提交后的60天后开始申请贸易再调整津贴。如果工人要获得附加贸易再调整津贴(additional TRAs),他必须在完全离职后的210天内或第一次获得贸易再调整津贴的210天内(以迟发生的为准)提交培训申请。

(2)基本内容

全职参加培训的失业工人可以获得收入支持,但在某些情况下,没有合适的培训项目或培训对其而言是不可行的失业工人也可以获得收入支持。获得收入支持的前提条件是具备援助资格的失业工人按照要求参加工人TAA项目认可的培训。但是,如果因故获得了商务部对其培训的豁免,则可以在不参加培训的情况下获得收入支持。贸易再调整津贴由基本贸易再调整津贴(basic TRAs)和附加贸易再调整津贴两部分构成。前者给予报名参加或正在参加培训的失业工人、已经完成培训或者免于培训的失业工人,后者只给予参加经工人TAA项目批准培训的失业工人。通常而言,具备援助资格的失业工人可以获得104周的收入支持,包括以下内容:首先是26周的州失业保险金,然后是26周的基本贸易再调整津贴,最后是最长为52周的资助失业工人完成工人TAA项目的附加贸易再调整津贴。但对于必须接受基础教育培训的工人而言,除了上述收入外,在此期间还可以获得最长为26周的附加贸易再调整津贴,总共可以获得130周(2年半)的现金收入支持。

(3)计算方法

受进口竞争不利影响而完全失业的工人每周可以获得的贸易再调整津贴额度"等于"该工人首次用尽失业保险前1周内支付给该工人的最近1周的失业保险金额"减去"可扣减的培训津贴以及根据州法律或联邦失业保险法,不符合收入条款中规定的要从失业保险中扣除的收入。有权获得贸易再调整津贴并且正在接受培训的工人每周应收到的贸易再调整津贴,其数额相当于上述公式所计算出的数额或每周的培训津贴,以高者计算。

(4)撤回

如果劳工部长发现受进口竞争不利影响的工人,没有正当理由而未参加培训或停止参加培训,或该工人的免于培训待遇被依法撤销,则自未参加或停止参加培训、撤销发生的该周及之后的任何1周开始,停止向其发放贸易再调整津贴,直至该工人开始或重新参加培训之日。

2. 培训(Training)

(1)基本条件

A. 工人没有合适的就业岗位;B. 工人将从适当的培训中受益;C. 存在培训后获得就业岗位的合理预期;D. 经批准的培训是从政府机构或私人来源处合理获得;E. 工人有资格获得和完成培训,包括当没有收入时,有足够的经济渠道以完成培训;F. 可以以合理的成本获得培训,并且培训与这些成本相当。

对获得团体资格证明的工人,劳工部长可以在团体资格证明获得之日后的任何时间批准其培训,不论其是否已经用尽失业保险的所有权利。

（2）主要内容

具备援助资格的失业工人可以通过工人 TAA 项目获得 104 周（2 年）的职业技能培训和基础教育培训。职业技能培训的主要目的是帮助因缺乏技能而无法在现有的劳动力市场上找到合适工作的工人重新就业。如果该工人必须在接受基础教育培训之后才能重新就业，则其培训时间可以另外延长 26 周（半年）。培训的形式包括课堂培训、实习培训及根据个体工人或团体的需要量身定做的培训计划，如读写能力、语言培训等。此外，根据美国农业部提供的农民 TAA 项目，获得现金津贴的农民也可以依据本项目进行培训。

（3）培训豁免

如果有下列情形之一，劳工部长可以向工人签发一份书面证明，使工人可以免除参加培训，但同时仍然可以获得基本贸易再调整津贴：A. 工人在相当快的时间内将被召回；B. 工人具备适当岗位所需要的技能，并且可以预见其在可预见的将来重新就业；C. 工人有资格获得为期 2 年的养老金或社会保险；D. 工人由于健康原因不能参加或完成培训；E. 不能立即进行培训注册；F. 不能获得培训项目。

培训豁免的决定每 30 天审查一次，而且免于培训的工人不能得到附加贸易再调整津贴。如果劳工部长认为培训豁免条件不复存在，则应以书面形式对其进行撤销。

3. 再就业服务（Employment Services）

该援助措施主要是为失业工人寻找新工作提供各种就业服务与培训，①为要求获得培训的失业工人确定合适的培训课程，帮助

---

① 参见《美国法典》第 19 编，第 2295—2296 节。

他们在培训课程结束后重新获得工作。为了确保失业工人能够被推荐到适合的岗位并发挥其技能,地方的一站式职业中心通常会提供就业咨询、简历书写、面试技巧讲座、职业测试、工作岗位开发、工作岗位推荐、制定求职计划以及其他支持等服务。

4. 求职津贴(Job Search Allowances)

求职津贴主要是为在本就业社区无法找到合适工作并需异地求职或供职的失业工人提供的补助。[1] 当符合援助资格的失业工人在其通常的就业区域内无法找到合适的工作而需要到异地求职时,劳工部可报销其求职过程中的交通费和生活费的90%,该项津贴的最高限额为每人1250美元。失业工人要获得这部分资助,需要满足一定的条件:即必须在求职之前就提交求职津贴申请,但只有在工人团体获得资格证明之后才能被批准。此外,该申请必须在失业或获得资格证明后第365天(以迟发生的为准)前提交,或者在培训课程结束后的182天内提交。

5. 重新安置津贴(Relocation Allowances)

当符合援助资格的失业工人需要搬迁到其通常的就业区域以外的地方安家就业时,工人TAA项目可以支付其安家过程中的某些合理和必需费用的90%,并按该工人周平均工资的3倍一次性给付重新安置津贴,但总额最高不超过1250美元。如果失业工人从其他途径获得援助,那么该部分津贴将相应削减。失业工人要获得这部分资助,需要满足一定的条件,即必须在重新安置之前就提交求职津贴申请,但只有在工人团体获得资格证明之后才能被批准。此外,该申请必须在失业或获得资格证明后第425天(以

---

① 参见《美国法典》第19编,第2297—2298节。

迟发生的为准)前提交,或者在培训课程结束后的 182 天内提交。

6. 医疗保险税收优惠(HCTC)

《2002 年贸易调整援助改革法》建立了联邦医疗保险税收优惠制度,对私人保险公司提供给失业工人的医疗保险予以补助。可以获得收入支持的工人,还可以就其每月缴纳的医疗保险金的 65% 享受税收抵免。享受该优惠的期限为整个资格证明存续期加 1 个月。能够享受税收抵免的保险包括:《1985 年统一综合预算平衡法》规定的保险;由州提供的并且以州为基础的持续保险;由州立合格的高风险基金所提供的保险;根据州的医疗保险项目提供给州公务人员的保险;根据州立医疗保险项目并且与提供给州公务人员的医疗保险项目相当的保险;由州、团队健康计划、医疗保险项目、管理者或者雇员确立并安排制定的保险;通过州与一个私人健康关爱保险消费基金达成的安排所提供的保险;通过雇佣合格的个人的配偶所获得的团体医疗保险项目。

医疗保险税收优惠制度向所有获得工人 TAA 项目资格的失业工人提供可偿还的税额抵免优惠,以抵免其医疗保险 65% 的保费,前提是该工人购买了联邦或州指定的特定医疗保险。①

(四)工人 TAA 项目的特别形式:替代工人 TAA 项目

《2002 年贸易调整援助改革法》创立了替代工人 TAA 项目

---

① United States Government Accountability Office, "Health Coverage Tax Credit:Simplified and More Timely Enrollment Process Could Increase Participation," GAO Report to the Committee on Finance, US Senate, GAO - 04 - 1029, September, 2004,p. 8.

（ATAA），并于 2003 年 8 月正式开始实施。该项目为 50 岁或 50 岁以上年长失业、不适宜参加培训的工人提供了一种替代调整援助形式，其实质是一种工资差额津贴，所以 ATAA 被认为是工人 TAA 项目的有益补充或特别形式。这些工人在自劳动关系解除后的 26 周内重新全职工作，并且重新就业时必需年满 50 岁或 50 岁以上，新工作的年收入不超过 5 万美元。凡是通过工人 TAA 项目资格认证的 50 岁或 50 岁以上的失业工人，可以选择 ATAA 项下的工资差额津贴，用以代替工人 TAA 项目下的贸易再调整津贴和再就业培训。

替代工人 TAA 项目与工人 TAA 项目的运作程序相同，分为团体申请与个人申请两个阶段。只有团体先获得资格后，个人才能继续申请。团体在申请时须同时提交替代工人 TAA 项目和工人 TAA 项目的申请，但在享受援助利益方面，满足替代工人 TAA 项目要求的申请者只能在替代工人 TAA 项目和工人 TAA 项目中选择一个。因此，这种做法充分体现了替代工人 TAA 项目的替代性。

从获得援助资格要求角度看，替代工人 TAA 项目的团体申请除了需要满足工人 TAA 项目要求外，还需以下 2 个要求：第一，超过 50 岁（包括 50 岁）的工人人数必须达到最小的数量，即少于 50 人的团体，需要 3 人以上；等于或多于 50 人的团体，需要 5% 以上。第二，该团体中 50 岁或 50 岁以上的工人掌握着不能轻易被转让的技术。

替代工人 TAA 项目为工人提供 4 个方面的援助利益：即快速反应援助、再就业服务、工资保险以及医疗保险税收优惠。前两者与工人 TAA 项目提供的服务相同，而后两者是对工人 TAA 项目的创新。工资保险是替代工人 TAA 项目中最具特色的内容,旨在为年长工人每月提供工资保险,金额为新旧工作工资差的 50%,总金额最多不超过 1 万美元或领取时间不超过自重新就业起 2 年(以先到的为准)。当然,享受替代工人 TAA 项目的工人不能再享受工人 TAA 项目的援助利益。

二、企业贸易调整援助项目

现行的企业 TAA 项目(TAA for Firms)是由《1974 年贸易法》建立的,该项目的立法授权已经在 2002 年 1 月 10 日终止,《2002 年贸易调整援助改革法》对其重新授权,于 2007 年 9 月 30 日终止,并规定从 2003 至 2007 财政年中,每年拨款 1600 万元用于该项目。企业或产业 TAA 项目主要是为受进口增长影响而裁员或市场销售下降的企业或产业提供技术援助和资金支持,帮助它们提高与进口商品开展竞争的能力。

(一)主管机构及其职责

企业 TAA 项目由美国商务部负责管理,由商务部经济发展局(Economic Development Administration,EDA)负责实施。国会每年从财政收入中拨款,确保经济发展局管理项目的资金来源。具体执行机构为设立在全国各地的 11 个贸易调整援助中心(TAAC),[1]这

---

① [美]布鲁斯·E·克拉伯:《美国对外贸易法和海关法》,蒋兆康等译,法律出版社1999年版,第746页。

11 个中心由商务部资助,属于地区性非营利组织。① 根据相关法律规定,具备贸易调整援助中心申请资格的主体主要包括大学及其附属机构、州和地方政府及非营利性组织等。TAAC 的成员主要由经验丰富的商业专家组成,主要职能是对相关企业进行宣传,帮助企业进行申请、完成该项目,联系商会、经济发展团体、私人顾问公司、私人咨询机构及银行等相关机构。商务部经济发展局下设的贸易调整援助处(Division of Trade Adjustment Assistance, DTAA)是专门负责企业 TAA 项目的业务机构,其下设的调整建议书复审委员会(Adjustment Proposal Review Committee,APRC)专司企业经济调整建议书(economic adjustment proposal)的复审工作,共由 9 名职员组成。

(二)贸易调整援助中心、援助措施与运作程序

《1962 年贸易拓展法》初创企业 TAA 项目时,援助措施(援助利益)包括税收援助、财政援助与技术援助三种形式。税收援助的主要内容就是税收优惠,即获得资格认证的企业可以将营业损失分年摊提,然后再按每年摊提的金额向政府申请退税(tax refund)或抵减租税(tax credit)。这项援助措施(援助利益)已经被《1974 年贸易法》废止。财政援助是早期企业 TAA 项目提供的

①　这 11 个分布在全美国的中心包括五大湖中心(Great Lakes TAAC)、中部美国中心(Mid-America TAAC)、中部大西洋中心(MidAtlantic TAAC)、中西部中心(Midwest TAAC)、新英格兰中心(New England TAAC)、西北部中心(Northwest TAAC)、纽约州中心(New York State TAAC)、东南部中心(Southeastern TAAC)、落基山脉中心(Rocky Mountain TAAC)、西部中心(Western TAAC)及西南部中心(Southwest TAAC)。

主要援助措施(援助利益)。它的主要内容是为企业提供直接贷款(direct loan)或贷款保证(loan guarantee)等。由于许多获得贷款的企业后来无法偿还所借的款项,导致庞大的呆账、坏账损失,里根政府根据《1985年统一综合预算平衡法》,增加了政府对技术援助的参与,拓展了企业资格认证的标准,并且从1986年4月开始,取消直接贷款和贷款保证等财政支持措施。① 因此,目前美国企业TAA项目的援助措施(援助利益)只保留了技术援助一种。

商务部可以在准备资格认证请求时,或者在开发一份可行的经济调整建议书时给企业提供技术援助。几乎所有的书面工作都是由贸易调整援助中心来完成。因此,技术援助贯穿于企业TAA项目运作的全过程。在整个过程中,贸易调整援助中心发挥了重要的桥梁作用。商务部通过这11个中心向企业提供各种不同形式和层次的技术援助措施(援助利益),特别是在经济调整建议书的提出、批准及实施阶段,11个TAAC对企业TAA项目的预期目标的最终实现发挥了至关重要的作用。

企业TAA项目的运作程序分三步走:首先,向商务部提出贸易调整援助书面请求并获得资格认证;其次,在获得援助资格证明后2年内,向商务部贸易调整援助中心申请调整援助措施,同时要提供企业经济调整建议书,该申请和计划都要获得批准;最后,提供技术援助,实施企业经济调整建议书。②

1. 企业援助资格认证

在企业资格认证和技术援助方面,11个贸易调整援助中心发

---

① J. F. Hornbeck,"Trade Adjustment Assistance for Firms: Economic, Program, and Policy Issues," CRS Report for Congress, RS20210, December 20, 2007, p. 2.
② 参见《美国法典》第19编,第2341—2342节。

挥了重要的作用。制造业企业可以与本地区内的贸易调整援助中心进行联系,TAAC 的项目经理将帮助其确定是否具有请求资格,并以企业的名义向经济发展局提交请求,企业无需自己填写任何材料并提交请求,但要提供一份有关企业基本情况介绍、财务状况及因进口增加而受损害的情形等补充材料。商务部在收到请求之后,应立即在《联邦纪事》上发表公告并开展调查。自公告之日 10 日内,请求人、商务部长认为其他任何对该请求存在利害关系的个人、组织或团体可以要求举行听证。商务部必须在 60 天内完成资格审查,对资格请求获得通过的企业,签发资格证明,对被驳回的请求,请求人可以向美国国际贸易法院(U. S. Court of International Trade, USCIT)起诉。① 商务部长在裁决企业是否符合援助资格时,必须审查以下 3 个条件或标准是否得到满足:第一,企业中存在大量或重要比例的工人已经全部或部分离职或面临全部或部分离职威胁。第二,企业的销售和生产、或企业的销售或生产已经绝对下降,又或者在有数据显示的最近 12 个月之前的 12 个月内,不低于企业全部生产或销售 25% 的货物的销售或生产,或销售和生产已经绝对下降。第三,企业产品的同类产品或直接竞争产品的进口增加,"重要地促成"了工人离职及销售和生产,或销售生产的绝对下降。②

---

① McCarthy M. Patricia, "Trade Adjustment Assistance Cases: 28 U. S. C. § 1581(d) – Department of Labor and Department of Agriculture Decisions under the Trade Adjustment Assistance Statutes, Georgetown Journal of International Law, vol. 1 (October 2007), p. 57.

② J. F. Hornbeck, "Trade Adjustment Assistance for Firms: Economic, Program, and Policy Issues," CRS Report for Congress, RS20210, December20, 2007, pp. 2–4.

2. 经济调整建议书的提出、批准与实施

获得资格证明的企业可以在资格认证之日后 2 年内的任何时间向商务部长提出 TAA 利益申请,申请必须包括一份经济调整建议书。企业在该建议书获得商务部的认可之后可以获得援助。若企业无法在 2 年内提出经济调整建议书,则该企业的援助资格将失效,而且必须重新提出资格认证请求。TAAC 协助企业,对企业经营的内外部环境包括管理、营销、财务、生产及信息管理系统等情况进行分析,得出诊断结果。TAAC 的这项业务可以由自己的专家办理,也可以外包给私人顾问公司操作。在诊断结果基础之上,TAAC 协助企业制定经济调整建议书,具体内容涉及市场开发、出口援助、企业规划、产品开发、成本控制及员工激励等技术问题,并且要开列出切实可行的工作步骤。经济调整建议书的制定和提出实行费用共担原则,企业对 TAAC 提供的援助必须承担 25% 的费用。实践中,几乎所有的企业在提出经济调整建议书时,都会要求 TAAC 提供援助。

商务部下设的调整建议书复审委员会对提交的经济调整建议书进行复核,每周定期举行复核会议,对凡在每周四中午 12 点以前寄达商务部的经济调整建议书进行复核。该委员会审核企业经济调整建议书时,重点审查以下 3 方面的内容:第一,经过合理计算,是否能对企业的经济调整发挥实质性作用;第二,是否充分考虑企业中工人的利益;第三,是否证明企业将作出一切合理的努力,利用其自身资源,实现经济发展。[①] 商务部经济发展局将在 2

---

① J. F. Hornbeck,"Trade Adjustment Assistance for Firms:Economic,Program, and Policy Issues," CRS Report for Congress,RS20210,December20,2007,pp.3-6.

个月内批准该建议书。经济调整建议书是在 TAAC 的协助下制定的,因此其获得批准的比例很高,平均高达 80%—90%。

企业必须在经济调整建议书获得批准后的 6 个月内,在 TAAC 的协助下,聘用合适的私人顾问公司,实施企业经济调整建议书中的内容,积极调整经营模式。

经济发展局通过 TAAC 给企业提供技术援助,涉及营销、财务、企业内部管理及生产技术等内容,而不提供任何形式的财政资助。[①] 企业 TAA 项目的财政拨款是用来维持全国 11 个 TAAC 的运作及支付为企业提供技术援助的费用。经济发展局提供的资金并不直接给予企业,而是支付给其选择的私人顾问公司或私人咨询机构。在此阶段,申请援助的企业通常需要支付技术援助费用的 50%,而商务部承担另外费用的 50%。要求申请援助的企业承担部分费用的主要目的是希望以此使企业更加重视 TAA 项目,使其对提高企业的国际竞争力真正发挥作用。因此,TAAC 的主要任务是协助企业,使其产品质量获得 ISO9000 的认证,以提高美国产品的国际竞争力。当然,商务部经济发展局对那些在规定期限内未能提交经济调整建议书的企业,可以作出取消申请资格的处罚。

(三)企业 TAA 项目的扩大化形式:产业 TAA 项目

由于申请企业较多而无法处理每个申请者的请求,商务部曾经于 1977 年针对鞋类、纺织、电子及汽车等整个产业提供技术援助。《1981 年综合预算平衡法》对产业 TAA 项目(TAA for

---

① 〔美〕布鲁斯·E·克拉伯:《美国对外贸易法和海关法》,蒋兆康等译,法律出版社 1999 年版,第 746 页。

Industries）作了相关规定,要求必须以整个产业作为受援助对象,而且需要援助产业中的大多数企业已经获得 TAA 资格证明。①商务部直接与产业协会或其他能代表该企业的组织签订合作协议,提供与新产品开发、新生产工艺研发、出口发展等需求相联系的技术援助,以解决该产业因进口竞争而陷入的经营困境。商务部遵从费用共担原则,一般要求请求援助的产业或行业分摊技术援助费用的50％。商务部对产业提供的技术援助与美国当时所处的时代背景密切相关,旨在提升产业的国际竞争力。20 世纪80年代美国曾经实施以整个产业为对象的技术援助措施,如开发与推广钢铁铸造业等行业的生产技术,援助电子、半导体与汽车产业在海外设立营销据点,以进入日本市场;开发高科技产品的替代性原材料等。由于种种原因,作为企业 TAA 项目的有益补充和扩大化形式,美国历届政府并不清楚产业 TAA 项目实际发挥了多大的作用。从 1995 年开始,国会对产业 TAA 项目的兴趣远远低于工人 TAA 项目和企业 TAA 项目。因此,《2002 年贸易调整援助改革法》并没有对产业 TAA 项目重新授权。

三、农民贸易调整援助项目

《2002 年贸易调整援助改革法》专门对从事初级农产品生产的农民、牧民、渔业养殖者及渔民（以下统称“农民”）进行调整援助,旨在解决因外国农产品进口冲击,国内农产品价格下降,使农民收入显著减少的问题。该法授权期限截止于 2007 年 9 月 30

---

①　参见《1981 年综合预算平衡法》§265(a)。

日,后经延长至 2007 年 12 月 31 日。从 2003 至 2007 财政年度,国会授权农业部不超过 9000 万美元的拨款,并自 2007 年 10 月 1 日起,每 3 个月拨款 900 万美元。

(一)主管机构及其职责

农民 TAA 项目(TAA for Farmers)由美国农业部(Department of Agriculture, DOA)负责管理,由农业部对外农业服务局(Foreign Agriculture Service, FAS)负责实施。① 农业部经济研究服务局(Economic Research Service, ERS)负责确认同类产品的进口是否导致了国内产品价格的下降,并对可能导致价格下降的任何特殊因素进行评估。农业部农场服务局(Farm Service Agency, FSA)协助对外农业服务局开展工作。农业部合作扩展服务局(Cooperative Extention Service, CES)提供免费的技术支持,帮助农民开发替代产品、开拓市场及寻找新买家。

(二)农民援助资格认证

农民 TAA 项目的援助对象是从事农产品生产的"特殊工人",即农民、牧民、渔业养殖者及渔民,但不包含林产品生产者和农产品加工者。工人 TAA 项目主要援助制造业工人,没有将农民群体真正纳入援助对象范围,因此《2002 年贸易调整援助改革法》专门针对农民群体单独立法,旨在帮助农民适应农产品贸易自由化带来的进口竞争。与工人 TAA 项目不同之处在于,农民 TAA 项目的资格认证不以失业或离职与否为标准,而是关注进口农产品是

---

① 参见《美国法典》第 19 编,第 2401 节。

否导致国内同类产品价格的下降。

1. 援助资格申请

要获得调整援助资格,请求者必须完成以下程序:首先,由农业生产者团体(3 人以上)或该团体授权的代表,向对外农业服务局提出书面请求。请求必须注明是代表全美国的农业生产者还是仅代表特别列明的受影响地区农业生产者提出的,因为法律规定只有请求所包括的对象才能取得援助资格。请求只能在每个财政年度的 8 月 15 日到 1 月 31 日之间提出。一旦对外农业服务局同意受理请求,则立刻在《联邦纪事》上公布请求并启动调查。在公告之日 10 天内,请求人、农业部长认为其他任何对该请求存在利害关系的个人、组织或团体可以要求举行听证。

2. 援助资格审查

与工人 TAA 项目、企业 TAA 项目相比,农民 TAA 项目的特殊之处在于该项目与 201 条款并轨,即当美国国际贸易委员会在启动一项针对农产品的 201 条款调查时,在美国国际贸易委员会对进口增加是否对国内农产品造成严重损害或严重损害威胁开展调查并作出决定前,应当通知农业部长,农业部长必须在 15 天内向美国总统汇报实施农民 TAA 项目可以在何种程度上缓解进口农产品对美国农业的冲击。

对外农业服务局收到援助资格书面请求之后的 40 天内,将对请求的合理性、完整性及时效性等进行核查。对外农业服务局对请求进行审查是否符合下列条件:第一,受进口冲击农产品的最近一年的国内市场价格比该农产品在最近一年的前 5 年的平均国内市场价格下降20%以上。第二,该农产品的同类产品或直接竞争的产品在最近 1 年的进口增加"重要地促成了"国内价格的下降。

在农业部长的指示下,经济研究服务局负责对请求中涉及的农产品进行市场调研,确认同类产品或直接竞争产品的进口增加是否导致了国内产品价格的下降,并对可能导致价格下降的任何特殊因素进行评估。了解国内行业涉案的企业数目,以及评估现有的援助项目对这类企业竞争力的提升所能达到的预期效果。调研结果最后会提供给对外农业服务局,作为资格审查时的评定依据。对满足上述条件、援助资格审查合格的农产品的生产者团体,对外农业服务局将确认其援助资格并予以公布。必须注意的是,假如将来对外农业服务局确认农产品国内价格的下降不再是由于进口增加所造成时,那么该局有权对已经签发的资格证明予以收回,但同时需要履行程序上的公告义务。

(三)对农民的援助措施

如果农业生产者团体被认证为合法受益者,个体农产品生产者必须在获得资格后的 90 天内,向农场服务局在全美各州的办事处申请以下援助措施:一是技术支持,由合作扩展服务局和各州推广机构合作共同负责。技术支持是免费提供的,主要包括帮助农产品生产者开发替代产品、降低生产和销售成本、探索营销策略、提供增强产品产销竞争力的各种技术等。二是现金津贴,即受进口冲击的农产品生产者在已经获得技术支持的基础上,可以要求一项上限为 10,000 美元的现金津贴。[1] 换言之,农产品生产者必

---

① United States Government Accountability Office, " Trade Adjustment Assistance:New Program for Farmers Provides Some Assistance, but Has Had Limited Participation and Low Program Expenditures," GAO Report to the Committee on Finance, US Senate, GAO-07-201, December 2006, pp. 1-3.

须先接受技术援助,才能够获得现金津贴。三是支付培训费用,即协助农产品生产者向美国劳工部申请再培训和再教育,促进部分农业产业工人就业转移。

从上述 3 种典型的 TAA 项目的主管机构、援助对象、资格认证标准及援助措施等角度看,美国 TAA 项目是一项复杂而系统的工程。无论在理论层面还是在实践层面,TAA 项目一直是在怀疑或质疑之中产生和发展的。从援助因进口竞争而失业的工人开始,发展到援助企业、产业、社区、因生产转移和自由贸易协定而失业或受冲击的工人和企业,最后发展到援助农产品生产者,美国 TAA 项目在不断地进行变革。正如美国著名政治学教授戴斯勒所言,1962 年美国进行 TAA 立法的政治目的在于为进口受损的工人和企业提供新的出路,弱化人们对贸易保护或限制的支持。① 因为无论从经济、政治还是法律角度,实施 TAA 项目比使用贸易救济措施对美国更加有利。

---

① ［美］戴斯勒:《美国贸易政治》(第四版),王恩冕、于少蔚译,中国市场出版社 2006 年版,第 23 页。

第五章 美国 TAA 制度政策定位、性质界定及法律地位

毋庸置疑,TAA 项目的创立和变迁一直伴随着美国贸易自由化的进程。1962 年、1974 年、1988 年与 2002 年国会贸易立法分别授权总统参与相应的 4 轮多边贸易谈判,极大地推动了全球贸易自由化。美国于 20 世纪 30 年代中期开启的贸易自由化成为美国主导 GATT/WTO 体制发展的基石。[①] 无论在双边、区域还是多边贸易自由化过程中,非歧视性原则(包括国民待遇和最惠国待遇)和互惠原则始终是美国推动贸易自由化的基础,[②]尽管 20 世纪的美国贸易政策具有强烈的意识形态倾向或冷战思维。随着世界主要经济体的关税壁垒和非关税壁垒的逐步消除,美国在受益于贸易自由化的同时,国内产业遭遇经济损害的程度也在不断加深。国内支柱产业的国际竞争力的变化说明了在不同时期的产业结构中衰退产业(declining industries)和新兴产业(emerging industries)的构成以及国内进口竞争产业与外国出口产品的相关

---

① 刘敬东:"论贸易自由化——多边贸易体制及其法律制度的基石",载《国际贸易》2007 年第 4 期。

② 廖凡:"构建更加公平的国际贸易体制——对 WTO 互惠原则的再思考",载《国际贸易》2007 年第 6 期。

产业之间的实力对比。作为对贸易自由化的副产品（经济损害或经济混乱）的制度回应，逃避条款/201 条款和 TAA 项目为受损者提供了"进口救济"①和"调整援助"，并促进了产业对进口竞争的积极调整，从而通过提高资源利用率、增强国内产品竞争力等途径来应对国际竞争的新条件和新环境。无疑，经济损害原因从进口增加到生产转移（至海外）的变迁、经济损害标准从"主要因素"到"重要地促成"的变化以及两个因果关系（关税减让与进口增加之间以及进口增加与经济损害之间）标准的演变都充分阐释了"双轨制"（贸易保护和结构调整）制度安排（"进口救济"和"调整援助"）所具有的与时俱进的理论品质。但遗憾的是，国会研究服务署（Congressional Research Service，CRS）和美国审计总署（GAO）的相关研究报告表明，两条路线（"201 路线"和"TAA 路线"）及三个项目（工人、企业与农民 TAA 项目）在近半个世纪的实践中并没有实现从实质上提高美国衰退产业国际竞争力的立法目标，而只是对因进口冲击或生产转移而受损害的工人和企业进行简单的救济或补偿。对 TAA 项目究竟在多大程度上有助于提升美国衰退产业的国际竞争力，项目管理者和实施者并不是十分清楚。

在美国推动贸易自由化进程中，TAA 项目在 20 世纪 60 年代初期试图成为保护的替代物（protection quid pro quo），而客观上在 20 世纪 80 年代变成了调整的替代物（adjustmenet quid pro quo），最后在事实上却演变成为一种贸易自由化补偿机制并且已经基本

---

　　① 《1962 年贸易拓展法》中规定的"进口救济"主要是指逃避条款/201 条款，因此可以称其为"关税调整"或"保护性调整"（protective adjustment）。

实现了"制度化"（institutionalized）。那为什么贸易保护在政治上始终无法避免？为什么 TAA 制度没有促进对进口竞争的积极调整，从而提升美国衰退产业的国际竞争力？为什么 TAA 项目逐渐演变成为一种制度化的贸易自由化补偿机制？究其原因，大体上可以归结为以下 4 个方面：第一是由于 TAA 制度的政策定位一直以来备受争议，这不仅影响其核心优势和主要功能的发挥及立法目标的实现，而且也涉及其在 WTO 体制下的法律地位问题。第二是因为受损产业往往要求贸易保护，而非寻求结构调整的客观事实印证了 20 世纪 30 年代中期以来美国贸易自由化发展的宪政逻辑。第三是由于美国崇尚自由竞争的市场经济，政府与市场或产业之间存在特殊的关系。第四是 TAA 项目本身存在制度设计缺陷和不足。

一、贸易调整援助政策定位的应然阐释

从 1962 年创立至今，TAA 制度的政策定位一直以来并不清晰。模糊不清的政策定位致使立法者和执法者对 TAA 的性质产生不同的理解，导致历次国会贸易立法目标无法实现。从理论上讲，国会对进口竞争造成的经济损害或产业损害可采取 3 种应对方法：第一是重启贸易壁垒，将进口排斥在外。第二是政府提供援助，促使缺乏竞争力的产业进行调整。第三是将上述 2 种方法结合使用。1962 年美国进行 TAA 立法时的政策背景是将外交政策和贸易政策结合，避免逃避条款对双边外交关系造成直接的负面影响。因此，《1962 年贸易拓展法》采用"双轨制"的立法模式，分别对"进口救济"和"调整援助"进行单独立法。① 此后,国会一直沿用这种立法体例。从 20 世纪 60 年代以来国会的贸易立法实践看,这种"双轨制"的立法体例被证明在政治上是唯一可接受的,②并且两者是同步发展、交替使用的。"进口救济"主要是指逃避条款或 201 条款,是贸易自由化临时或紧急保护机制,也是最具保护主义色彩的,因为它是针对公平贸易行为而采取的贸易保护措施。因此,无论在理论还是在实践层面,逃避条款/201 条款应当属于贸易政策范畴,是一种贸易政策工具(trade policy instrument)。

但长期以来,美国国内各界对 TAA("调整援助")的政策定位问题众说纷纭,莫衷一是。具有代表性的观点主要有以下几种:逃避条款/201 条款的衍生或派生说,即对实施进口限制的一种非保护主义的替代措施;③贸易政策组成说,即调整援助逐渐演变成为一项重要的、应对日益增长的产业保护要求的贸易政策措施;④自由贸易政策补充说,即将工人 TAA 项目视为自由贸易政策的补充,⑤

---

① Kenneth S. Levinson, "Title Ⅱ of the Trade Act of 1974: What Changes Hath Congress Wrought to Relief From Injury Caused by Import Competition," *The Journal of International Law and Economics*, vol. 10(1975), p. 197.

② Robert B. Reich, "Making Industrial Policy," *Foreign Affairs*, p. 878.

③ [美]布鲁斯·E·克拉伯:《美国对外贸易法和海关法》,蒋兆康等译,法律出版社 1999 年版,第 730 页。

④ Michael Borrus and Judith Goldstein, "The Political Economy of International Trade Law and Policy: United States Trade Protectionism: Institutions, Norms, and Practices," *NW. J. INT' L L. & BUS*, vol. 8(Fall 1987), p. 354.

⑤ Greg Mastel, "Why We Should Expand Trade Adjustment Assistance," *Challenge*, vol. 49(July/August2006), p. 43.

或者认为 TAA 是贸易政策的补充,而不是对它的替代;①产业政策(industrial policy)组成说,即认为 TAA 是美国政府影响产业部门资源配置的政策之一;②政府补贴说,即将工人 TAA 项目视为缓减贸易压力的最传统的直接补贴项目;③劳工市场政策组成说,即将工人 TAA 项目与 NAFTA-TAA 项目作为援助失业或离职工人的现行联邦项目的重要组成;④劳工市场政策补充说,即劳工组织从 TAA 与失业的关系及有限的津贴数额角度考虑,认为 TAA只是对传统失业保险项目的一种额外的补充;⑤贸易调整政策(trade adjustment policy)说,即认为美国调整政策基本上是补偿性的,并且认为 TAA 是国家补偿受贸易政策不利影响的产业和劳工组织的政府项目;⑥贸易救济措施说,即将 TAA 视为贸易救济措施的一种;⑦此外,国内有人主张进口救济措施说,即认为 TAA 是美国贸易救济法中最具发展潜力的进口救济措施。⑧ 从总体上

① Howard Rosen, "Assisting American Workers and Their Families Adversely Affected by Globalization," *Perspectives on Work*, Winter 2008, p. 30.

② Samuel M. Rosenblatt, "Trade Adjustment Assistance Programs: Crossroads Or Dead End?," *Law & Policy in International Business*, vol. 9(1977), pp. 1093–1094.

③ Kent G. Cprek, "Worker Adjustment Assistance Black Comedy in the Post-Renaissance," *Law & Policy in International Business*, vol. 11(1979), p. 594.

④ Howard Rosen, "A New Approach to Assist Trade-Affected Workers And Their Communities: The Roswell Experiment," *Journal of Law and Border Studies*, vol. 1 (2001), p. 78.

⑤ [美]C·弗雷德·伯格斯坦主编:《美国与世界经济——未来十年美国的对外经济政策》,朱民等译,经济科学出版社 2005 年版,第 313 页。

⑥ Judith Goldstein, "Ideas, Institutions, and American Trade Policy," *International Organization*, vol. 42(Winter 1988), p. 209.

⑦ Kent G. Cprek, "Worker Adjustment Assistance Black Comedy in the Post-Renaissance," *Law & Policy in International Business*, vol. 11(1979), p. 605.

⑧ 王薇薇:"美国贸易调整援助立法新论",载《特区经济》2009 年第 5 期。

讲,上述 10 种观点主要代表了 4 种不同的政策定位,对不同时期的国会立法和行政执法产生了不同程度的影响。

(一)贸易政策工具或进口救济措施论

尽管美国贸易政策及其制定体制非常复杂,国内各界对贸易政策的内涵和外延认识不尽相同,但对贸易政策工具或进口救济措施的范围不会存在太大争议。一般而言,贸易救济措施主要包括反倾销措施、反补贴措施、337 条款、301 条款、逃避条款或 201 条款、406 条款、421 条款等 7 种。[①] 根据自由贸易立法与不公平贸易立法的二分法传统,应当将前 4 种纳入不公平贸易立法范畴,而将后 3 种纳入公平贸易立法范畴。[②] 从国会贸易立法实践看,几乎全部的救济措施都是在应对进口竞争的过程中产生并逐步发展的。尽管每一种救济措施所支持的贸易限制的理由各不相同,但它们都是在因贸易保护而获利的国内行业的推动下形成的,其共同目的就是限制来自外国公司的竞争,从而发挥保护国内企业或产业的作用。[③] 因此,国内学者将美国贸易救济分成"进口贸易

---

① [美]詹姆斯·德林:《美国贸易保护商务指南——反倾销、反补贴和保障措施法规、实践与程序》,毛悦、刘小雪译,彭宾审校,社会科学文献出版社 2007 年版,第 2—5 页。

② David A. Gantz, "A Post-Uruguay Round Introduction to International Trade Law in the United States," *Arizon Journal of International & Comparative Law*, vol. 12 (1995), pp. 9-14.

③ [美]詹姆斯·德林:《美国贸易保护商务指南——反倾销、反补贴和保障措施法规、实践与程序》,毛悦、刘小雪译,彭宾审校,社会科学文献出版社 2007 年版,第 1 页。

救济"与"出口贸易救济"①并将301条款纳入出口贸易救济措施范围的做法并不科学。②就301条款而言,即使该条款本身并不针对进口产品,相反它打击外国对美国出口产品设置贸易壁垒、阻碍其市场准入的不公平贸易实践,但根据这项法律采取的保护措施往往涉及进口产品。根据国会贸易立法实践,美国贸易救济法并没有区分进口贸易救济与出口贸易救济立法的二分法传统,换言之,美国贸易救济一般就是指进口贸易救济。国内学者主张二分法的做法说明他们没有深入研究美国贸易自由化的宪政原理及贸易救济的宪政成因。因此,除301条款之外,其他6种措施均属于学理意义上的"进口救济"或"进口贸易救济"。③

根据两条路线及三个项目的内容设计,"调整援助"可以通过"201路线"或"TAA路线"获得。走"201路线"获得"调整援助"的概率并不高,主要是因为援引201条款的国内申请者往往希望得到提高关税、实行关税配额、采取数量限制等贸易保护措施,从而缓减因进口增加而造成的严重损害或严重损害威胁,而且实践中,总统一般也是如此行动的。事实上,走"201路线"主要是为了获得"进口救济",而非"调整援助"。此外,从201条款的立法变迁角度看,201条款在《1988年综合贸易与竞争法》之前的历次修订成为贸易保护主义力量与自由贸易主义力量博弈的焦点,主要

---

① 翁国民:《贸易救济体系研究》,法律出版社2007年版,第50页。

② 赵生祥:《贸易救济制度研究》,法律出版社2007年版,第213页。

③ 此处使用学理意义上的"进口救济"或"进口贸易救济",主要目的是为了区别于1962年、1974年及1988年国会贸易立法中使用的"进口救济"术语,因为后者与"调整援助"分别代表国会应对贸易自由化所产生的经济损害或产业损害的两种相对独立的政策取向或措施,即贸易保护和结构调整。

是因为美国国内申请者着迷于走"201 路线"（going the 201 route is for suckers）。① 勿庸置疑，201 条款的基本原理和具体实践均充分说明，该条款本身属于贸易政策工具，而且立法授权总统分别可以采取"进口救济"和"调整援助"，见图表 9。

图表9：《1988年综合贸易与竞争法》授权总统采取的进口救济措施

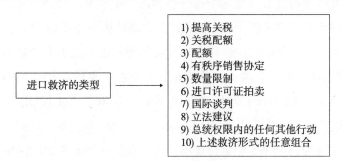

进口救济的类型 →

1) 提高关税
2) 关税配额
3) 配额
4) 有秩序销售协定
5) 数量限制
6) 进口许可证拍卖
7) 国际谈判
8) 立法建议
9) 总统权限内的任何其他行动
10) 上述救济形式的任意组合

但是，是否因此可以认为通过"201 路线"或"TAA 路线"获得的"调整援助"就是贸易政策工具或进口救济措施？3 种主要的 TAA 项目的援助措施以及国会历次对"进口救济"和"调整援助"的分别立法实践已经提供了明确的否定答案。因此，贸易政策组成说、贸易救济措施说或进口救济措施说是比较片面的。从 20 世纪 60 年代美国为外交政策利益考虑、寻求对逃避条款替代的角度看，逃避条款或 201 条款的衍生或派生说符合客观事实。此外，自由贸易政策补充说的合理之处在于它只是一种补充而非替代，"进口救济"和"调整援助"的"双轨制"立法足以证明这一点。总

---

① Paul C. Rosenthal and Robin H. Gilbert, "The 1988 Amendments to Section 201：It Isn't Just for Import Relief Anymore," *Law & Policy in International Business*, vol. 20(1989), p. 413.

之,后两种观点均与贸易政策相关,但只解释了 TAA 制度的一部分,没有全面而充分地阐释该制度的政策取向和性质。

(二)产业政策工具或产业政策措施论

在崇尚自由市场经济的美国,产业政策历来备受争议,国内各界一直以来对是否需要一个统一协调的产业政策以及美国是否真正存在产业政策争论不休,指涉的核心是政府与市场或产业的关系命题。由于 20 世纪 80 年代中期美国产业国际竞争力的急速下降,国内各界对产业政策的争论达到了前所未有的高潮。国内许多政府和私人行业的领导将美国产业国际竞争力的衰退归因于日本等国家实行的产业目标定位(industrial targeting)所导致的不公平贸易行为。[1] 1993 年克林顿政府为了在国内外重建美国经济的领导地位,将产业政策与贸易政策相结合,制定并实施著名的《国家出口战略》,旨在增强本国具有潜力的高新技术产业的国际竞争力。[2] 克林顿政府为了避免使用"产业政策"一词,刻意用"战略性贸易政策"取而代之。政府在产业政策理论上的分歧导致产业政策术语很少出现在政府官方政策文件之中,相反国内各界经常使用"贸易政策"术语。1970 年美国政府代表团在经济合作与发展组织的产业委员会(OECD Industry Committee)的声明中认为:

"联邦行政架构的设计并不在于执行一个积极的、协调的、促

---

[1]　United States General Accounting Office, "Foreign Industrial Targeting—U. S. Trade Law Remedies," GAO Report to the Congress of the United States, GAO/NSIAD-85-77, May 23,1985. p. 1.

[2]　刘伟丽:"战略性贸易政策理论研究",东北财经大学 2005 年博士学位论文。

进产业成长的政策……。为了处理特定情形的干预基本上都是临时的,而且我们开展的协调也都是临时的……。因此,处理这些事情的架构是一种回应性质的,而非正式的计划架构。"①

该项声明至今仍是客观而真实的,但国内学术界的支持者与反对者对产业政策的意见存在巨大分歧。支持者认为,缺乏一个理性的、协调的产业政策是美国国内和国际经济环境日益恶化的根源,并且认为美国政府历经了很长时间的经济干预史,最早可以追溯至美国财政部长亚历山大汉密尔顿在 1792 年向国会所做的、旨在通过关税保护幼稚工业(infant industries)的《关于制造业的报告》(Report on Manufacturers)。② 反对者认为,从长远来看,市场在辨认具有竞争力的技术和产业方面比政府更加精确。统一协调的产业政策只会产生效率低下的产业,同时将阻碍具有竞争力的产业成长。③ 支持者和反对者对是否需要一个统一协调的产业政策持截然相反的立场,这种歧见导致两者对产业政策涵义的大相径庭的理解。前者将促进产业发展和经济竞争力的政府政策,包括公共投资、健康、教育等政策都纳入产业政策的宏观范畴;后者倾向于将产业政策与政府在不同产业部门中挑选

---

① Frank A. Weil, "U. S. Industrial Policy: A Process in Need of A Federal Industrial Coordination Board," *Law & Policy in International Business*, vol. 14 (1982–1983), pp. 982–983.

② Frank A. Weil, "U. S. Industrial Policy: A Process in Need of A Federal Industrial Coordination Board," *Law & Policy in International Business*, vol. 14 (1982–1983), p. 984.

③ Edwin L. Harper & Lehmann K. Li, Jr., "Industrial Policy: Diverting Resources from the Winners," *Michigan Yearbook of International Legal Studies*, p. 7.

"赢家和输家"等同。① 这两种观点代表了政府对经济干预的两种不同方法,即整体方法(general approach)和部门方法(sectoral approach),同时也是支持者美国产业政策的两种不同的类型设计。② 美国国内主流观点认为,除了与国防相关的产业(defense-related industries)部门之外,美国实行的是接近于"整体产业政策"(general industrial policy),即发挥市场机制在战略性产业选择中的主导地位和作用。因此,"人们可以这样认为,美国的产业政策就是缺乏产业政策"。③

然而,事实胜于雄辩。美国虽然没有宣布官方意义上的产业政策,但自20世纪60年代以来一直实行临时的"事实产业政策"(de facto industrial policy)。特别在对外贸易方面,美国在不同时期均推行"部门产业政策"(sectoral industrial policy),旨在提升衰退产业和新兴产业的国际竞争力。《1962年贸易拓展法》建立的"201路线"和"TAA路线"就是经典的范例。美国从1962年开始实施的工人TAA项目和企业TAA项目,为受进口增加不利影响的工人和企业提供财政援助、税收援助与技术援助,旨在帮助它们进行调整,以便适应新的进口竞争。从20世纪70年代末开始,美国通过产业TAA项目对纺织产业、服装产业、钢铁产业、汽车产业

---

① William F. Miller, "What Part Will America Play in the Growth of the World Economy? An Introduction to the Industrial Policy Symposium," *Stanford Law & Policy Review*, vol. 5(1993—1994), p. 11.

② Steve Charnovitz, "Designing American Industrial Policy: General versus Sectoral Approaches," *Stanford Law & Policy Review*, vol. 5(1993—1994), p. 78.

③ Chris Hewitt, "Enhancing International Competitiveness: Structural Impediments to An Industrial Policy for the United States," *Law & Policy in International Business*, vol. 25(1993), p. 258.

及电子产业等部门提供技术援助和资金支持,其目标是为了增强这些衰退产业的全球竞争力,而不是简单地给它们提供贸易保护。最具有说服力的例子就是上文提及的克林顿政府于1993年开始实施的《国家出口战略》。美国采用出口补贴、税收优惠、与投资相关的财政激励及加强产业与金融部门之间的紧密而长期的联系等各种产业政策工具(*industrial policy instruments*),促进信息产业、生物技术产业及航空航天产业等高新技术产业的发展,提升这些产业的国际竞争力,并且取得了良好的效果。

从20世纪60年代初开始挑选、保护并且补偿输家到20世纪90年代初重点关注如何挑选赢家,美国"部门产业政策"的发展逻辑给当时的贸易政策注入了新的内涵,实现了从80年代的"自由但公平的贸易政策"向90年代的战略性贸易政策的转变。美国有学者将美国长期以来实行的、将产业政策与贸易政策相结合的政策称之为"产业—贸易政策"(*industrial-trade policy*)。[①] 美国官方不主张使用产业政策术语并不表示在对外贸易领域就不存在产业政策。在美国,产业政策具有贸易政策方面的内容,但不能用贸易政策简单地代替产业政策。[②] 从这种意义上讲,TAA 制度可以被界定为美国针对进口贸易而采取的产业政策措施,因为请求者无论通过"201 路线"还是"TAA 路线"而获得"调整援助",3 种TAA 项目提供的具体援助利益都涉及产业政策措施。因此,从

①　William A. Lovett, "Rethinking U. S. Industrial-Trade Policy in the Post-Cold War Era," *Tulane Journal of International & Comparative Law*, vol. 1(1993), pp. 135—140.

②　Robert C. Cassidy, Jr. , "Trade Policy Aspects of Industrial Policy in the U. S. ," *Canada-United States Law Journal*, vol. 19(1993), p. 61.

理论上讲,产业政策组成说的定位是相对合理的。但是,这两种观点的最大不足在于它们没有指出 TAA 作为产业政策措施或产业补贴对因贸易自由化而产生的结构调整的必要性和重要性。

(三)劳工市场调整项目或劳工市场政策措施论

美国拥有高度发达和广泛的劳工市场政策项目,它们组成了非常复杂的失业保险体系,该体系主要是由联邦政府和各州政府各自发展而逐渐形成的。至今为止,美国还没有制定一个统一的、针对失业的调整援助战略。在实践中,联邦层面的以失业保险为核心的保险项目在为失业工人提供收入支持方面发挥了主要作用。自 1962 年起,国会制定了许多针对劳工市场的调整项目,见图表 10。

除上述针对劳工市场的立法之外,国会在《1962 年贸易拓展法》中对因进口增加而受到严重损害或严重损害威胁的工人提供援助,帮助受损害的工人进行调整并减轻其调整负担。时任总统肯尼迪在演讲中说道:

> "那些受贸易竞争损害的工人和企业不应当被要求承受不利影响的全部压力。相反,经济调整的负担部分应当由联邦政府承受……。联邦政府有义务(*an obligation*)为那些由于国家贸易政策而受损的工人和企业提供援助。"[1]

---

[1]　Howard F. Rosen,"Strengthening Trade Adjustment Assistance,"资料来源:http://www.petersoninstitute.org.

图表 10：劳工市场政策的国会重要立法

年代	名称
1962 年	《1962 年人力发展与培训法》 （Manpower Development and Training Act of 1962, MDTA 1962）
1962 年	《1962 年经济机会法》 （Economic Opportunity Act of 1962, EOA 1962）
1981 年	《1981 年综合预算平衡法》 （Omnibus Budget Reconciliation Act of 1981, OBRA1981）
1982 年	《1982 年工作培训合作法》 （Job Training Partnership Act of 1982, JTPA1982）
1985 年	《1985 年统一综合预算平衡法》 （Consolidated Omnibus Budget Reconciliation Act of 1985, COBRA1985）
1988 年	《1988 年工人调整与再培训通知法》 （Worker Adjustment and Retraining Notification Act of 1988, WARN1988）
1996 年	《1996 年医疗保险可携带与责任法》 （Health Insurance Portability and Accountability Act of 1996, HIPAA 1996》
1998 年	《1998 年劳动力投资法》 （Workforce Investment Act of 1998, WIA1998）

对义务性质的意见分歧导致长期以来美国各界对是否需要为受对外贸易不利影响而失业的工人进行单独立法、为其重新就业提供各种援助利益的争论。推动 1962 年 TAA 立法的美国劳联—产联主席乔治·米尼只将义务定位在广泛的道德原则基础之上，并没有提供要求国会进行 TAA 立法的明确的法理依据。由此可见，肯尼迪总统比国会更愿意为因贸易自由化而受到损害的工人和企业提供援助或补偿，从而反过来继续推动贸易自由化的深入发展。但是，对 TAA 立法的正当理由及受对外贸易不利影响而失

业与非受对外贸易不利影响而失业的界分标准的争论一直在持续,直到《2002 年贸易调整援助改革法》出台,情况才有所改变。由于技术进步、生产率提高、国际竞争和全球化等各种原因,要区分工人失业的原因变得更加困难,而且对美国劳工市场调整带来了更大的压力,所以需要对所有的美国劳工市场调整项目进行改革和扩展。由于国会中的党派对立越来越严重,通过改革和扩展劳工市场调整项目,以援助所有无论何种原因而失业的工人的宏伟方案似乎不具有可行性。因此,对总统和国会而言,切实可行的做法就是对 TAA 项目进行技术性修正和适当扩展。

总之,无论从美国劳工市场调整项目的现状还是未来可能的改革方向看,劳工市场政策补充说比劳工市场政策组成说更加具有说服力。政府补贴说的合理性在于至今没有实证结果支持工人 TAA 项目对促进工人调整、重新就业的有效性,换言之,工人 TAA 项目的调整效果并不明显。因此,劳工组织在 1974 年贸易立法时积极反对,形象地戏称工人 TAA 项目是联邦政府买给失业工人的一份"葬礼保险"。① 尽管如此,以上 3 种观点也只是针对工人 TAA 项目和替代工人 TAA 项目而言,没有涵盖企业 TAA 项目和农民 TAA 项目,因此对美国整个 TAA 制度而言,这些观点也只是具有部分合理性。

(四)贸易调整政策工具或贸易调整政策措施论

从美国贸易政贸、产业政策与劳工市场政策角度出发,仔

---

① Samuel M. Rosenblatt, "Trade Adjustment Assistance Programs: Crossroads Or Dead End?," *Law & Policy in International Business*, vol. 9(1977), p. 1065.

细剖析了上述 8 种观点的合理内核和不足之处,不难发现贸易
调整政策说是最具有价值和意义的。美国 TAA 的政策取向应
当定位成贸易调整政策,是美国贸易政策、产业政策与劳工市
场政策的互相交叉和结合,而 TAA 制度属于美国贸易调整政
策措施或工具。之所以对 TAA 如此定位,主要是基于以下几
个理由:

　　第一,美国在 1934 年开启并在战后主导的互惠贸易自由化给
美国创造出口快速增长和经济繁荣的同时,也对国内处于比较劣
势的产业(进口竞争产业)造成了经济损害,由此产生了针对进口
竞争的结构调整问题,而促进因贸易自由化而产生的结构调整是
美国 TAA 制度建立的经济学基础之一。根据经济学的一般原理,
促进出口的整体目标与获得快速的结构调整、经济增长几十年来
一直是发展经济学及各国政府政策制定的重要组成内容。[1] 贸易
自由化引致的结构调整,特别针对进口竞争的调整是世界各国在
推行贸易自由化过程中不可回避的一个难题,是贸易自由化的副
产品(by-product)。针对衰退产业的结构调整一般不会自动发
生,因为调整需要成本,所以一国政府需要对调整提供援助,加快
调整过程(adjustment process),减轻产业的调整压力。1971 年的
"威廉姆斯报告"曾向总统建议:

　　"我们必须用方法处理由进口竞争而产生的调整问题,这些
方法一方面将受到影响的工人和小企业的可能损害降至最低,同

---

　　[1]　Bijit Bora, Peter J. Lloyd and Mari Pangestu, "Industrial Policy and the WTO," *Policy Issues in International Trade and Commodities Study Series* No. 6(2000), p. 1,资料来源:http://www.unctad.org/en/docs/itcdtab7_en.pdf.

时保持我国经济的效率和竞争力。"[1]

《1962年贸易拓展法》创设的 TAA 制度就是美国对因贸易自由化而产生的经济损害正式作出的制度回应,是针对衰退产业的结构调整而采取的产业政策措施,是帮助受进口增加不利影响的工人重新就业的劳工市场政策措施。

第二,随着贸易自由化的深入发展,1962 年、1974 年与 1988 年国会贸易立法与时俱进,不断修正"201 路线"和"TAA 路线",使"调整援助"在更大范围内被获得,从而实现"促进对进口竞争的积极调整"的立法目标。从经济学理论和 WTO 层面看,美国促进结构调整的政策措施主要有三种:补贴、逃避条款/201 条款及 TAA 项目。[2] 补贴属于产业政策范畴,而逃避条款/201 条款属于贸易政策范畴,同时兼有产业政策属性,因为

---

[1]　John Hardin. Young, "America's Labor Pains and Foreign Trade: The Stillbirth of Adjustment Assistance," *Virginia Journal of International Law*, vol. 13 (1972—1973), p. 254.

[2]　一般认为 WTO 条款创立了 3 种调整环境:"促进调整"(pro-adjustment)、"反对调整"(anti-adjustment)与"调整中立"(adjustment neutral)。"促进调整"的条款主要是指过渡期、保障措施与补贴三种;"反对调整"的条款主要是指反倾销措施、反补贴措施及特别保障措施(农产品特保措施、服务业特保措施与针对中国产品的过渡性保障措施)。由于反倾销措施和反补贴措施是针对低价倾销和政府补贴的不公平贸易行为而采取的,两者消除了调整的需要,所以事实上也可以认为是"反对调整"条款。特别保障措施是针对特定国家或特定产品的出口导致进口国的市场扰乱而采取的临时进口限制措施,他们弱化了进口国国内进口竞争产业的企业和工人进行的调整,向其他可替代的拓展性产业流动的激励,因此也是"反对调整"条款。争议较大的是保障措施条款。美国有学者认为 WTO 保障措施表面上中立,但事实上反对。从 201 条款的立法目的与制度变迁及 WTO 保障措施条款的基本原理和制度设计等综合角度看,保障措施应当是"促进调整",或者至少是"调整中立"的。

从基本原理角度看,该条款的最初目的之一是促进结构调整,恢复竞争力。[1] 但是,逃避条款/201 条款本身属于"进口救济",是一种"关税调整"[2]"保护性调整"("消极调整"),而作为逃避条款替代物的"调整援助"是一种"积极调整"。然而值得关注的是,《1988 年综合贸易与竞争法》将产业的结构调整作为 201 条款的最基本目的,要求申请者须在申请时或其后 120 日内,向美国国际贸易委员会和美国贸易代表提出其适应进口竞争的积极调整计划(a plan to facilitate positive adjustment to import competition)。从该规定看,20 世纪 80 年代末期的 201 条款本身似乎已经超越了"调整援助"的立法目标。但是,无论是 201 条款本身还是通过"201 路线"或"TAA 路线"获得的"调整援助",它们的共同目的都是为了促进衰退产业的结构调整,从而更好地适应贸易自由化。

第三,从国别的角度看,日本、加拿大等发达国家均采用不同方式制定了贸易调整政策措施,解决因贸易自由化而产生的经济损害及产业的结构调整问题。因此,政府如何对因贸易自由化而产生的结构调整进行援助成为发达国家政策制定者历来关注的核心问题。但是,要在国际贸易中因贸易自由化而受益的企业和产业与因贸易自由化而遭遇调整难题的特定企业和产业之间取得平

---

① Alan O. Sykes, "Protectionism as a 'Safeguard': A Positive Analysis of the GATT 'Escape Clause' with Normative Speculations," *The University of Chicago Law Review*, vol. 58(1991), pp. 263–265.

② Carl H. Fulda, "Adjustment to Hardship Caused by Imports: The New Decisions of the Tariff Commission and the Need for Legislative Clarification," *Michigan Law Review*, vol. 70(April 1972), p. 795.

衡总是非常困难。① 为了制定针对衰退产业结构调整的支持措施,日本将贸易政策和产业政策融合,创立了独具匠心的"日本模式"。② 加拿大使用补贴、保障措施与 TAA 项目,一方面培育最能与进口产品竞争和具有出口拓展潜力的产业;另一方面援助在进口竞争中处于比较劣势的产业,形成了独特的"加拿大模式"。③ 韩国创设了服务于自由贸易协定战略的"韩国模式"。

总之,TAA 制度是美国在主导全球贸易自由化过程中,为了应对经济损害,促进工人、企业及产业等对进口竞争的积极调整过程中产生并发展的。其中,美国劳工组织发挥了主要的推动作用,因为美国劳联—产联在国会拥有强大的政治势力,是美国最重要的贸易保护主义利益集团之一。美国 TAA 制度作为贸易调整政策措施或工具,起因是贸易自由化,目标是结构调整,而重点是失业工人重新就业。

二、贸易调整援助项目性质的实然界定

根据上面的仔细分析和论证,从应然意义上将 TAA 制度定位

---

① Richard S. Gottlieb, Debra P. Steger and Darrel H. Pearson, " Current and Possible Future International Rules Relating to Trade Adjustment Policies – Subsidies, Safeguards, Trade Adjustment Assistance : A View From Canada, " *Canada – United States Law Journal*, vol. 14(1988), p. 127.

② 李明圆:"论日本产业政策与贸易政策的融合",对外经济贸易大学 2005 年博士学位论文。

③ Richard S. Gottlieb, Debra P. Steger and Darrel H. Pearson, " Current and Possible Future International Rules Relating to Trade Adjustment Policies – Subsidies, Safeguards, Trade Adjustment Assistance : A View From Canada, " *Canada – United States Law Journal*, vol. 14(1988), pp. 127 – 131.

为一种贸易调整政策措施或工具,主要是基于它对促进因贸易自由化而产生的结构调整的重要性和有效性。就 TAA 项目建立的经济学理论基础而言,除了促进结构调整、提高经济效率之外,还有一个更加现实的理论基础——帕累托最优及其补偿原则。从1934 年开启互惠贸易自由化到 1962 年,特别在"二战"后近 20年,美国是当时世界最强大的经济体,几乎主导所有产业部门的全球贸易。① 美国出口贸易的快速增长使国民财富急剧增加。但是,贸易自由化必然导致经济混乱(经济损害),制造赢家和输家。所以基于公平原则,联邦政府有义务对贸易自由化的受损者或输家进行补偿,将国民财富进行再分配,从而增加整体社会福利。从美国试图建立一种补偿机制(compensation mechanism)的角度看,20 世纪 60 年代的贸易政策不仅具有福利性质,而且是一种帕累托最优政策(Pareto-optimal policy),TAA 项目就是一个福利项目(welfare program)。② 因此,从经济效率层面看,TAA 的制度设计旨在促进对进口竞争的积极调整。但从分配公平层面看,TAA 的项目建设在于对受损者或输家进行补偿。然而至今为止,没有实证结果支持 TAA 制度对促进结构调整、提升衰退产业国际竞争力的有效性及对受损者或输家提供补偿的公平性。相比之下,在调整与补偿之间,后者成为 TAA 项目存在并实现"制度化"的现实基

---

① Frank A. Weil, "U. S. Industrial Policy: A Process in Need of A Federal Industrial Coordination Board," *Law & Policy in International Business*, vol. 14 (1982-1983), pp. 989-990.

② Sheila M. Raftery, "Safety Net and Measuring Rod: The North American Free Trade Agreement Transitional Adjustment Assistance Program," *Temple International and Comparative Law Journal*, vol. 12 (Spring 1998), p. 13.

础,并在美国推动贸易自由化进程中展示出强大的生命力。那么,为什么在美国"补偿"比"调整"更受受损者或输家的追捧? 究其根本原因,我们必须立足于美国贸易自由化的宪政原理,从贸易政策与产业政策之间的关系出发,在保护、调整与补偿三者之间的内在联系中寻求解答。

(一)贸易保护无法避免的根本缘由

1. 贸易保护主义的宪政成因

贸易保护和自由贸易之间存在天然的冲突,两者相伴而生,又相生相克,是一对矛盾体。由于自由贸易的利益被广泛地分散在整个国家经济中,但代价却由相对一小部分的工人、企业或产业承受。相反,诚如经济学家费尔弗罗多·帕累托(Vilfredo Pareto)在1927年的研究中指出:贸易保护主义的利益集中,但代价分散。[1]因此,因贸易自由化而受损的国内进口竞争产业中的生产商和工人就会联合起来,组成强大的保护主义利益集团,提供形式各异的保护理由,[2]游说国会参众两院,制定以进口救济措施为核心的保护主义法律,阻止进口产品以低价倾销、政府补贴或以数量激增等方式进入美国市场。这些特殊利益集团在不同选区决定着国会议员的选票,在国会形成了强大的政治势力,从而影响、甚至主导国会贸易立法的政策取向。代表自由贸易的长期利益与代表保护主义的短期利益之间的政治基础不同,因此,两者之间的冲突和协调

---

① Robert W. McGee,"Trade Policy of a Free Society,"*Capital University Law Review*,vol. 19(1990),p. 302.

② 有学者总结了 17 种保护理由,See Robert W. McGee,"*Trade Policy of a Free Society*,"Capital University Law Review,vol. 19(1990),pp. 305–329.

贯穿于贸易自由化的整个过程。[1]　由于美国宪政体制下两种利益之间的政治失衡无法消除,贸易保护主义也就无法避免。从美国推动贸易自由化的实践看,"四位一体"制度架构的变迁就是贸易保护主义力量与自由贸易主义力量之间的宪政博弈的结果,或者也可以说,美国贸易政策是国家外交政策目标与特殊利益集团制造的政治压力之间形成冲突并经共同作用的产物。[2]　从美国贸易自由化变迁的历史轨迹看,贸易保护主义潮起潮落,经久不衰,呈现出贸易保护和自由贸易交替往复的规律。从某种意义上讲,"1934 年体制"下美国贸易自由化的发展史实际上是一部抵制或转移保护主义压力的贸易政治史。

2. 201 路线优于 TAA 路线的政治经济学分析

美国有学者认为调整和保护是政治上唯一可以接受的选择,所以为了应对经济损害,真正的选择在于"调整"或"保护"(the real choice is between adjustment or protection)。[3]　实际上,"201 路线"和"TAA 路线"的实践证明,这种说法不完全正确。尽管调整和保护均可应对贸易自由化产生的经济混乱(经济损害),但在实践中,进口竞争产业中的生产商和工人往往选择"201 路线"寻求贸易保护。"201 路线"是一条贸易保护主义路线,一直以来倍受青睐。从理论上讲,与"进口救济"相比,"调整援助"具有许多独

---

[1]　Steven T. O'Hara, "Worker Adjustment Assistance: The Failure &The Future," *Northwestern Journal of International Law & Business*, vol. 5(1983), p. 394.

[2]　Edward John Ray, "Changing Patterns of Protectionism: The Fall in Tariffs and the Rise in Non-Tariff Barriers," *Northwestern Journal of International Law & Business*, vol. 8(1987), pp. 289-290.

[3]　Robert B. Reich, "Making Industrial Policy," *Foreign Affairs*, p. 878.

特的优势:引导国内资源流向;促进失业工人就业,帮助企业获得长远的竞争优势,有助于提升衰退产业的国际竞争力;维护国内消费者利益,增进社会福利;针对国内受损的工人和企业提供,而非针对特定产品提供;针对个体企业和产业,而非针对整体产业;兼顾公平;具有很大的灵活性、非激进性与非救济性,不会招致贸易报复等。总之,"调整援助"是一种动态的、长期的与积极的做法。正好相反,"进口救济"是一种静态的、短期的与消极而徒劳的做法,会产生许多不利的影响:减少产品多样性,提高消费者的代价;通过鼓励额外的资源流向受保护的产业,从而扭曲经济中的资源配置;通过减少竞争的范围助长经济无效;阻止或延迟贸易自由化产生的结构调整;容易促使各国之间的贸易摩擦加剧等。①

那么,到底什么原因促使申请者不喜欢"TAA 路线"而偏爱"201 路线"? 归根结底,主要是基于以下 3 个方面的因素:第一,美国联邦政府制度架构中没有一个统一的机构,协调政府各部门在贸易调整政策上的立场和职责。美国贸易政策的制定和执行涉及国务院、商务部、劳工部、农业部及财政部等行政部门,其协调职责主要由美国贸易代表办公室承担。但是,由于贸易调整政策最终主要依托产业政策措施,无论从意识形态(ideologies)还是从制度(institutions)角度看,要求每个部门支持一个统一的专门协调机构的可能性不大。因此,尽管美国有学者建议创立"联邦产业协

---

① Hillary E. Maki, "Trade Protection Vs. Trade Promotion: Are Free Trade Agreements Good for American Workers," *Notre Dame Journal of Law*, *Ethics & Public Policy*, vol. 20(2006), p. 886.

调委员会"（federal industrial coordination board），①但这种方案的可行性不强。第二，在缺乏这样一个统一的协调机构的前提下，产业政策的制定和实施变得非常困难。由于美国存在"对抗式的政府与商业关系"（adversarial government–business relationship），政府与产业很难对实施积极的产业调整达成共识，因此 TAA 项目与竞争性公司在国际经济中的商业战略没有关联。这就是针对衰退产业和新兴产业的调整项目遭遇的共同不足。第三，尽管美国政府提供的 TAA 项目可以帮助衰退产业降低调整成本，但衰退产业的结构调整往往不会自动发生；同时，调整会使衰退产业处于一种不确定的未来，而保护至少可以维持现状一段时间。无论是促进衰退产业的有序收缩并向新兴产业转移其劳动力和资本，还是充分利用存量资源，恢复或提升衰退产业的国际竞争力均尚需时日，不可能一蹴而就。相反，实施进口救济措施可以通过限制进口竞争，达到立竿见影的效果。最后就造成这样一种局面：处于比较劣势的进口竞争产业不时地走"201 路线"，要求政府实施贸易救济，而自己没有压力和动力去实施更彻底、更深入的结构调整，最后造成越救济越衰落、越衰落越救济，但又垂而不朽的局面。20 世纪80 年代，美国工业产业竞争力下降促使日益增长的失业和产能过剩问题非常突出。虽然国会赋予 201 条款的根本目的发生重大转变，从单纯的进口救济转向促进结构调整，提升衰退产业的国际竞争力，但当时国内要求贸易保护的呼声变得越来越响，在战后达到

---

① Frank A. Weil, "U. S. Industrial Policy: A Process in Need of A Federal Industrial Coordination Board," *Law & Policy in International Business*, vol. 14 (1982—1983), p. 1012.

了顶峰。

（二）结构调整无法实现的制度缺陷

由于贸易保护从根本上无法避免，而且美国政府与产业之间存在特殊关系，因此从宏观层面看，TAA 项目无法实现促进对进口竞争进行积极调整的整体目标。事实上，从微观层面看，TAA 制度设计的缺陷和运行中的不足是导致促进结构调整无法实现的重要原因。美国几个主要的调查研究机构对 TAA 项目的有效性评价不一。为美国国会服务的、著名的公告政策研究机构——"城市研究所"（The Urban Institute）1998 年的调查报告和美国技术评估办公室（Office of Technology Assessment, OTA）1987 年的调查报告均认为，企业 TAA 项目总体上是成功的。但是，素有美国国会审计胳膊（auditing arm of Congress）之称的美国审计总署（GAO）的研究报告却认为企业 TAA 项目的效果并不清楚。实际上，在 20 世纪 80 年代，TAA 项目曾遭受前所未有的质疑，企业 TAA 项目几乎被取消的事实已经说明了它的无效性。从历次 GAO 报告的统计数据看，TAA 项目对促进衰退产业的结构调整、增强其国际竞争力的作用并不明显。究其原因，主要是由于 TAA 制度本身在实体和程序方面存在许多根本缺陷，致使请求者很难获得 TAA 项目的援助利益。即使获得 TAA 项目的援助利益，工人、企业或农民也很难开展调整。

1. 认证程序存在瑕疵

认证程序是请求者获得援助利益的必要环节，是工人、企业与农民 TAA 项目的重要内容。从进口增加到生产转移，从货物贸易到服务外包（service offsourcing），工人 TAA 项目一直是整个 TAA

项目的重点。工人 TAA 项目一直以来低效率运作,高成本运行,故难以实施。当前已经破损的认证程序(broken certification proccss)是工人无法获得 TAA 项目利益的主要原因之一。① 认证标准的自由化及认证责任于 1974 年由美国国际贸易委员会转移给劳工部为 TAA 项目带来了巨大的变化,②摆脱了早期美国关税委员会因对资格标准解释过于严格而造成几乎没有请求者获得资格的局面。从此,劳工部取代美国国际贸易委员会负责事实调查,而工人认证主要取决于劳工部的行政表现。由于劳工部的认证和调查程序存在瑕疵,劳工部在执行国会立法意图方面的行政表现不仅受到劳工组织严厉的批评,而且也经受了美国国际贸易法院法官们的谴责。这些瑕疵或不足主要体现在以下 3 个方面:第一,请求程序设置不尽合理,工人无法提供与请求有关的详细资料,从而影响劳工部开展恰当调查的能力。由于劳工部没有事先提供详细的请求指南以及没有为工人申请援助资格提供样本和其他的援助服务,工人为请求审查提供的资料与劳工部真正需要的信息之间往往不一致,致使劳工部缺乏足够的、有用的信息,从而影响调查结果的可靠性。第二,由于劳工部获得的信息不够充分和客观,劳工部在开展事实调查过程中的能力和水平受到限制,最后对资格裁定造成很大的负面影响。第三,现行法律未对雇主

---

① William J. Mateikis, "The Fair Track to Expanded Free Trade: Making TAA Benefits More Accessible to American Workers," *Houston Journal of International Law*, vol. 30(2007), pp. 34–35

② Harold A. Bratt, "Issues in Worker Certification and Questions of Future Direction in the Trade Adjustment Assistance Program," *Law & Policy in International Business*, vol. 14(1982), p. 822.

（employers）在提供证据方面作出任何要求,劳工部在对请求者资格做出裁定时很难满足"整理所有相关事实"（to marshal all relevant facts）的证据规则要求。对此,美国有学者建议采取举证责任转移方案（evidentiary burden-shifting scheme）,由雇主而非失业工人承担主要的举证责任。[1]

此外,企业 TAA 项目的认证程序存在过于繁琐等缺点,企业从获得援助资格认证书到开始执行调整建议书,通常需要耗费6—8 个月的时间,从而在一定程度上影响企业开展调整的效率。

2. 司法审查制度尚需完善

除了履行事实调查的成文法义务之外,劳工部还需确保自身的裁定记录经得起司法审查。美国国际贸易法院（USCIT）履行对劳工部长和商务部长资格裁定的司法审查职责。1980 年之前的反倾销和反补贴裁定的司法审查职能由美国海关法院（Customs Court）承担,而《1980 年海关法院法》（Customs Courts Act of 1980）将其改为现名并同时负责工人 TAA 项目和企业 TAA 项目的司法审查。[2] 国会将对劳工部长和商务部长资格裁定的专属管辖权赋予了美国国际贸易法院,但有关美国国际贸易法院的成文立法并没有提及对农业部长资格裁定的管辖权问题。[3] 由于国会对司法

---

[1]　William J. Mateikis, "The Fair Track to Expanded Free Trade: Making TAA Benefits More Accessible to American Workers," *Houston Journal of International Law*, vol. 30(2007), pp. 54-55.

[2]　Kevin C. Kennedy, "A Proposal to Abolish the U. S. Court of International Trade," *Dickinson Journal of International Law*, vol. 4(Fall 1985), p. 14.

[3]　Vesselina Hekimova, "Can the U. S. Court of International Trade Reverse an Agency's Determination of Eligibility for Trade Adjustment Assistance?" *The Federal Circuit Bar Journal*, vol. 17(2008), p. 686.

审查授权界定模糊不清,劳工部和美国国际贸易法院对法条产生了不同的理解和解释。双方争议的焦点在于应当如何理解、解释美国国际贸易法院对劳工部裁定"驳回"(to overrule)的具体含义。劳工部将"驳回"解释成为法条授权美国国际贸易法院既可以"维持"(to affirm)裁定,也可以将案件"发回"(to remand),再做进一步调查。与此相反,美国国际贸易法院将"驳回"解释成为法条允许其"撤销"或"推翻"(to reverse)资格裁定,同时"命令"(to order)劳工部长对相应的工人做出获得援助利益资格的认证。

这种司法审查方案实质上反映了国会对劳工部、美国国际贸易法院及联邦巡回上诉法院(Court of Appeals for the Federal Circuit,CAFC)三者之间不合理的权力分配,从而使认证程序的固有缺陷更加突出。从近几年美国国际贸易法院的实践角度看,对劳工部长资格裁定的司法审查呈现出两大特点:第一,越来越多的TAA 诉讼涉及各种形式的发回重新调查;第二,假如多次发回重新调查没有取得满意的结果,美国国际贸易法院似乎更加愿意推翻劳工部的裁定。对这两个发展趋势做出最显而易见的解答就是:劳工部至少在美国国际贸易法院进行司法审查的案件中没有对申请援助利益的失业工人的资格开展全面的分析。[1] 不完善的司法审查制度使已经破损的认证程序越加缺乏效率,因为国会一方面要求劳工部为援助利益请求者进行资格认证,而另一方面却在事实上剥夺了请求者在被拒绝资格认证之后要求司法审查的权利。因此,美国有学者对 TAA 项目的司法审查程序提出了 2 种不

---

[1]　Munford Page Hall, Ⅱ, "Remands in Trade Adjustment Assistance Cases," The John Marshall Law Review, vol. 39(Fall 2005), p. 14.

同的修改建议。第一种观点建议国会进行成文法改革,明确授予美国国际贸易法院彻底推翻劳工部裁定的权力。① 第二种观点认为应当拓展美国国际贸易法院管辖权的涵义,授予其在 TAA 诉讼中签发训令状②(a writ of mandamus) 的权力,直接要求劳工部对工人做出获得援助利益资格的认证。③ 从 2002 年建立农民 TAA 项目至今,由于时间较短,"净农场收入"(net farm income) 和"净渔业收入"(net fishing income) 等概念仍需进一步澄清,④因此要对农业部长资格裁定的司法审查做出客观的评价尚需时日。

3. 信息管理和监控机制缺失

在工人 TAA 项目的信息管理方面,由于劳工部缺乏一套有效的模式,开展有效的个案记录和动态的数据统计,数据的完整性和准确性得不到保障。因此,劳工部难于对工人 TAA 项目的执行情况和整体效果作出科学的分析和评估,并且无法评价工人 TAA 项目对促进结构调整的功能和作用。另外,由于劳工部对失业工人的前期状况不了解,失业工人获得援助之后放弃培训权利,异地求职津贴没有发挥应有的作用,再就业培训计划的有效性备受质疑。

---

① Vesselina Hekimova,"Can the U. S. Court of International Trade Reverse an Agency's Determination of Eligibility for Trade Adjustment Assistance?" *The Federal Circuit Bar Journal* ,vol. 17(2008) ,p. 696.

② 一种由上级法院签发的令状,迫使下级法院或政府官员正确执行强制的或完全奉行命令做的义务。

③ Shana Fried,"Strengthening the Role of the U. S. Court of International Trade in Helping Trade-Affected Workers," *Rutgers Law Review* ,vol. 58(Spring 2006) ,pp. 771–773.

④ Gilbert H. Robin,"Trade Adjustment Assistance Cases–2005 Developments," *Georgetown Journal of International Law* ,vol. 38(Fall 2006) ,pp. 123–125.

工人 TAA 项目逐渐被泛化为一般援助和培训项目,只是实现了简单的收入分配的效应,并没有引导失业工人向更具竞争力的行业转移的效果。由此可见,劳工部有必要建立相关的信息管理制度,对获得援助利益的失业工人信息进行事先、事中及事后的动态掌控,使相应的援助措施真正发挥作用,使工人 TAA 项目变得更加有效。

在企业 TAA 项目的监督和评估方面,商务部缺乏一个过程性的企业调整监督审查机制,特别对技术援助的资金投入进行审查和监督。由于缺乏对企业 TAA 项目执行的监督机制,只有大约一半的援助资金真正使用在技术援助方面,再加上本身获得技术援助的企业数量有限,技术援助对促进企业开展结构调整的功效被进一步削弱。另外,商务部缺少一个对企业 TAA 项目的评估机制,运用评估结果作为 11 个 TAAC 的绩效指标,以促进有限资源的最佳使用。在"对抗式的政府与商业关系"的背景下,美国很难建立一个更加有效的监督审查和效果评估机制。由于类似的原因,对农民的技术援助、资金援助及再就业培训措施的实施效果不是十分理想。

综上所述,TAA 项目要实现促进对进口竞争进行积极调整的目标面临许多挑战,这些挑战主要来自行政方面(largely administrative)。[①] 自 TAA 项目建立以来,缺陷和不足贯穿于 TAA 项目发展和演变的始终。TAA 项目对促进结构调整的效率(efficiency)不足使其在 20 世纪 80 年代成为"调整替代物",国会将促进对进

---

① Mary Anne Joseph, "Trade Adjustment Assistance: An Analysis," *Connecticut Journal of International Law*, vol. 6(1990), p. 286.

口竞争进行积极调整的重任赋予了 201 条款,帮助衰退产业切实提高抵御进口产品冲击的能力。TAA 项目对贸易自由化补偿的公平(equity)缺失使其在 90 年代中期开始成为"补偿替代物"(compensation quid pro quo),但从贸易政治角度看,美国至今尚未找到更好的替代方案。美国贸易政治压力表明,什么都不做是不可能的,所以真正的挑战是如何设计最有效的干预,而非是否要进行干预。从当前国会中的 TAA 立法议案层面看,对 TAA 项目的技术性完善仍将成为美国对贸易自由化的输家提供补偿的主要努力方向。

(三)补偿得以"制度化"的路径依赖

美国国内对 TAA 项目设计的科学性和运行的有效性历来存在很大的争议。反对者之所以反对,主要是从结构调整角度看,他们认为 TAA 项目没有实现促进衰退产业对进口竞争的结构调整。正如美国有学者所言:"我们之所以在一定程度上否定 TAA 的成果,并不是因为它在执行过程中遭遇的困难或在实际上对工人援助力度的不足,而更多的是由于其对工人或企业的援助在本质上和 *TAA* 项目的本旨有所背离"。[①] 支持者之所以肯定 TAA 项目,主要是因为他们将 TAA 项目看作对贸易自由化过程中受损者或输家的一种补偿。他们认为美国 TAA 项目,特别是工人 TAA 项目对弥补贸易利益再分配方面的市场失灵,帮助那些因贸易失业的工人重

---

①   William J. Mateikis, "The Fair Track to Expanded Free Trade: Making TAA Benefits More Accessible to American Workers," *Houston Journal of International Law*, vol. 30(2007), p. 37.

新就业发挥了一定的作用。但更加重要的是,TAA 项目对降低国内贸易保护的压力,为进一步推动市场开放和贸易自由化创造了良好的政治环境。换言之,TAA 项目成为受益者或赢家促进自由贸易、购买反对贸易自由化的对价。从 TAA 项目的变迁史看,美国为了利用"快车道"或"贸易促进授权"程序推动贸易自由化,一直在不断发展并完善 TAA 项目,让赢家补偿输家的净损失,使其成为贸易利益再分配的工具,从而实现让输家支持贸易自由化的目的。

那么,这种补偿机制是如何形成并逐步"制度化"的? 主要是基于以下 4 个原因:第一,由于贸易自由化制造受损者或输家是必然规律,①如果对经济混乱(经济损害)不加关注,那些受损者或输家就会组织起来,说服国会重新实施关税或采取其他的限制措施,阻止贸易自由化。因此,为了弱化或减少抵制贸易自由化的贸易保护主义力量,必须给受损者或输家提供补偿。第二,贸易保护主义力量与自由贸易主义力量在开展"政治交易"过程中,TAA 项目有意或无意地成为"快车道"或"贸易促进授权"程序的"政治交换物或补偿物"(political quid pro quo)。② 由于贸易保护无法避免,促进结构调整目标无法实现,国会每次对总统进行"快车道"授权或"贸易促进授权"时总会受到贸易保护主义的阻挠。因此,美国要将 TAA 项目发展成为一种贸易自由化补偿机制,使其成为美国推动贸易自由化的国内支持项目。从"快车道"或"贸易促进授

①　Walter Sterling Surrey, "Legal Problems to Be Encountered in the Operation of the Trade Expansion Act of 1962," *North Carolina Law Review*, vol. 41(1962—1963), p. 41.

②　Munford Page Hall, Ⅱ, "Remands in Trade Adjustment Assistance Cases," *The John Marshall Law Review*, vol. 39(Fall 2005), p. 9.

权"程序发展的角度看,1962 年 TAA 项目成为劳工组织获取对授权参与肯尼迪回合支持的"政治交换物或补偿物"。1974 年 TAA 项目成为劳工组织获取对授权参与东京回合支持的"政治交换物或补偿物"。[1] 美国有学者认为,假如国会再次希望使用 TAA 项目作为"快车道"授权的政治交易品,那么劳工部必须修补已经破坏的认证程序,而国会应当修改 TAA 立法,减少工人对贸易自由化的抵制。[2] 从美国"快车道"授权的贸易政治和历史经验角度看,这种说法具有合理性和正确性,在一定程度上体现了 TAA 制度在购买反对贸易自由化方面的实用性和有效性。第三,从进口增加向生产转移拓展、从制造业向服务业延伸的发展趋势已经证明 TAA 项目不再完全致力于促进衰退产业的结构调整,开始在贸易自由化的补偿道路上大阔步前进。实际上,从 TAA 制度之实体规则的变迁角度看,将关税减让、进口增加及失业三者之间的联系切断的做法已经说明,TAA 哲学原理发生了根本转向。[3] 第四,在贸易自由化过程中可以事先完全预见的结果就是竞争进口产品的价格下降,[4]因此经济损害可以预见,TAA 制度作为补偿机制理所

---

① Chad P. Bown and Rachel McCuloch, "US Trade Remedies and the Adjustment Process," IMF conference in honor of Michael Mussa, Washington DC, June4-5,2004,pp. 11-13.

② William J. Mateikis, "The Fair Track to Expanded Free Trade: Making TAA Benefits More Accessible to American Workers," *Houston Journal of International Law*, vol. 30(2007), p. 5.

③ Malcom D. Bale, "Adjustment Assistance Under the Trade Expansion Act of 1962," *The Journal of International Law and Economics*, vol. 9(1974), p. 78.

④ Chad P. Bown and Rachel McCuloch, "US Trade Remedies and the Adjustment Process," IMF conference in honor of Michael Mussa, Washington DC, June4-5,2004,p. 2.

当然,但 201 条款针对的是不可预见的原因。

综上所述,TAA 不是贸易政策工具,也非简单的产业政策措施。作为购买对贸易自由化反对的一种补偿机制,TAA 突破了"或保护或调整"的范式。美国自 1934 年以来的贸易自由化实践已经充分印证了这一客观事实。1962 年美国 TAA 的立法原理就是经济理论和现实政治的混合物。① 尽管 TAA 项目一直以来不断修正,特别在 1974 年和 1988 年历经了重要而详细的检查,但基本要求和主要框架 40 多年来未曾改变。② 美国贸易政治是推动 TAA 创立的理由,但并非 TAA 维系的唯一理由。补偿的"制度化"应当是 TAA 维系的主要因素。因此,从应然意义上讲,美国 TAA 项目是一种具有补偿性质的贸易调整政策措施或工具,但从实然意义上看,它却是一种制度化的贸易自由化补偿机制。尽管美国国内各界对 TAA 项目的争论或质疑一直在持续,但无法找到更好的制度安排来取代 TAA 项目,从而使反对者支持贸易自由化。总之,尽管 TAA 制度存在各种不足,但它仍是美国补偿自由贸易中输家损失的主要机制。③ 当下美国贸易政策正处于"十字路口",贸易自由化徘徊不前,贸易政策面临新的挑战。④ 这种挑

---

① Kent G. Cprek, "Worker Adjustment Assistance Black Comedy in the Post-Renaissance," *Law & Policy in International Business*, vol. 11(1979), p. 595.

② Brad Brooks - Rubin, "The Certification Process for Trade Adjustment Assistance: Certifiably Broken," *U. PA. Journal of Labor and Employment Law*, vol. 7 (2004—2005), p. 802.

③ Ethan Kapstein, "Trade Liberalization and the Politics of Trade Adjustment Assistance," *International Labour Review*, vol. 137(1998), p. 514.

④ [美]C·弗雷德·伯格斯坦主编:《美国与世界经济——未来十年美国的对外经济政策》,朱民等译,经济科学出版社 2005 年版,第 245—272 页。

战直观地表现为国内支持经济全球化与反对经济全球化、支持贸易自由化与反对贸易自由化或支持 WTO 与反对 WTO 两种力量之间的利益争斗,而这种源自于宪政体制的利益博弈格局伴随着党派政治变迁、利益集团分化等因素而变得错综复杂。因此,美国贸易政策的复兴需要制度创新,因为只有进行制度革新,消除引致美国工人经济焦虑的真正原因,美国的贸易自由化才有望恢复健全。简言之,美国只有完成国内向全球化的过渡,[①]才能削减这种源自于美国日益融入经济全球化所带来的工作不稳定加剧而产生的焦虑。但是,要完成过渡,一方面要提高经济效率;另一方面需要重塑国内的政治基础,因为随着贸易自由化的不断深化,美国国内的政治基础已经或正在发生变化,支持贸易自由化的力量对比也在发生改变。因此,美国必须遵从贸易政治的经典逻辑,重新签订国家与公民之间的"社会契约",[②]继续营造支持贸易自由化的国内政治氛围,改革 TAA 制度,让美国公民支持自由贸易。

三、WTO 体制下贸易调整援助 制度的法律地位

GATT 从 20 世纪 80 年代开始就关注结构调整与贸易政策之间的关系,特别在 1980 年成立了一个"结构调整与贸易政策"工作组,提出未来开展相关工作的具体建议。GATT 工作组于 1981

---

① [美]戴斯勒:《美国贸易政治》(第四版),王恩冕、于少蔚译,中国市场出版社 2006 年版,第 328—332 页。

② [美]戴斯勒:《美国贸易政治》(第四版),王恩冕、于少蔚译,中国市场出版社 2006 年版,第 330 页。

年和 1983 年 2 次提出报告,进一步分析和研究两者之间的关系,①但至今为止,GATT/WTO 尚未专门针对结构调整制定贸易调整援助或结构调整援助规则,而是用过渡期、反倾销、反补贴及保障措施等贸易政策措施条款加以代替。究其原因,主要是结构调整涉及成员方的产业政策、竞争政策及劳工市场政策等一系列国内公共政策,情况复杂,很难用"反歧视模式"加以解决。更何况成员方实施补贴和国内支持等措施,往往借促进结构调整之名,行贸易保护之实,只是希望维持生产,并没有真正促进生产要素转移。② 在 1994 年结束的乌拉圭回合谈判中,在保障措施议题上涉及到了结构调整问题,而且《保障措施协定》(Agreement on Safeguards,AOS)序言提及了结构调整的重要性,增加而非限制国际市场中竞争的必要性,③同时第 7 条第 2 款和第 7 条第 4 款等明确规定在进行调整的情况下可以延长有关措施,为促进产业结构调整创造了环境。但是,GATT/WTO 从来没有要求强制的产业调整计划,这不利于保障措施之调整目标和功能的实现。④ 因此,有学者曾经建议 GATT 第 19 条的紧急保护必须附带一个动态的调

---

① Working Party on Structural Adjustment and Trade Policy, *Report to the Council.* L/5120, March 16, 1981, p. 2

② Working Party on Structural Adjustment and Trade Policy, *Report to the Council.* L/5568, October 20, 1983, p. 2.

③ 李娟:"WTO 保障措施制度之起源与发展探寻",载《学术论坛》2009 年第 1 期。

④ Thomas Sauermilch, "Market Safeguards Against Import Competition: Article ⅪⅩ of the General Agreement on Tariffs and Trade," *Case W. Res. J. Int'l L.*, vol. 14 (1982), p. 144.

整援助计划。① 那么,为什么 GATT 第 19 条或《保障措施协定》中没有任何资助产业调整或促进结构调整的强制性条款,让保障措施既发挥贸易保护作用,又实现产业调整功能呢? 也许,诚如著名 WTO 专家杰克逊所言,这种规定难以履行和实施。②

从结构调整与贸易政策关系的角度看,除了《保障措施协定》之外,WTO 还有了两个协定:其一是《补贴与反补贴措施协定》(Agreement on Subsidies and Countervailing Measures,以下简称《SCM 协定》);其二是《农业协定》(Agreement on Agriculture,AOA)。由于 WTO 没有针对 TAA 的统一规则,而且美国 TAA 制度与这两个协定存在着密切的联系,所以下文分别从《SCM 协定》和《农业协定》的角度,对 3 个 TAA 项目是否符合 WTO 规则进行分析和评价。

(一)《SCM 协定》下工人与企业 TAA 项目的合法性考量

从 WTO 成立至 2009 年 12 月底,通过对美国在 WTO 作为被申诉方的 107 起案件进行分析后发现,成员方在 WTO 诉美国贸易救济措施案件共 65 起,其中反倾销 26 起,保障措施 17 起,301 条款 1 起,337 条款 1 起,反补贴 14 起,"双反合并"调查 6 起。此外,涉及农产品补贴的案件 4 起。由此可见,美国贸易救济措施在 WTO 基本上都被成员方诉过,但成员方至今尚未将 TAA 项目诉至 WTO 争端解决机制。从 WTO 秘书处对美国贸易政策评审实

---

① Samuel M. Rosenblatt, "Trade Adjustment Assistance Programs: Crossroads Or Dead End?," *Law & Policy in International Business*, vol. 9(1977), p. 1092.

② [美]约翰·H·杰克逊:《世界贸易体制——国际经济关系的法律与政策》,张乃根译,复旦大学出版社 2001 年版,第 236。

践的角度看,TAA 项目在最近 3 次评审过程中备受关注。《2004年美国贸易政策评审报告》将 TAA 项目列入"政府补贴及其他支持措施",而当时农民 TAA 项目尚未纳入审议范围。在《2006年美国贸易政策评审报告》中,TAA 项目分别在"其他政府支持包括补贴"和农业部分的"其他项目"中被提及。在 2008 年 WTO 对美国贸易政策评审过程中,阿根廷要求美国对 TAA 项目的援助资格标准和资金投入数额等问题做出解释。

1.《SCM 协定》与工人 TAA 项目

根据《SCM 协定》第 1 条第 1 款的规定,一项补贴的构成必须同时满足以下 2 个条件:其一,由政府或公共机构提供财政资助或存在任何形式的收入或价格支持;其二,由上述行为授予了某项利益。[①] 为了缩小打击范围,《SCM 协定》第 2 条引入"专向性"(specificity)标准,使具有"经济扭曲"效果的"专向性补贴",而不是"非专向性补贴"或"普遍可获得性补贴"成为规制的对象,授权进口国可以采取反补贴税对其加以抵消。为此,《SCM 协定》第 2条建立了 4 种专向性标准,即法律专向性、事实专向性、区域专向性及推定专向性,将绝大多数的"专向性补贴"纳入法律规制的范围。[②] 然而,尽管 4 种专向性标准对"专向性补贴"的技术性筛选发挥了重大的作用,但仍不足以解决全球补贴层出不穷、纷繁复杂

---

① 秦国荣:"论 WTO 反补贴诉讼机制——兼论我国应对国际反补贴诉讼之对策",载《法商研究》2006 年第 2 期。

② 陈利强:"《补贴与反补贴措施协定》之专向性问题初探,"载《西北大学学报》(哲学社会科学版)2008 年第 3 期。

的局面。① 因此,《SCM 协定》在专向性标准基础之上对补贴进行分类规制,将补贴划分为禁止性补贴、可诉性补贴及不可诉补贴 3 种法定类型。② 其中,不可诉补贴包括"非专向性补贴"和某些特定的"专向性补贴"2 个部分,后者就是《SCM 协定》第 8 条第 2 款规定的"专向性补贴"的 3 种例外,即研发补贴、地区扶贫补贴与环保补贴。③ 根据《SCM 协定》第 31 条规定,第 8 条关于不可诉补贴的规定只适用 5 年,因此从 2000 年 1 月 1 日开始,上述 3 种例外的"专向性补贴"已经变成可诉性补贴。

从补贴的构成要件看,工人 TAA 项目援助利益中的贸易再调整津贴、求职津贴、重新安置津贴及医疗保险税收优惠可以被认定为《SCM 协定》意义上的补贴。根据《SCM 协定》第 3 条第 1 款规定,禁止性补贴包括出口补贴和进口替代补贴,而工人 TAA 项目的目的在于促进失业工人转岗或重新上岗,与这两种补贴没有必然联系。因此,工人 TAA 项目的援助利益不应当属于禁止性补贴。但是,是否因为这些援助利益只给予受到进口竞争不利影响的工人而被认定为可诉性补贴或可采取反补贴税的"专向性补贴"? 答案应当是否定的。主要基于以下 2 个理由:其一,根据法律专向性或事实专向性标准,贸易再调整津贴等援助利益可能属于专向性补贴,但并不一定属于可诉性补贴,因为这些援助利益一

---

① 甘瑛:《WTO 补贴与反补贴法律与实践研究》,法律出版社 2009 年版,第 27 页。

② 王传丽编著:《补贴与反补贴措施协定条文释义》,湖南科学技术出版社 2006 年版,第 17—18 页。

③ 甘瑛:《国际货物贸易中的补贴与反补贴法律问题研究》,法律出版社 2005 年版,第 150 页。

般不会对 WTO 其他成员的利益造成不利影响。其二,从 1962 年促进劳动力的流向和转移逐渐发展成为一种贸易补偿,美国援助失业工人的目标已经发生重大转变,贸易再调整津贴等措施仅仅发挥了对因进口竞争而失业的工人提供补偿的功效,使其支持贸易自由化,更何况受援助的失业工人往往已经退出生产领域,援助利益不会影响其原来所在产业或未来重新就业的产业的生产成本。因此,贸易再调整津贴等措施是一种劳工市场调整措施,而不是一种产业补贴。

2.《SCM 协定》与企业 TAA 项目

企业 TAA 项目的援助措施包括税收援助、财政援助、技术援助 3 种形式,与工人 TAA 项目相比,企业 TAA 项目的合法性问题显得相对复杂。税收援助和财政援助涉及财政、金融、税收等产业政策措施,从理论上讲,这 2 种形式应该属于可诉性补贴范畴。由于国会早在 1986 年将其取消,对它们是否真正符合《SCM 协定》展开论证已经没有现实意义。因此,企业 TAA 项目的援助措施只剩下技术援助 1 种,在研发补贴已经成为可诉性补贴的背景下,技术援助可能会面临合法性的挑战。① 根据《SCM 协定》第 8 条第 2 款(a)的规定,对公司进行研究活动的援助,或对高等教育机构或研究机构与公司签约进行研究活动的援助已经具有可诉性,同时该款对这些"专向性补贴"的使用条件进行了一定的限制。由于技术援助基本上由 11 个 TAAC 负责实施,每个申请企业的具体情况和援助要求各不相同,因此只有结合个案对特定技术援助措施

---

① 甘瑛:《WTO 补贴与反补贴法律与实践研究》,法律出版社 2009 年版,第 189 页。

展开分析和研究,才能客观、准确的判定该项措施是否真正符合《SCM 协定》的要求。

(二)《农业协定》下农民 TAA 项目的相符性探究

《SCM 协定》不适用于农业和农产品补贴问题,《农业协定》专门针对农业领域的补贴问题做了特殊安排,将补贴分成"出口补贴"和"国内支持"两种类型。[①] WTO 用"国内支持"(domestic support)代替"国内补贴"(domestic subsidies)概念,足以说明对农业领域补贴规制的特殊之处,因此"国内支持"概念成为《农业协定》国内支持纪律的基础和核心。[②]《农业协定》以及 WTO 争端解决专家组至今尚未对"国内支持"的涵义作出明确的界定,学术界对"国内支持"内涵和外延持不同的观点,因此要准确界定这一概念并不容易。一般认为,"国内支持"应当是各成员政府提供给农业生产的、除出口补贴之外的各种财政资助或援助措施。《农业协定》用"综合支持量"(aggregate measurement of support,AMS)计算各成员在农业领域的国内支持力度,并根据可能对贸易产生扭曲作用的程度,将"国内支持"分为"黄箱支持"、"绿箱支持"、"蓝箱支持"三种类型。[③] 其中,"黄箱支持"是指对贸易扭曲作用较大的措施,属于"综合支持量"的计算范围,主要包括价格支持、

---

① 彭岳:《贸易补贴的法律规制》,法律出版社 2007 年版,第 156 页。

② 李晓玲:《WTO 框架下的农业补贴纪律》,法律出版社 2008 年版,第 135页。

③ 单一:《WTO 框架下补贴与反补贴法律制度与实务》,法律出版社 2009 年版,第 376—378 页。

营销贷款、种植面积补贴、牲畜数量补贴、贷款补贴等。① "绿箱支持"是指不会产生贸易扭曲作用或贸易扭曲作用很小的措施,《农业协定》附件 2 在"政府服务计划"中以肯定式清单方式,开列了12 种类型措施。② "蓝箱支持"是指在生产限制计划中对生产者进行的直接付款。③ 在这 3 种类型的"国内支持"中,"黄箱支持"是各成员需要通过谈判削减 AMS 总量的方法逐步减少的措施,属于削减承诺下的"国内支持",而"绿箱支持"和"蓝箱支持"属于允许发达国家使用的"特殊和差别待遇"。④

从一定程度上讲,2002 年农民 TAA 项目的问世改变了美国TAA 项目的性质,是美国推动多哈回合谈判,削减农业领域补贴措施的一种退步。农民 TAA 项目的援助措施主要包括技术支持、现金津贴及再就业培训 3 种。从"黄箱支持"的概念和内容角度看,现金津贴应当属于对贸易具有扭曲作用的措施,曾在 2006 年WTO 对美国贸易政策评审报告中被提及。由于 WTO 对农业补贴政策的法律规制比一般补贴政策宽松很多,特别是《农业协定》未

---

① 甘瑛:《WTO 补贴与反补贴法律与实践研究》,法律出版社 2009 年版,第46 页。

② 12 种类型措施是指一般服务、用于粮食安全目的的公共储备、国内粮食援助、对生产者的直接支付、不挂钩的收入支持、收入保险和收入安全网计划中政府的资金参与、自然灾害救济支付、通过生产者退休计划提供的结构调整援助、通过资源停用计划提供的结构调整援助、通过投资援助提供的结构调整援助、环境计划下的支付与地区援助计划下的支付。

③ 段爱群:《法律较量与政策权衡——WTO 中补贴与反补贴规则的实证分析》,经济科学出版社 2005 年版,第 184 页。

④ 李晓玲:《WTO 框架下的农业补贴纪律》,法律出版社 2008 年版,第 142页。

授权各成员采取反补贴措施,①所以只要没有超出 WTO 中的削减承诺,美国仍然享有使用"黄箱支持"的权利,因为它毕竟不是《农业协定》所禁止使用的"出口补贴"。从推动贸易自由化的历史经验角度看,美国在农业补贴政策方面显示出了高超的技术水平,主要目的在于补偿因农产品贸易自由化而受到不利影响的农民,赢得他们对美国进一步推动自由化的更加广泛的政治支持。

　　总之,WTO 体制下美国 TAA 项目整体上是合法的且可行的,但也要从《SCM 协定》和《农业协定》的角度,分别对工人 TAA 项目、企业 TAA 项目及农民 TAA 项目的援助措施展开具体分析和个案研究才能得出科学的、正确的答案。由于多哈回合没有将结构调整议题纳入谈判范围,在未来几年内 WTO 应该不会就结构调整制定专门规则,所以结构调整与贸易政策命题仍将悬而未决。

---

① 彭岳:《贸易补贴的法律规制》,法律出版社 2007 年版,第 153 页。

第六章 美国贸易调整援助制度对中国的借鉴

自 2001 年加入 WTO 以来,特别自 2006 年进入 WTO 后过渡期之后,中国所处的外部贸易竞争环境已经发生很大的变化。现行的出口导向型贸易政策难以为继,中国出口额世界第一将招致不断增多的贸易摩擦,中国将面临越来越多的贸易壁垒。与此同时,日趋激烈的进口竞争使国内产业安全问题愈加突出,进口贸易自由化使经济损害(产业损害)问题趋于严峻。特别在全球金融危机尚未彻底消除的背景下,国内产业尤其是劳动力密集型等传统优势产业,面临成本持续增长、利润率下滑甚至亏损等严峻形势。贸易摩擦、贸易壁垒及产业损害等问题归根结底都与产业结构不合理、产业竞争力不强密切相关,因此中国促进产业结构调整,提升产业国际竞争力的任务显得尤为重要和紧迫。

自 1979 年中美建交以来,30 年中美经贸合作使两国经济相互依赖不断加深,经贸关系日益深化。破解 20 世纪 30 年代中期以来美国贸易自由化的宪政命题,总结美国的经验和教训,旨在应对 2001 年以来中国贸易自由化面临的各种复杂难题,例如中国推动贸易自由化的路径依赖和制度安排、经济损害和救济制度创新、贸易自由化进程中的产业结构调整和产业国际竞争力提升及中美经贸争端及其解决方法等。其中,自 1962 年创立并发展至今的 TAA 项目已经成为美国各界支持贸易自由化的主要制度安排,对补偿因贸易自由化而受损的输家发挥了重要作用,因此值得中国高度重视。在加快调整经济结构、特别强调产业结构调整的大背景下,制定中国特色 TAA 制度的时机已经成熟。深入研究美国 TAA 制度,学习、借鉴其实践经验和有益做法,对构建中国特色 TAA 制度具有重大的理论价值和现实意义。

一、美国贸易调整援助制度对中国的启示与借鉴

可以预见,共同的经济和不同的政治将成为 21 世纪中美共建"应对共同挑战的伙伴关系"的主要难题,因为 20 世纪 30 年代中期以来美国贸易自由化的政治经济学已经初步验证,"所有经济都是国际的",但"所有政治都是国内的"。著名金融经济学家弗里德里·克米什金曾经指出,由于根植于政治、经济与文化的制度通常是内生的,我们不能简单地在发展中国家套用发达国家现成的制度体系。贸易制度与金融监管制度本质上是一样的,因此中国不能完全套用美国的贸易制度。但是,经济规则往往具有共通性。中国必须认真总结、研究美国在推动贸易自由化进程中的制度建设和创新的经验。

(一)贸易调整援助制度对中国的经验启示

美国以 TAA 项目为中心的制度建设给日益融入经济全球化的中国带来了许多重要的经验启示,值得中国学习、研究的经验主

要有以下 3 个方面：

第一，"1934 年体制"开启的美国贸易自由化强国之路充分说明，中国必须积极参与、推动贸易自由化，才能从贸易大国走向贸易强国。RTAA1934 开启的贸易自由化成为美国走出世界经济危机、走向经济繁荣的起点。从 1934 年至 1962 年，美国推行互惠贸易协定战略，对外贸易使美国经济保持快速增长，特别在战后近 20 年，美国几乎垄断了所有产业的贸易竞争优势。美国从 1962 年开始使用"两手策略"，先后主导了 3 轮多边贸易谈判，有力地推动了全球贸易自由化的发展，同时从贸易自由化过程中获得了巨大收益，从而创造了经济繁荣。从 1934 年至 2010 年，美国经历了 75 年贸易自由化，积累了丰富的经验。然而，中国于 1979 年开展对外贸易，至今才 30 年，而 2001 年加入 WTO 标志着中国正式开启并融入多边贸易自由化的进程，至今也才 10 年。中国无法超越美国贸易自由化的发展阶段，实现跨越式发展。因此，在当下中国出口贸易总量全球第一，贸易摩擦愈演愈烈的背景下，中国必须学习、总结、借鉴美国贸易自由化的经验，积极参与多哈回合谈判，推动自由贸易协定战略，努力踏上建设贸易强国的"快车道"。

第二，"1934 年体制"是美国贸易政策制定体制的重大变革，"四位一体"制度架构成为美国推动贸易自由化的法律保障，而贸易制度的不断创新是美国迈向贸易自由化强国的关键。因此，中国要走贸易强国之路，必须做到与时俱进，走制度创新之路。贸易自由化是一枚硬币的两面，它同时制造了赢家和输家。从国内层面看，由赢家构成的利益集团和由输家组成的利益集团之间开展的宪政博弈成为美国贸易制度改革和创新的推动力。从国际层面看，20 世纪美国与前苏联争霸，特别在 70、80 年代美国分别在与西欧和日本开展的贸易竞争过程中,不断改革和创新贸易制度,大大推动了美国贸易自由化的发展。TAA 制度就是美国改革和创新贸易制度的一个经典范例。几乎所有的美国贸易制度都形成并发展于 20 世纪,具有明显的冷战思维和实用主义色彩。21 世纪中美贸易竞争必然受制于美国在不同时期创设的不同形式的贸易制度,例如美国对华高科技产品出口管制制度、有关中国市场经济地位规则、中国加入 WTO《政府采购协定》、购买美国货条款以及 20 世纪 30 年代中期以来形成的各种贸易救济措施。因此,在经济全球化加速发展的背景下,中国要成为贸易强国,必须牢固树立贸易制度改革和创新的理念,在学习、借鉴美国经验和做法的同时,要敢于并善于在中美贸易竞争中创新贸易制度,特别在当下中美贸易摩擦不断加剧的背景下,我国迫切需要创设新的贸易救济制度,解决进出口贸易中的各种问题。

第三,无论是贸易救济制度(主要指逃避条款或 201 条款)还是 TAA 制度,两者旨在解决因贸易自由化而产生的经济损害或针对结构调整问题而进行的贸易制度设计和创新,均由美国首创并充分体现美国特色。因此,中国必须立足于本国国情,创造性地建立具有中国特色的 TAA 制度,对因贸易自由化而产生的经济损害或结构调整做出积极的制度回应。美国贸易救济体系和 TAA 制度的特色充分体现在其创立、发展、变革与创新是"自下而上"的,是由国内私人或特殊利益集团驱动的。由于美国贸易救济体系的生成具有宪政成因,贸易保护根本无法避免。此外,由于美国TAA 制度对促进产业结构调整的功效并不显著。相比之下,中国贸易救济体系的建立和发展及 TAA 制度的创立在很大程度上是

"自上而下"由政府推动的,是由中国特色社会主义市场经济体制的特殊性决定的。因此,中国与美国在贸易救济、产业结构调整及产业国际竞争力的提升方面存在着根本区别。中国没有美国意义上的贸易政治,因此美国贸易自由化对中国最重要的经验启示是中国应对贸易自由化造成的经济损害的根本出路在于促进产业结构调整,而非加强贸易保护或对贸易自由化提供补偿。简言之,中国创建 TAA 制度的主要目的是为了促进对日益激烈的进口竞争的积极调整,提高产业国际竞争力。特别值得注意的是,中国在借鉴美国 TAA 制度的具体规则时必须根据中国的对外贸易现状,坚持吸收和创新并举的原则,真正做到为我所用。

(二)贸易调整援助制度对中国的规则借鉴

中国要加快制定符合国情的贸易调整援助制度,首要的任务就是学习、借鉴各国应对贸易自由化的共同经验,积极探索进行法律移植并使其本土化的路径和方法。由于发达国家间的政治架构、经济体制与文化背景各不相同,对促进产业结构调整的援助制度设计也存在很大差异,因此加拿大、日本与韩国均创造性地学习、借鉴美国的经验和做法,分别形成了"加拿大模式"、"日本模式"与"韩国模式"。中国未来的 TAA 制度能否成功彰显本国特色,除了紧密结合中国国情之外,主要取决于中国立法者如何借鉴美国 TAA 项目的设计思路、方法与规则,并进行创新。另外,中国尤其应当立足于个案之实践,深入研究美国 TAA 制度在促进衰退产业结构调整和提升产业国际竞争力方面的应然价值、有效性与失败的真正原因,因为从某种意义上讲,美国的失败可以成为中国成功的阶梯。因此,纵观美国 TAA 制度的产生、发展与演变,美国 TAA 制度可资中国借鉴之处主要有以下 3 个方面:

第一,美国在推动贸易自由化进程中,对公平贸易行为与不公平贸易行为分别进行立法,同时对两种行为对国内进口竞争产业造成的损害采取不同的损害标准,这种惯例或立法体例值得中国学习。美国对外贸易中向来存在自由贸易与不公平贸易的二分法传统,所以国会在进行贸易自由化立法时往往区别公平贸易行为与不公平贸易行为。国会对外国产品或服务以低价倾销、政府补贴及侵犯美国知识产权等方式进入美国市场的不公平做法给予重点打击,分别制定反倾销法、反补贴税法与 337 条款,同时针对出口市场中的不公平贸易实践制定了 301 条款。国会分别在几次重要的贸易立法中对这些解决不公平贸易行为的法律进行定期的修订,以适应国际贸易形势发展的现实需要。美国 20 世纪 70—90 年代的贸易政策极力推崇公平贸易理念的做法充分说明了美国对外国开展不公平贸易实践的反对和厌恶。当前中国正在对美国取向电工钢、进口肉鸡及部分汽车产品等开展的"双反调查"实践已经初步说明,美国不公平贸易行为将对中国相关国内产业造成严重损害或严重损害威胁,因此中国应当认真开展调查,同时及时总结当前的《中华人民共和国反倾销条例》(2004 年修订)(以下简称"《反倾销条例》")和《中华人民共和国反补贴条例》(2004 年修订)(以下简称"《反补贴条例》")在实践中存在的问题,以便进一步进行修订和完善。尽管在贸易自由化过程中,有时很难区别公平贸易行为与不公平贸易行为,但两者是客观存在的,而且会对国内进口竞争产业造成损害,并且产生调整的负担。美国对倾销和补贴、因关税减让而产生的进口增加及产生的相应损害分别进行立法,适用不同的损害标准。[①] 这样一种立法体例已经成为美国贸易法的重要特征,它对美国积极有效应对因贸易自由化而产生的经济损害或结构调整问题是非常有利的。

第二,美国 TAA 制度的两条路线("201 路线"和"TAA 路线")设计符合美国推动贸易自由化的客观要求,这种立法模式是科学的、合理的,因此值得中国借鉴。美国解决经济损害的两种主要方法("进口救济"和"调整援助")是在美国推动贸易自由化的实践中产生和发展的,由此演化而成的"201 路线"和"TAA 路线"是国会在寻求贸易保护的替代过程中逐渐演变的。由于因贸易自由化而产生的经济损害或结构调整问题是普遍的、客观存在的,中国在融入全球贸易自由化进程中参考美国的立法体例,采纳中国特色保障措施路线和 TAA 路线的"双轨制"立法模式应当是必要的、合理的。

第三,在美国 TAA 项目种类或形式中,企业或产业 TAA 项目、NAFTA—TAA 项目及农民 TAA 项目的规则设计值得中国借鉴。就企业或产业 TAA 项目而言,资格审查标准、援助内容的总体框架,特别是建立政府与中间服务机构的合作关系,为企业提供各种技术援助、对企业调整建议书实施阶段的跟踪调查,建立监督评估机制等做法值得中国学习。NAFTA—TAA 项目对当前正在实施自由贸易协定战略的中国而言具有重要的现实参考价值。中国需要对农民 TAA 项目的资格审查标准、技术援助、资金援助及

---

① ［美］约翰·H·杰克逊:《世界贸易体制——国际经济关系的法律与政策》,张乃根译,复旦大学出版社 2001 年版,第 200 页。

再就业培训等方面进行动态跟踪研究,及时吸取有用的东西。必须指出的是,由于两国在劳动力市场方面的国情不同,美国工人TAA项目对当前中国的借鉴作用不大。中国应当通过大规模的职业教育和培训,提高产业工人的技能,改变劳动力结构,以适应产业结构调整的现实需要,而不是简单地创立中国特色工人TAA项目。因为劳动密集型产业工人在中国是一个庞大的群体,系中国出口贸易的比较优势之所在,中国无法通过工人TAA项目从根本上提高劳动力素质,促进劳动力结构调整。

总之,中国应当研究、学习美国在积极探索贸易制度设计和创新方面所作出的努力和所取得的成果。在当前中国正在加快转变经济发展方式、努力促进产业结构调整和优化的宏观背景下,加快建立中国特色TAA制度是我国商务主管部门面临的一项重要而紧迫的任务。

二、构建中国特色贸易调整援助制度的必要性与可行性

根据美国建立、完善TAA制度的实践,探索建立中国特色TAA制度应该是一项复杂的工作,需要经历较长时间。由于中国在贸易自由化立法方面缺乏经验,再加上调整经济活动的法律制度本身是非常复杂的,所以在正式进行TAA立法之前,我们必须开展大量的调研工作,探讨制度构建的必要性与可行性。

(一)构建中国特色贸易调整援助制度的必要性

总的来说,无论从理论层面还是从实践层面看,中国至今尚未

针对因贸易自由化而产生的经济损害或结构调整建立有效的法律制度,因此构建中国特色 TAA 制度是完全有必要的,主要是基于以下 3 个方面的原因:

第一,当今主要经济体针对因贸易自由化而产生的结构调整建立了特定的援助制度,所以对正在深入推行自由贸易协定战略、积极融入全球贸易自由化的中国而言,具有中国特色的 TAA 制度是不可或缺的。自 GATT1947 开启多边贸易自由化以来,以美国为代表的发达国家纷纷制定、实施"二反一保"(反倾销、反补贴与保障措施)贸易救济措施,为因进口竞争或生产转移而受到损害的工人、企业或产业提供贸易保护,同时相继建立了 TAA 制度或产业调整援助制度,对受到损害的工人、企业或产业进行的调整提供援助,旨在帮助其恢复、提升国际竞争力,重新参与国际贸易竞争。因此,长期以来政府应当如何援助产业进行结构调整成为发达国家在推动贸易自由化过程中必须关注和解决的核心命题。美国作为全球贸易自由化的倡导者和推动者,建立了贸易政策、产业政策与劳工市场政策互相交叉和结合的"美国模式"。欧盟、加拿大、日本及韩国等主要经济体在与美国开展贸易竞争的过程中,学习、借鉴美国 TAA 制度,构建符合本区域特点或本国国情的 TAA 制度。① 欧盟于 2006 年建立《欧盟全球化调整基金》(European Globalisation Fund,EGF),规定从 2007 年 1 月 1 日至 2013 年 12 月 31 日,为受全球化负面影响而导致的结构调整中的失业工人提供

---

① See United States General Accounting Office,"Considerations for Adjustment Assistance under the 1974 Trade Act: A Summary of Techniques Used in Other Countries",GAO Report to the Congress of the United States,GAO-108368,January 18,1979.

特定的、一次性的援助,形成了主要针对劳工市场政策的"欧盟模式"。"加拿大模式"的显著特点在于鼓励最能与进口产品进行竞争及具有出口拓展潜力的产业,而不是像美国那样主要援助受进口贸易不利影响的产业。20 世纪 50 年代开始,日本制定、实施"贸易立国"战略,成功地将贸易政策与产业政策融合,援助衰退产业的结构调整,提升其国际竞争力,创立了独具匠心的"日本模式"。① 日本产业调整政策的代表性立法主要包括对结构不景气产业进行援助的《特定不景气产业安定临时措施法》《特定产业结构改善临时措施法》及援助衰退产业与转型困难产业的《产业结构转换圆滑临时措施法》。韩国为了推行自由贸易协定战略,制定了配套的法律,形成了独特的"韩国模式",其代表性立法主要包括《根据自由贸易协定制定的农业援助特别法》《根据自由贸易协定制定的关于贸易调整援助的法律》及《〈根据自由贸易协定制定的关于贸易调整援助的法律〉的施行令》等。

第二,入世以来进口贸易自由化引致的国内产业安全问题日益突出,所以中国必须建立有效的制度加以应对。2001 年中国加入 WTO 标志着进口贸易自由化正式提上日程,进口增长对中国第一产业、第二产业与第三产业的发展产生了重要影响。根据商务部产业损害调查局于 2007 年形成的《关于加入世贸组织以来中国产业安全状况的评估报告》和若干个分行业报告的相关内容,中国经济成功应对了入世过渡期的各类挑战,各行业产业安全状况总体得到改善和提高,特别是工业产业结构进一步优化,竞争优

---

① 李明圆:"论日本产业政策与贸易政策的融合",对外经济贸易大学 2005 年博士学位论文。

势明显增强。同时,随着中国加入 WTO 过渡期的结束与开放型经济的进一步发展,中国产业与国际经济的联系更加紧密,面临的进口竞争日趋激烈。[①] 2010 年中国履行 WTO 承诺,进一步下调进口关税,进口竞争对产业安全造成的负面影响将日益突出,钢铁、化工等国内同类行业遭受损害的问题也将凸现;农产品贸易自由化对国内市场的冲击将逐步加大;服务业的进口竞争压力将给国内服务企业或产业的生存发展带来新的挑战,服务业方面的产业安全问题将日趋突出。因此,中国必须学习、借鉴美国 TAA 制度,构建中国特色 TAA 制度,有效应对三大产业正在或将要面临的经济损害或结构调整问题。

第三,现行贸易救济措施对解决经济损害(产业损害)问题产生一定的效果,但中国缺乏一个系统的贸易调整政策以积极应对因贸易自由化而产生的产业结构调整问题。加入 WTO 前后,中国根据 WTO 规则积极构建贸易救济法律体系,同时组建了专门的贸易救济调查机构,依法、公正、合理地实施贸易救济措施,维护了国内公平贸易秩序,对维护产业安全发挥了重要作用。但是,与美国等发达经济体相比,中国运用"二反一保",为进口竞争产业提供救济的频率或次数严重不足,尤其在 2009 年前,反补贴措施和保障措施甚至面临"救济失灵"的困境。值得一提的是,实施反倾销措施使中国涉案产品的进口贸易量在指控对象国和非指控对象国之间发生了"贸易转移"(trade diversion),[②]同时可能会招致

---

① 杨益:"当前我国产业安全面临的压力及其应对措施",载《国际贸易》2008 年第 9 期。

② 鲍晓华:"反倾销措施的贸易救济效果评估",载《经济研究》2007 年第 2 期。

更多的贸易摩擦,从而在一定程度上影响双边贸易关系的健康发展。此外,保障措施本质上是一种消极的"关税调整",对国外进口产品实施保障措施从根本上无助于促进产业结构调整以及提升传统产业或新兴产业的国际竞争力。由于缺乏一个系统的贸易调整政策,至今为止,中国还没有一项行之有效的制度以解决因贸易自由化而产生的结构调整问题。因此,从理论上讲,构建中国特色贸易调整援助制度对促进产业结构的积极调整将发挥重要作用。

(二)构建中国特色贸易调整援助制度的可行性

尽管中国至今尚未制定统一协调的贸易调整政策,但围绕产业损害工作已经初步建立或正在建立相关的配套制度,维护产业安全工作已经取得了重要进展,为构建中国特色贸易调整援助制度奠定了基础。在当前中国正在实施十大工业产业调整与振兴规划、加快转变产业结构调整的宏观背景下,构建中国特色贸易调整援助制度正当时。自2004年商务部《关于做好维护国内产业安全工作的指导意见》发布以来,商务部产业损害调查局作为主管产业损害工作的职能部门,以产业损害为中心,积极地开展了一系列课题研究,做了大量的基础性工作,构建了若干旨在维护产业安全的法律制度:

第一,逐步建立行业产业损害预警机制,构建以行业为导向的中国产业损害预警监测体系。近几年来商务部产业损害调查局一直致力于构建一个覆盖重点敏感商品、重点行业,具有中国特色的产业损害预警监测体系。建设产业损害预警监测体系是一项长期的、艰巨的系统工程。自2005年《关于进一步加强产业损害预警工作的指导意见》出台以来,商务部产业损害调查局联合行业协会,已在汽车、钢铁、化肥、纺织、电子信息、物流、农产品、医药等

10 几个行业建立了产业损害预警机制,监测企业数量已经达到近万家。与此同时,商务部于 2006 年出台《商务部关于进一步加强产业安全数据库扩容工作的指导意见》,将产业安全数据库扩容工程视为维护产业安全的一项基础性、前瞻性、预防性措施,为产业损害预警监测体系建设、实施贸易救济、开展产业国际竞争力调查与评价、联系产业以及充实公共商务信息服务体系提供科学的、完备的数据支撑。因此,建设一个具有产业代表性的、数据准确的高水平数据库对维护产业安全至关重要,当前这一项工作已经取得一定的成效并正在深入、有序地推进之中。

第二,以重点行业产业损害预警机制为依托,积极探索建立中国产业国际竞争力调查与评价制度。商务部产业损害调查局于 2003 年在产业损害预警机制建设的基础上,启动了产业国际竞争力调查与评价工程。至今为止,已经建立了一整套产业安全评估指标体系,并对钢铁、汽车、石化、纺织等 15 个重点行业进行跟踪评估,积极推进产业国际竞争力调查与评价工作,已对 7 个产业开展了竞争力评价,发布了 5 个产业的竞争力调查报告,[①]例如《2008 年中国产业国际竞争力报告》。产业损害调查局加强产业调研,积极开展产业安全评估,定期出台重点产业国际竞争力报告,探索构建中国产业国际竞争力调查与评价制度,为促进产业国际竞争力的提升打下了扎实的基础。

第三,初步建立贸易救济法律体系,认真开展贸易救济调查工作,对保护国内产业发挥了重要作用,同时为保障产业安全积累了

---

① 宋和平:"中国贸易救济法律制度的建立和完善",载《中国经贸导刊》2009 年第 15 期。

一定经验。到目前为止,中国依据 WTO 规则已初步建立以反倾销、反补贴与保障措施条例 3 部行政法规为主体、20 几个部门规章为辅助的贸易救济法律体系,2009 年商务部出台的《关于贸易救济涉案产业规范工作的指导意见》进一步规范并明确了行业中介组织和地方商务主管部门在开展贸易救济过程的地位和作用。因此,中国特色贸易救济法律体系已经初步建立并发挥作用,当然在实践中尚需进一步完善。与此同时,中国根据贸易救济法,已经开展了多项贸易救济调查。12 年的反倾销调查、2009 年对美国取向电工钢、部分汽车及肉鸡产品等提起的"双反合并"调查、2002 年中国对进口钢铁产品发起的保障措施调查①以及中国开始积极利用 WTO 争端解决机制等实践,既救济了受损产业,又为提高运用贸易救济措施的能力和水平、完善贸易救济法律体系积累了经验。除此之外,产业损害调查局对国内产业损害及恢复发展情况开展跟踪调研,对受损产业的救济效果进行评估。

特别值得一提的是,2007 年出台的《商务部关于产业联系机制工作的实施意见》建立了联系产业机制,强化了商务主管部门与产业、企业的联系和互动,有助于加强对产业进行贸易救济法律的宣传、培训与咨询,提高行业、企业维护自身权益的能力以及引导产业开展结构调整,提高国际竞争力。总之,中国商务主管部门在建设产业损害预警监测体系、产业安全数据库扩容工程、产业国际竞争力调查与评价制度以及实施贸易救济措施等方面的开创性工作为构建中国特色贸易调整援助制度打下了扎实的制度基础。

---

① 王琴华主编:《中国钢铁保障措施案回顾与研究》,中国长安出版社 2006 年版,第 6 页。

因此,在当下中美两国经济相互依赖日益加深、贸易摩擦日益加剧的背景下,建立中国特色贸易调整援助制度不仅是非常必要的,而且是切实可行的。

三、创建中国特色贸易调整政策及
贸易调整援助制度的构想

美国贸易自由化的历史经验启示我们,中国要成为贸易强国,必须走制度创新之路,建立真正符合国情的、统一协调的贸易调整政策及 TAA 制度。经济损害和结构调整是一国因推行贸易自由化而产生的两个密切相关的问题,美国、欧盟、加拿大及日本等发达经济体均采取不同方式将贸易政策、产业政策及劳工市场政策等有机结合或协调,制定符合本区域特点或本国国情的贸易调整政策或产业调整政策,同时兼顾贸易救济和结构调整问题。其中,美式贸易调整政策的最大特色在于政策措施或制度的形成和发展是由国内私人或特殊利益集团在特定条件下驱动的。从本质上讲,这种政策措施或制度是政府对贸易自由化过程的一种干预,在美国自由竞争的市场经济体制下,国内私人或特殊利益集团通过由宪政形成的利益诉求机制,[1]要求政府维护其正当权益。但是,在中国特色社会主义市场经济体制下,由于没有类似政策措施或制度生成的"本土资源",[2]中国必须进行"制度建构",[3]即立足于国情,学习、借鉴美国 TAA

---

① 王希:《原则与妥协——美国宪法的精神与实践》(修订本),北京大学出版社 2000 年版,第 3—10 页。
② 苏力:《法治及其本土资源》,中国政法大学出版社 1996 年版,第 4—6 页。
③ 季卫东:《法治秩序的建构》,中国政法大学出版社 1999 年版,第 1—3 页。

制度,走制度创新之路。

事实上自 1994 年以来,中国对外贸易法律制度的创立和发展一直是由政府推动的,这种强制性制度变迁是中国对外贸易法制建设的最大特色。由于中国涉外经贸立法主要由政府推动,我们可以将这种现象称之为"涉外经贸立法中的父爱主义"。这种"法律父爱主义"①的最大特点是中国政府自主对私人参与国际经济过程或活动进行强制立法,而不是由国内私人主动要求并加以推动,其不足之处主要体现在以下 2 个方面:第一,从表面上看这种法律体系的系统性较强,但由于对制度的理论基础,特别是经济学原理研究不够深入,所以在实践中,制度的可操作性不强。2004年全面修订的《对外贸易法》建立了许多新颖的贸易制度,如贸易壁垒调查、幼稚产业促进、服务贸易救济、贸易转移救济、规避贸易救济及与贸易有关的知识产权保护等,②但这些制度并没有被实践验证为行之有效。其中,比较典型的例子就是 2005 年经修订实施的《对外贸易壁垒调查规则》,该规则表明中国正式建立对外贸易壁垒调查制度。但至今为止,除了 2004 年江苏省紫菜协会请求商务部对日本进口限制措施进行贸易壁垒调查案件之外,尚无其他国内企业或行业利用该制度来保障自身的合法权益。由此可见,对外贸易壁垒调查制度在实践中并不奏效。③ 究其原因,主要是该制度为

---

① 孙笑侠、郭春镇:"法律父爱主义在中国的适用",载《中国社会科学》2006年第 1 期。

② 黄东黎、王振民主编:《中华人民共和国对外贸易法:条文精释及国际规则》,法律出版社 2004 年版,第 180—294 页。

③ 温树英、姚俊峰:"WTO 体制下我国贸易壁垒调查制度的有效性分析",载《山西大学学报》(哲学社会科学版)2009 年第 5 期。

国内企业或行业创设了某种贸易权利,而它们对此并不知情,这也是政府推动型或主导型涉外经贸立法的主要缺陷。从法治层面看,可以将该制度的效率缺失归因于制度生成的理论逻辑混乱及制度的性质界定不清等因素,当然这种学理分析已经上升至彼德斯曼的贸易权(主要指出口权)及其宪政原理层面。[1] 第二,涉外经贸立法立足国情不够深入,往往无法满足国内私人利用制度以保障权益的现实需求。因此,到底如何进行贸易自由化立法以及为谁立法这一问题值得国家商务主管部门高度关注和深入研究。

只有反思中国政府推动型涉外经贸立法的实践,认清其存在的主要不足,才能真正建立起行之有效的 TAA 制度。鉴于中国实施自由贸易协定战略及积极参与并推动的贸易自由化事业的前瞻性和复杂性,现行《对外贸易法》作为中国贸易政策的根本立法不足于解决产业结构调整及产业国际竞争力提升的问题。当前正在进行的十大工业产业调整与振兴规划没有将贸易政策与产业政策有机地结合。因此,中国应当紧紧围绕"贸易自由化与产业结构调整及产业国际竞争力提升"命题,在贸易政策与产业政策相结合的基础上进行改革和创新。应当制定一个符合国情的、全面的、统一协调的贸易调整政策,[2]有效应对贸易自由化造成的经济损害(经济混乱),积极促进产业结构调整,加快恢复、提升传统产业或新兴产业

---

　　[1]　陈喜峰:"以基本权利为核心的贸易与人权一元论——评彼德斯曼对贸易与人权关系的理论建构",载《现代法学》2009 年第 2 期。
　　[2]　简单地讲,贸易调整政策就是指针对贸易自由化的产业调整政策。美国分别针对衰退产业的结构调整与新兴产业的结构调整制定了不同的调整政策,而美国 TAA 制度旨在解决前者。中国应当在推动贸易自由化进程中分别针对传统产业与(战略性)新兴产业的结构调整制定科学的调整政策。

的国际竞争力。其中,构建中国特色 TAA 制度应当是重中之重。

(一)制定中国特色贸易调整政策的整体思路

随着中国经济国际化程度不断加深,不能简单地区分国际与国内两个市场、两种资源,统筹国内发展与对外开放已经成为中国政策制定时必须考虑的重要因素。伴随着中国市场准入的逐步实现,国内部分传统产业或新兴产业遭受进口冲击将在所难免,同时出口持续增长在一定程度上加剧了贸易摩擦,特别在当下全球金融危机背景下贸易保护主义愈演愈烈,甚至上升为"贸易战"。因此,无论解决进口贸易自由化造成的经济损害或产业损害问题,还是出口贸易自由化招致的贸易摩擦问题,其根本出路在于不断调整、优化产业结构,恢复、提升产业国际竞争力,其中工人、企业或产业针对贸易自由化开展的积极调整应当是一个贯穿于始终的永恒命题。有鉴于此,构建中国特色贸易调整政策的整体思路应当是:树立在市场开放中不断提升产业国际竞争力的新型"产业安全观",①走自主创新之路,将技术创新与制度创新并举,引导并促进产业结构调整,以提升传统产业或新兴产业的国际竞争力。在制定贸易调整政策过程中,应当统筹出口贸易与进口贸易,加快调整出口贸易结

---

① 中国商务主管部门一直使用"产业安全"的表述,但学界对此存在不同看法。从学理层面看,这个表述本身并不是十分严谨的和科学的。事实上,产业安全归根结底是一国产业国际竞争力的强弱问题。因此,为了提升中国产业的国际竞争力,同时也为了论证的便利及维护国家商务主管部门工作的权威性,本书采纳"产业安全"表述。但是,为了维护产业安全,至于是否需要制定一部统一的《中国产业安全法》值得进一步研究。有关《中国产业安全法》的基本思路和立法体例的详解,参见张勇:"论扩大开放与维护产业安全的协调机制——《中国产业安全法》立法研究",载《国际贸易》2007 年第 8 期。

构与进口贸易结构,尤其应该将贸易调整政策的重心落在预防、救济进口竞争带来的产业损害方面,目标定位放在降低产业调整成本,加快产业调整过程方面。① 特别值得一提的是,商务主管部门应当进一步完善联系机制,让国内重点行业参与政策制定过程,倾听它们的利益诉求,逐步形成政府与行业的互动局面。由此可见,中国特色贸易调整政策的内涵相当丰富。就具体制度而言,应当以构建中国特色 TAA 制度为中心,重构中国现行贸易救济法律体系,同时构建中国特色专向性补贴管理制度,使三者有机协调,共同服务于中国积极推行的多层次贸易自由化战略格局。

1. 重构中国特色贸易救济法律体系

自 1997 年颁布《中华人民共和国反倾销和反补贴条例》至今,中国已经逐步建立了以"二反一保"为主体的贸易救济法律体系。由于该体系是由商务主管部门根据 WTO 规则确立的,不是像美国一样在贸易自由化进程中由国内私人驱动而形成的,所以在实践中产生贸易救济严重不足的问题,同时其有效性备受质疑。因此,为了提高该体系对救济产业损害、恢复或提升产业国际竞争力的功效,需要在深入研究国情的基础上,对该体系进行以下 4 个方面的改革:

首先,应当区分公平贸易与不公平贸易,在未来贸易救济立法中坚持自由贸易与不公平贸易的二分法做法,突出不同救济制度的地位和作用。针对外国产品或服务以低价倾销、政府补贴或侵犯本国知识产权等不公平贸易方式进入中国市场,对中国产业造

---

① 陈雨松:"美国贸易法上的'贸易调整援助'及其对我国的启示",载《世界贸易组织动态与研究》2007 年第 6 期。

成损害或损害威胁以及破坏公平的竞争秩序的做法或实践,商务主管部门应当在实践中不断修改并完善反倾销措施、反补贴措施及知识产权调查与救济措施等加以应对;对中国出口产品在国外遭遇的不公平贸易实践,需要完善对外贸易壁垒调查制度加以解决。与此同时,对公平贸易或正常贸易条件下的产业损害或损害威胁,中国需要进一步完善保障措施,制定相应的促进产业调整的措施加以有效应对。这种二分法的立法体例将有助于增强援助的针对性,缓解调整压力。

其次,制定"贸易救济援助实施办法",建立贸易救济援助制度,提高"二反一保"的使用效率。美国《1984 年贸易与关税法》创立了贸易救济援助制度,并在美国国际贸易委员会设置了贸易救济援助办公室(Trade Remedy Assistance Office, TRAO),旨在为遭受损害的企业或行业申请反倾销、反补贴及保障措施救济提供咨询意见或技术支持,维护其自身的合法权益。因此,美国企业或行业对贸易救济非常了解,经常将其视为与外国同行开展竞争的重要工具。但遗憾的是,至今为止,中国贸易救济理论与实践初步证明,与美欧经济体相比,中国贸易救济已经陷入严重不足的困境。国内企业,特别是中小企业对"二反一保"知之甚少,权利意识淡薄,更谈不上在国际化经营过程中如何有效利用它们,捍卫自身的合法权益。因此,摆脱困境的出路或方法之一就是紧密结合国情,学习、借鉴美国贸易救济援助制度,制定"贸易救济援助实施办法",构建中国特色贸易救济援助制度。除此之外,紧密联系产业,针对中小企业加强贸易救济措施的宣传是必不可少的环节。

第三,深入研究 WTO 体制下中国贸易救济权的基本原理,以诉权理论为基础,构建"二元贸易诉权"机制,将对外贸易壁垒调查制度视为国内私人实现 WTO 争端解决机制下"贸易诉权"的有效方式。从学理层面看,中国贸易救济严重不足的主要原因之一是对 WTO 体制下中国贸易救济权基本理论的研究不够深入,从而导致国内学界对贸易救济划分的歧见及对对外贸易壁垒调查制度定位的误解。① 澄清歧见或误解的主要方法就是引入诉权理论,②创立"二元贸易诉权"机制(即"国家贸易诉权"和"私人贸易诉权"),③将 WTO 争端解决机制下成员诉成员的权利称之为"国家贸易诉权"。由于私人在 WTO 争端解决机制中不具有主体资格,无法实现对成员的诉权,所以各成员必须建立相应的制度中介,为"私人贸易诉权"的实现提供制度保障。因此,不应将中国贸易救济措施分成进口救济与出口救济,并将《对外贸易壁垒调查规则》作为出口救济措施对待,④应将对外贸易壁垒调查制度作为国内私人实现 WTO 争端解决体制下"贸易诉权"的有效方式。⑤ "二元贸易诉权"机制及性质界定应该是合理的、科学的,主要优点在于:第一,有助于发挥对外贸易壁垒调查制度的作用,实现企

---

① 有关对外贸易壁垒调查制度的理论基础、性质界定及实体法和程序法规则等内容的详解,参见陈利强:"中国对外贸易壁垒调查制度研究",浙江大学2004 年硕士学位论文。

② 有关诉权理论及私人诉权和国家诉权的具体讨论,参见徐泉:"WTO 争端解决机制下私人诉权之审视",载《现代法学》2007 年第 3 期。

③ 有关"贸易诉权"及"国家贸易诉权"和"私人贸易诉权"的具体讨论,参见陈利强:"试论 GATT/WTO 协定之私人执行——一个美国法的视角",载《现代法学》2008 年第 4 期。

④ 赵生祥:"论我国贸易救济的范围和制度构建",载《中国法学》2007 年第3 期。

⑤ 徐泉:"WTO 争端解决机制下私人诉权之审视",载《现代法学》2007 年第3 期。

业或行业在《WTO 协定》下的权益,把多边规则直接变成企业或行业的国际竞争力。① 第二,有助于中国政府与国内私人形成互动,积极利用 WTO 争端解决机制维护中国自身的合法权益。②

最后,改革保障措施制度,将要求提交强制性产业调整计划作为获得进口救济的前提条件,促进受损产业对进口竞争的积极调整。就如本书前面所述,WTO《保障措施协定》至今尚未要求各成员在实施保障措施时要求申请者提交强制性产业调整计划,而将此问题留给各成员国内法或域内法解决。纵观美国逃避条款或201 条款的发展和变迁,现代保障措施的发展趋势已从单纯的进口救济走向进口救济与提升产业国际竞争力并举,旨在驱使企业或产业通过调整提高自身竞争力。《中华人民共和国保障措施条例》(以下简称"《保障措施条例》")没有将"促进产业结构调整"作为立法目的之一,因此并不要求提交强制性产业调整计划。在当前中国加快产业结构调整的大背景下,有必要改革现行保障措施制度,要求将产业结构调整作为采取保障措施的书面申请的内容之一,规定企业或行业在提出救济申请的同时,或至少应要求它们在提出实施保障措施的申请后的特定时间内提交产业调整计划。此外,应当增加救济后的监督规则,重视产业调整的实际效果。如果企业或行业在获得相应的保障措施救济后未进行积极的

----

① 傅东辉:"选择正确的贸易救济政策是对产业竞争力的基本保障",载《国际贸易》2007 年第 3 期。

② 杨益:"积极利用 WTO 争端解决机制维护合法权益",载《国际贸易》2009年第 10 期。

自我调整以适应新的进口竞争,应修正或取消所给予的救济。[1]
这种改革的目的在于充分实现保障措施的目标和功能,在强调贸易保护的同时,推动产业开展结构调整,提升国际竞争力。

2. 构建中国特色专向性补贴管理制度

从 2006 年对中国铜版纸提起"双反合并"调查至今,美国对中国出口产品发起的反补贴调查案件已高达 20 多起,特别在 2008 年全球金融危机爆发并不断蔓延的背景下,美国商务部对中国出口产品提起的"双反合并"调查案件几乎接踵而至。美国双管齐下,积极实施经典的"双轨制反补贴机制"或"双轨制反补贴措施",[2]灵活使用"国际反补贴措施"与"国内反补贴措施"两种程序,矛头直指中国的补贴政策,对中国的专向性补贴形成了高压态势。[3] 在反补贴调查实践中,美国商务部在对专向性补贴认定、"双重征税"及"非市场经济地位"判定等方面涉嫌违反 WTO 规则,[4]因此中国政府先后两次将美国商务部的"不当行为"诉至 WTO 争端解决机制。可以预见,随着中美经贸关系的日益深化,

---

[1]　陈立虎、杨向东:"中国保障措施立法及其发展趋向",载《时代法学》2006 年第 2 期。

[2]　有关美国对中国实施"双轨制反补贴措施"理论与实践的具体讨论,参见陈利强:"WTO 协定下美国贸易权利论——以美国对中国实施'双轨制反补贴措施'为视角",载《法律科学》2008 年第 2 期。有关美国对中国实施"双轨制反补贴措施"的最新动态的分析,参见陈利强、屠新泉:"美国对华实施'双轨制反补贴措施'问题研究",载《国际贸易问题》2010 年第 2 期。

[3]　有关补贴专向性、3 种法定补贴类型及专向性补贴的具体探讨,参见陈利强:"《补贴与反补贴措施协定》之专向性问题初探",载《西北大学学报》(哲学社会科学版)2008 年第 3 期。

[4]　徐泉:"美国反补贴法适用探析——以对'非市场经济国家'的适用为考察对象",载《法商研究》2008 年第 1 期。

美国对中国出口产品实施"双反合并"调查的案件会进一步增加。因此,除了不断完善"四体联动"(政府、行业组织、企业与中介机构)贸易摩擦应对机制之外,中国应当将贸易政策与产业政策战略性结合,灵活、有效、合法地使用补贴政策及措施。为此,有必要制定"专向性补贴管理条例"(以下简称"条例"),建立一项管理专向性补贴的制度。该"条例"的优势在于:第一,规范国内各级政府使用补贴的行为,摆脱当前补贴形式各异、层出不穷的无序格局;第二,从一定程度上缓解贸易摩擦,提高专向性补贴的使用效率,从而真正发挥促进产业结构调整的作用;第三,在 WTO《SCM 协定》第 8 条规定的部分专向性补贴已经成为可诉性补贴的背景下,该"条例"将有助于为未来中国 TAA 项目的援助措施提供制度支撑,避免可能引起的反补贴争端。

(二)建立中国特色贸易调整援助制度的主要设想

重构中国特色贸易救济法律体系是为了将 TAA 制度与贸易救济制度进行深入比较研究,探索建立两者的联动机制。构建中国特色专向性补贴管理制度可以确保 WTO 体制下未来中国 TAA 项目的合法性以及促进产业结构调整的有效性。两者的共同目的是在一个统一协调的、科学的贸易调整政策框架下,最大程度地促使中国特色 TAA 制度发挥应有的作用和功效,最后形成这样一个互动格局:即三者既各司其职,又相互配合,共同应对贸易自由化造成的经济损害(产业损害)与结构调整,重拾、提升产业国际竞争力。其中,构建一项行之有效的 TAA 制度显得至关重要。由于构建中国特色 TAA 制度本身就是一项复杂的系统工程,并且又是一项政府推动型或主导型涉外经贸立法工程,所以商务主管部门必须在全国范围内开展深入、广泛、持久的产业结构与产业国际竞争力调研,将制度构建尽可能地立足于中国国情。只有在具备统一协调的、科学的贸易调整政策(至少国家相关职能部门要对这一政策形成共识)以及扎实的产业国情调研(至少国家商务主管部门要分行业、分地区进行调研)的基础之上,中国特色 TAA 制度才有可能富有生命力,而不至于重蹈《对外贸易壁垒调查规则》的覆辙,陷入“涉外经贸立法中的父爱主义”的轮回之中。有鉴于此,应当根据中国推动贸易自由化的进程,逐步推进 TAA 立法工程。从 1962 年创立至今,美国 TAA 制度已经历经近 50 年的变迁,因此构建中国特色 TAA 制度不可能一蹴而就,但首先必须对该制度的几个基础性、根本性的问题进行深入研究,开展立法论证和规划,提出制度设计的主要设想。

1. 立法定位

中国特色 TAA 制度的立法定位其实就是法律位阶问题,是制度制定者首先要研究的内容。当前中国特色贸易救济法律体系是以 2004 年全面修订的《对外贸易法》为统领,以《反倾销条例》、《反补贴条例》与《保障措施条例》3 部行政法规为基础的。[①] 因此,应当将法律位阶确定为国务院行政法规层面,与 3 部条例并列,共同置于《对外贸易法》的框架之下,名称可以暂定为“中华人民共和国贸易调整援助条例”(以下简称“贸易调整援助条例”)。采取这种立法定位主要是基于以下 3 个理由:其一,《对外贸易法》是中国开展对外贸易的主要依据,是全国人民代表大会常务

---

① 宋和平:“中国贸易救济法律制度的建立和完善”,载《中国经贸导刊》2009 年第 15 期。

委员会通过的法律,在对外贸易领域一直享有根本法地位,①因此将"贸易调整援助条例"放在以《对外贸易法》为主体的对外贸易法律体系下应该是妥当的、合理的。当然,将"贸易调整援助条例"与《反倾销条例》等放在同一法律位阶并不等于将 TAA 制度简单地视为贸易救济的延伸或拓展。其二,《对外贸易法》为构建 TAA 制度提供了直接的法律依据,其第 44 条规定"因进口产品数量大量增加,对生成同类产品或者与其直接竞争的产品的国内产业造成严重损害或者严重损害威胁的,国家可以采取必要的保障措施,消除或者减轻这种损害或者损害的威胁,并可以对该产业提供必要的支持。"其中,"并可以对该产业提供必要的支持"这一条文已经为中国进行 TAA 立法预留了空间。其三,中国开展贸易调整援助立法需要国家发展与改革委员会、商务部、农业部及财政部等国务院相关职能部门配合和协调,因此仅凭商务部制定类似《对外贸易壁垒调查规则》的部门规章无法完成构建中国特色 TAA 制度这一重任。当然,由商务部作为主管机构负责制度的实施或执行既是必需的,又是可行的。

2. 立法目标

根据贸易自由化的基本原理,推动传统产业的结构调整及发展新兴或幼稚产业是我国在融入经济全球化进程中面临的两个重要课题,也是外向型经济发展和产业结构调整中必然要解决的问题。② 在当前国家正在加快推动产业结构调整、提升产业国际竞

---

① 沈四宝、王秉乾编著:《中国对外贸易法》,法律出版社 2006 年版,第 1—3 页。

② 韩凤朝:"衰退产业调整:政府应如何发挥作用——国际经验及其启示",载《生产力研究》2005 年第 2 期。

争力的宏观背景下,应当将立法目标定位在"促进针对贸易自由化,特别是进口贸易自由化的产业结构调整,提升传统产业或新兴产业的国际竞争力"层面。这个立法目标应当是无可争议的,与美国 TAA 制度相比,中国特色 TAA 制度旨在应对进口竞争带来的产业结构调整以及如何促使受损产业降低调整成本、加快调整过程,从而尽快提升国际竞争力。至于因进口增加而产生的经济损害(产业损害),商务主管部门可以提供贸易救济,以帮助受损产业恢复其国际竞争力。因此,针对受损产业的国际竞争力问题,中国特色贸易救济制度与中国特色 TAA 制度的立法目标应当有所不同,前者重在"恢复",而后者不仅旨在"恢复",更旨在"提升"。

3. 基本原则

中国"贸易调整援助条例"至少应当遵循以下 3 项基本原则:第一,国家利益原则。中国特色 TAA 制度设计的主要目的是在进一步的市场开放过程中,恢复、提升可能受损的传统产业或新兴产业的国际竞争力,维护国家整体利益或贸易利益。这项原则必须首先坚持并贯穿整个立法和执法的全过程。第二,经济效率原则。中国特色 TAA 制度旨在引导国内资源流向,促进产业有效、充分地利用资源,加快技术创新,调整劳动力、产品等结构,切实提高经济效率。为此,政府需要与企业或产业分摊调整成本,才能调动企业或产业开展结构调整的积极性和主动性。政府只对企业或产业自主进行的调整提供一定程度的、必要的援助,帮助其降低调整成本,加快调整过程。如果政府应当承担全部调整成本,那么援助将可能是效率低下或无效率的,甚至变成对落后企业或产业的一种补偿。第三,WTO 合法性原则。中国特色 TAA 项目的援助措施设计应当符合 WTO 规则,特别要符合《SCM 协定》关于专项性补贴的要求,否则中国将来可能会招致越来越多的反补贴争端,最终会削弱 TAA 制度的有效性,甚至使该制度陷入瘫痪状态。

4. 立法模式

中国特色 TAA 制度的立法模式主要包括援助对象、援助条件、援助方式及运作机制等内容。

(1)援助对象与项目类型

根据中国推动贸易自由化的进程及国内产业安全工作的具体实践,应当主要考虑为因进口贸易自由化而给国内重点行业造成损害或损害威胁的企业和农民建立援助项目,帮助其开展产业结构调整。为此,可以先行建立企业和产业 TAA 项目及农民 TAA 项目。具体而言,这种立法安排主要考虑以下 4 个方面因素:第一,将国内产业受到损害的原因主要归结为贸易自由化或进口贸易自由化造成的进口增加或进口竞争加剧,而不考虑生产转移因素。对当前中国而言,生产转移至海外的发展情势毕竟不是主流,所以考虑此因素为时过早。第二,TAA 项目的受益者主要是从事货物贸易的生产者,即制造业的生产商,暂时不考虑从事服务贸易的生产者或服务业的生产商,因为中国进口竞争最激烈的重点行业是制造业,而不是服务业。有关服务行业竞争力及出口贸易问题,可以通过制定"服务贸易促进条例"加以解决。第三,暂缓制定工人 TAA 项目,因为该项目无法从根本上促进劳动力结构调整。对从事制造业的工人,中国应当加强职业教育和就业培训,使其适应产业结构调整或产业转型升级的要求。当然,从事农产品制造业的农民,根据国情可以将其作为"特殊工人"对待。第四,中国已经建立相关维护产业安全的制度,如针对 10 多个重点行业的产业损害预警机制、产业安全数据库扩容工程、产业国际竞争力调查与评价以及贸易救济及其跟踪评估等。与此同时,中国已经初步建立并正在完善"一体两翼"的维护产业安全的工作机制和联系产业机制。所有这些制度和机制均为建立中国特色企业和产业 TAA 项目及农民 TAA 项目提供了制度参考和技术支撑。此外,根据中国推行自由贸易协定战略的进程和实践,需要深入研究、探讨制定自由贸易协定 TAA 项目的必要性和可行性。

(2)援助条件与路线设计

TAA 项目的援助条件是指请求者获得援助资格的审查标准,中国在这方面必须吸取美国早期的经验教训,应当适当低于目前保障措施的"严重损害或严重损害威胁"标准。至于是否应当与现行反倾销和反补贴措施的损害标准保持一致,甚至低于这一标准需要深入研究,因为采纳何种损害标准与 TAA 项目的路线设计密切相关。从总体上讲,中国可以借鉴美国"两条路线及三个项目"的设计思路,制定中国特色的"两条路线及两个项目",即附属的 TAA 项目路线(间接路线)与独立的 TAA 项目路线(直接路线)。根据上文的立法论证和分析,可以先行对企业和产业 TAA 与农民 TAA 两个项目进行安排,但两条路线,特别是间接路线应当如何进行设计? 是采取附属于"二反一保"的 TAA 项目路线方案还是附属于保障措施的 TAA 项目路线方案? 这一问题还需要进一步研究和论证。美国实施的是后一种方案,但采取前一种方案可能更加符合中国国情,同时迎合制定统一协调的、科学的贸易调整政策的现实需要。这种做法主要有以下 2 个优点:第一,要求提交强制性产业调整计划的改革有助于独立发挥保障措施对促进产业结构调整的积极作用;第二,有助于增强反倾销和反补贴措施对恢复、提升产业国际竞争力的效果。但值得注意的是,如果请求者是通过保障措施获得 TAA 项目的,那规定"必须"进行产业结构调整,但若通过反倾销或反补贴措施获得 TAA 项目的,则规定"可以"进行产业结构调整。这种制度设计主要是考虑到低价倾销或政府补贴等不公平贸易行为与正常条件下的公平贸易行为的性质是有区别的,尽管两者都会对中国国内产业造成损害或损害威胁,从而产生调整的必要性问题。

(3)援助方式与运作机制

无论企业和产业 TAA 项目还是农民 TAA 项目,两者的援助方式或措施都应当以技术援助为主,尽量不用直接的财政援助。这样一方面可以经受外国对中国 TAA 项目的 WTO 合法性挑战,另一方面顺应国家加快推进传统产业技术改造、加快发展战略性新兴产业、全面提升产业技术水平和国际竞争力的要求,走中国特色科技创新的产业发展道路。有关 TAA 项目援助措施的实施问题,可以借鉴美国的做法,建立这样一个运作机制:即由商务部的相关职能部门负责审查、批准援助资格,然后由在全国分地区建立的若干 TAAC 中心或者由省级商务主管部门负责实施援助措施。当然,作为 TAA 项目的配套措施,中国还必须制定有关 TAAC 遴选、信息管理和监督、技术援助跟踪监控及司法审查等一系列制度或机制。唯有如此,未来中国特色 TAA 项目才能真正在实践中不断成长,实现立法目标,发挥应有的作用。

附录:

第二分章　对进口竞争产生损害的救济 *(译)

Subchapter II Relief from Injury Caused by Import Competition

(《美国法典》原文略)

目　录

---

　* 本部分译文承蒙人民出版社茅友生先生整体翻译,对此深表感谢。出版前由笔者统稿。译文从《美国法典》第 19 编第 12 章之《1974 年贸易法》的第二分章译出,因法条数量庞大,笔者根据本书的现实需要进行了适当的去留。部分表达参考了韩立余教授的《美国贸易法》,在此谨表谢意。

正 文
第一部分　对进口损害产业的积极调整

第 2251 节　促进对进口竞争积极调整的措施

（a）总统措施

如果国际贸易委员会（以下称"委员会"）依第 2252（b）裁定，某物品正以如此增加的数量进口美国，以致成为对生产与进口物品相同或直接竞争物品的国内产业造成严重损害或严重损害威胁的重大原因，在其权限内，总统应根据本部分采取适当可行的、其认为会促进国内产业对进口竞争进行积极调整努力、提供比成本更大的经济和社会利益的措施。

（b）对进口竞争的积极调整

（1）为本部分之目的，当

（A）（i）依第 2254 节采取的措施终止后，国内产业能够成功地与进口竞争，或

（ii）国内产业经历了向其他产业的有序资源转移；并且

（B）产业中未安置的工人经历了向生产业的有序转移，

对进口竞争的积极调整发生。

（2）即使国内产业与据第 2252（b）调查开始时的产业的规模和构成不同，该国内产业也可视为对进口竞争进行了积极的调整。

第 2252 节　委员会的调查、裁定和建议

（a）申请和调整计划

（1）为促进国内产业对进口竞争进行积极调整的目的，要求

本部分措施的申请,可由代表产业的实体,包括贸易协会、企业、注册或公认的工会或工人团体,向委员会提出。

(2)据(1)的申请

(A)应说明寻求措施的具体目的,促进向其他更有效的生产业的有序资源转移、促进竞争或对新竞争条件调整的其他方法;且

(B)(i)除(d)(1)(C)(i)的限制外,可依(d)(1)要求临时救济;或

(ii)据(d)(2)要求临时救济。

(3)据(1)提出申请时,委员会应立即向将申请副本转交美国贸易代表办公室和直接涉及的其他联邦机构。

(4)据(1)的申请人可在申请的同时或申请后120天内,向委员会和美国贸易代表提交促进对进口竞争积极调整的计划。

(5)(A)在据(4)提交调整计划之前,申请人和(1)所指的希望参加的其他实体,可与美国贸易代表、贸易代表视为合适的联邦机构官员和雇员进行协商,对可能与采取的具体措施有关的计划中包括的建议的充分性进行评估。

(B)据(A)协商的申请必须向贸易代表提出。在收到该申请后,贸易代表应与该申请人协商,并提供可行帮助(如获得其他参加人),包括在《联邦纪事》上公布适当通知。除非贸易代表或其指定人出席,不得举行(A)的协商。

(6)(A)在据(b)的调查过程中,委员会应寻求产业中企业和工人对进口竞争进行积极调整所采取的措施、计划采取的措施或二者的信息(在保密的基础上、适当的限度内)。

(B)不管申请人是否据(4)提交了调整计划,如果委员会据(b)做出肯定性裁决,则

(ⅰ)国内产业中的任何企业；

(ⅱ)国内产业中注册或公认的工人团体；

(ⅲ)当地社区；

(ⅳ)代表国内产业的贸易协会；或

(ⅴ)任何其他人或其团体

可以单独地向委员会提交这些人和实体意在采取的、促进对进口竞争积极调整的措施的承诺。

(7)(5)和(6)不得解释为提供反托拉斯法的救济。

(8)对于委员会在依据本部分和《北美自由贸易协定执行法》第三章第一部分调查中收到的信息，适用1332(g)规定的发布保密商业信息的有关程序。委员会可以要求提供保密商业信息的各方，提供非保密的概要，如果当事人表明所提交信息不能概括，则提供不能概括的原因。如果委员会发现保密的要求没有根据，并且如果某一方既不愿公布信息，也不愿授权以概要的形式披露，委员会可以无视这一提交。

(b)委员会的调查和裁定

(1)(A)一旦据(a)提交申请、总统或贸易代表要求、众议院筹款委员会或参议院财政委员会决议，或自主发起，委员会应立即进行调查，以确定某物品是否正以如此增加的数量进口，以致成为对生产与进口物品相同或直接竞争的物品的国内产业造成严重损害或严重损害威胁的重大原因。

(B)为本节之目的，"重大原因"一词指重要但不小于任何其他原因的原因。

(2)(A)除(B)段规定外，委员会应在提交申请、收到要求或决议或自主动议后120天内，据(1)做出裁定，如果申请声称有关键情形存在，则应在 180 天内做出裁定。

（B）如果据（a）（1）提交申请后 100 天内，委员会裁定该案不寻常的复杂，委员会应在（A）所指日期后 150 天内（如果申请声称有关键情形存在，则应在 210 天内），据（1）做出裁定。

（3）委员会应在《联邦纪事》上公布开始程序的通知，并在之后的合理时间内举行公开听证会，向利害关系方和消费者提供机会，出席听证、提供证据、就调整计划发表意见、对其他方和消费者的陈述作出反应，并陈述自己的意见。

（c）裁定中使用的因素

（1）在做出裁定时，委员会应考虑所有有关经济因素，包括但不限于

（A）对于严重损害

（i）国内产业生产设施的重大闲置；

（ii）相当数量的企业不能在合理的利润水平上进行国内生产运营；

（iii）国内产业内的大量失业或不充分就业。

（B）对于严重损害威胁

（i）销售或市场份额的下降，较高和不断增加的库存（无论是国内生产商、进口商、批发商或零售商维持），国内产业中生产、利润、工资、生产率或就业的下降趋势（或不充分就业的增加）；

（ii）国内产业的厂商不能筹集充足资本、对国内工厂和设备的现代化提供财政支持的程度，或不能维持现有水平的科研与开发支出的程度；

（iii）由于向第三国出口限制或第三国进口限制的原因，美国市场成为相关产品出口转移中心的程度；及

(C)对于重大原因,进口增加(无论是实际的或相对于国内生产)和国内生产商供应的国内市场比例的下降。

(2)在据(b)做出裁定时,委员会应

(A)针对商业周期,考虑国内产业的条件,但不能将与减让或美国经济下降有关的需求下降的原因,集中为严重损害或严重损害威胁的单个原因;

(B)检查除进口之外的可能对国内产业造成严重损害或严重损害威胁的因素。

委员会提交给总统的报告中应包括检查结果。

(3)要求委员会根据(1)(A)和(B)考虑的因素的存在与否,对确定某物品是否正以如此增加的数量进口,以致成为对生产与进口物品相同或直接竞争的物品的国内产业造成严重损害或严重损害威胁的重大原因,并不必然有决定性。

(4)为(b)之目的,在确定生产与进口产品相同或直接竞争产品的国内产业时,委员会

(A)根据现有信息,在国内生产商也从事进口时,应视其国内生产的部分为该国内产业的部分;

(B)在国内生产商生产多种产品时,可视生产商生产相同或直接竞争产品的部分为该国内产业的部分;且

(C)在美国某一主要地理区域内存在一个或多个生产商相同或直接竞争的产品,且其在该区域内的生产设施构成了美国生产的相当大的部分、并主要服务该区域市场,进口主要集中于该区域,则可视该区域内的生产部分为该国内产业。

(5)在任何程序中,委员会应调查其判断可能促成调查产品进口增加的任何因素。调查过程中,当委员会有理由相信增加的

进口可部分归于《1930 年关税法》第七编第一、第二部分或第 337 节、或其他法律的救济规定的范围时,委员会应立即通知适当机构,以便可以采取该法律规定另外授权的措施。

（6）为本节之目的

（A）（i）"国内产业"一词就产品来说,是指相同产品或直接竞争产品的总生产商,或相同产品或直接竞争产品的集体生产构成该产品的整个国内生产的主要部分的生产商。

（ii）国内产业,包括位于美国所属的海岛占据地的生产商。

（B）生产设施的大量闲置,包括工厂的关闭或生产能力的未全部使用。

（C）严重损害,指国内产业状况的相当大的总的损害。

（D）严重损害威胁,指明显迫近的严重损害。

（d）临时救济

（1）（A）对与生产与进口的易腐农产品或柑橘产品相同或直接竞争的易腐农产品或柑橘产品的国内产业,其代表实体,可向贸易代表要求据（B）监督该产品的进口。在收到该要求 21 天内,贸易代表应决定是否

（i）进口产品是易腐农产品或柑橘产品;

（ii）合理表明该产品正以如此增加的数量进口,以致成为该国内产业造成严重损害或严重损害威胁的重大原因。

（B）如果（A）（i）和（ii）的裁定是肯定裁定,贸易代表应据 1332（g）要求委员会对有关进口进行不超过两年的监督和调查。监督和调查可包括加快（b）调查的信息搜集和分析。

（C）如果据（a）提交的申请声称

（i）易腐农产品或柑橘产品的进口造成损害,在申请日,委员

会据(B)对该进口产品的监督已超过90天,并且

(ⅱ)要求对该进口提供临时救济,

则委员会应在不晚于提交申请日后21天,根据现有信息,裁定增加的易腐农产品或柑橘产品的进口,是否是对生产与进口物品相同或直接竞争的物品的国内产业造成严重损害或严重损害威胁的重大原因,是否

(Ⅰ)由于相同或直接竞争农产品的易腐性,严重损害可能难于补救;或

(Ⅱ)不可能通过(b)的调查和第2253节的措施及时阻止严重损害。

(D)经委员会要求,农业部长应立即向委员会提供农业部可能有的、据本小节做出裁定和结论的有关信息。

(E)当委员会根据(C)做出初步肯定裁定时,委员会应得出阻止或救济严重损害所必要的临时救济的数额或程度。在执行该小段时,如果对进口提高或实施关税这种救济形式可行,并能阻止或救济严重损害,委员会应优先采取这种形式。

(F)委员会应立即向总统报告其据(C)做出的裁定,并且如果是肯定裁定,并报告据(E)得出的结果。

(G)在收到委员会据(F)有关肯定裁决的报告后7日内,总统如果认为临时救济有根据,并在考虑了委员会的(E)的结论后,应公告其视为阻止或救济严重损害所必要的临时救济措施。

(2)(A)据(a)提交的申请声称存在关键情况,并要求对申请中指定产品的进口提供临时救济,委员会应在收到包含该要求的申请后60天内,根据现有信息,裁定

(ⅰ)是否有明确的证据表明,增加的进口(实际的或相对于国

内生产)是对生产相同产品或直接竞争产品的国内产业造成严重损害或严重损害威胁的重大原因;且

(ⅱ)迟延采取措施是否会引起对产业的不能补救的损害。

(B)如果据(A)(ⅰ)和(ⅱ)的裁定是肯定的,委员会应得出防止或补救严重损害所必要的临时救济的数额或程度。在执行该条款时,如果对进口提高或实施关税这种救济形式可行,并能阻止或补救严重损害,委员会应优先考虑这种形式。

(C)委员会应立即向总统报告其据(A)(ⅰ)和(ⅱ)做出的裁定,如果裁定时肯定的,应报告据(B)得出的结果。

(D)在收到委员会据(C)的包括据(A)(ⅰ)和(ⅱ)肯定裁决的报告后30天内,总统如果认为临时救济有根据,在考虑了委员会的(B)的结论后,应宣布其视为阻止或救济严重损害所必要的临时救济措施,该措施期限不超过200天。如果增加或实施关税这种救济形式是可行的,且能防止或补救严重损害,这种救济应采取增加或实施关税的形式。

(3)如果据(1)(G)或(2)(D)公告的临时救济采取提高或实施关税的形式,对在裁定日或之后入关或从保税仓库提取用于消费的、受(1)(C)或(2)(A)肯定裁决约束的进口产品,总统应命令中止清关。

(4)(A)对进口产品实旋的临时救济,在下列日期终止

(ⅰ)如果据(1)(G)或(2)(D)公告救济,委员会就该进口的损害或损害威胁做出否定裁决日;

(ⅱ)2253(a)(3)(A)或(C)规定的措施据第2253节对该产品生效日;

(ⅲ)总统对该产品不采取2253(a)的措施的决定生效日;或

(iv)由于情形的变化总统决定该救济不再有根据时。

(B)就进口产品据(3)命令的中止清关在临时救济据(A)终止日时终止。

(C)如果据2253节宣告增加或实施的关税不同于据本节宣告增加或实施的关税,据(3)中止清关的产品的进入应按较低的关税税率清关。

(D)如果增加或实施关税的临时救济,据本节宣告,而不是据第2253节宣告,据(3)中止清关的产品入关可以临时救济前的关税税率清关。

(5)为本节之目的,

(A)"柑橘产品"是指任何加工的柑橘或葡萄柚,或任何柑橘汁或葡萄柚汁,包括浓缩汁。

(B)"易腐农产品"为任何农产品,包括牲畜,贸易代表在考虑了下列因素后认为本节的措施对它们是适当的:

(i)该产品是否有

(Ⅰ)短期的货架寿命,

(Ⅱ)短期的生长期,或

(Ⅲ)短期的销售期;

(ii)根据其他联邦法或规则,该产品是否被视为易腐产品;和

(iii)贸易代表视为适当的其他因素。

上述要求贸易代表考虑的任何因素的存在与否,对确定产品是否是易腐农产品不必然有决定性。

(C)"临时措施"一词是指

(i)关税的增加或实施

(ii)对向美国进口产品的数量限制的任何修改或实施;或

（iii）上述（i）和（ii）的结合。

（e）委员会的建议

（1）如果委员会据本节（b）（1）做出肯定裁决,委员会应提出建议措施,解决对国内产业严重损害或威胁、最有效地促进国内产业对进口竞争进行积极调整。

（2）委员会据（1）有权建议

（A）对进口产品提高或实施关税；

（B）对产品的关税配额；

（C）对进口美国产品的数量限制的修改或实施；

（D）一种或多种调整措施,包括本章第二部分的贸易调整援助的提供；或

（E）上述几种措施的结合。

（3）委员会应具体明确据（1）建议的措施类型、数额和期限。2253（e）规定的限制适用于委员会建议的措施。

（4）除（1）建议外,委员会也可以建议总统

（A）发起国际谈判,解决进口增加或减轻损害或威胁的基础原因；或

（B）实施可能促进对进口竞争积极调整的法律授权的其他措施。

（5）为做出建议之目的,委员会应

（A）在发出合理通知后,举行公开听证会,向所有利害关系方提供机会,提供证言、证据；并

（B）考虑

（i）（2）（A）、（B）和（C）规定的防止或救济损害或威胁措施的形式和数额；

(ii)据(a)(4)提交的调整计划的目标和措施;

(iii)据(a)(6)提交给委员会的单独承诺;

(iv)国内和世界市场竞争条件及措施实施期限内影响这些条件的可能发展的现有有关信息;和

(v)国际谈判对解决损害、威胁或促进调整是否有建设性。

(6)委员会中只有同意据(b)的肯定裁决的成员才有资格对(1)或(3)的建议投票。不同意肯定裁决的成员,可在(f)要求的报告中,就据第2253节采取什么措施提交单独的意见。

(f)委员会报告

(1)委员会应就据(b)进行的每次调查向总统提交报告。报告应尽可能早地提交,但不得晚于申请提交、收到要求或通过决议后180天(如申请声称有关键情况,不晚于240天)。

(2)委员会应在(1)要求的报告中包括下列内容:

(A)据(b)做出的裁定及对裁定根据的解释;

(B)如果(b)的裁定是肯定的,据(e)的措施建议和对建议根据的解释;

(C)委员会成员有关(A)和(B)裁定和建议的不同意见或单独意见;

(D)(c)(2)报告中应包括的结果;

(E)据2251(b)(4)提交的调整计划副本(如果已提交);

(F)委员会收到的、国内产业企业和工人正在采取的或计划采取的、促进对进口竞争积极调整步骤的承诺和信息;

(G)对下列情况的描述

(i)实施(e)建议的措施对申请的国内产业、对其他国内产业和对消费者可能产生的短期和长期效果;

（ii）不采取建议的措施对提出申请的国内产业、工人和该产业的生产设施所在的社区及其他国内产业的短期和长期效果。

（3）委员会在据（1）向总统提交报告后，应立即将其公布（（a）（6）（B）规定的保密信息和委员会认为保密的信息除外），并在《联邦纪事》上公布其概要。

（g）对调整援助申请的加速审议

如果委员会据（b）（1）做出肯定裁决，委员会应立即通知劳工部长和商务部长。在收到该通知后

（1）劳工部长应加速审议国内产业工人要求证明其适合申请第二部分的调整援助的申请；且

（2）商务部长应加速审议国内产业企业要求证明其适合申请第三部分的调整援助的申请。

（h）调查的限制

（1）处委员会裁定存在良好原因外，对本部分以前调查的同一对象，不得据本节进行调查，但委员会向总统报告以前的调查结果超过一年除外。

（2）对2253（a）（3）（A）、（B）、（C）或（E）措施的对象，不得进行新的调查，如果新的调查中，总统可据第2253节采取措施的最后一日早于2253（e）（7）允许的日期。

（3）（A）不晚于《纺织品协定》对美国生效日，商务部长应在《联邦纪事》上公布《纺织品协定》适用的所有产品名单。只有美国根据该协定将该产品纳入GATTl994，按照商务部长在《联邦纪事》公布通知的规定（包括据第3591节公布通知），对《纺织品协定》适用的产品进口，才可以据本节进行调查。

（B）为本段之目的

(i)《纺织品协定》是指 3511(d)(4)所指的《纺织品与服装协定》。

(ii) GATTl994 是指 350l(1)(B)所指的含义。

(i)依保护令对秘密商业信息的有限披露

委员会应公布规则,向作为本节调查当事人的利害关系方的授权代表,据保护令提供保密商业信息。

第 2253 节　进口损害裁定后的总统措施

(a)一般规定

(1)(A)在收到包括对国内产业的严重损害或损害威胁的肯定裁定的 2252(f)报告后,总统应在其权限内,采取其认为会促进国内产业对进口竞争的积极调整、提供比成本更大的经济和社会利益的适当可行的所有措施。

(B)总统根据(A)采取的措施,在程度上和期限上,应是总统据(e)(1)确定适当可行的措施。

(C)据 1872(a)建立的部门间贸易组织,针对据 2252(f)报告的每一肯定裁定,就总统据(A)应采取的措施,应向总统提供建议。

(2)在确定据(1)采取什么措施时,总统应考虑下列因素:

(A)委员会的建议和报告;

(B)国内产业中的工人和企业

(i)受益于调整援助和其他人力项目的程度;以及

(ii)参与工人再培训的努力程度;

(C)对进口竞争,国内产业已做出的或将实施的积极调整努力(包括据 2252(a)向委员会提交的调整计划或承诺包括的努力);

（D）（3）授权的促进对进口竞争积极调整的措施的可能效果；

（E）相对于短期和长期的经济和社会利益,相对于国内产业在美国经济中的位置的其他考虑,（3）授权措施的短期和长期的经济和社会成本；

（F）与美国全国的经济利益有关的其他因素,包括但不限于：

（i）如果不据本部分提供救济,纳税人、社区和工人可能要承担的经济和社会成本；

（ii）本节措施对消费者和产品的国内市场竞争的实施效果；

（iii）有关补偿的国际义务结果对美国产业和企业的影响；

（G）由于外国限制的原因,外国出口向美国转移的程度；

（H）对所采取措施的可能规避；

（I）美国的国家安全利益；

（J）委员会2252（e）（5）应考虑的其他因素。

（3）为采取（1）措施的目的,总统可以采取下列措施：

（A）宣布对进口的商品提高或征收关税；

（B）宣布对商品采取关税配额；

（C）修订或实施对进口美国商品的数量限制；

（D）采取一个或多个适当的调整措施,包括据本分章第二部分提供贸易调整援助；

（E）与外国政府谈判、缔结和执行限制该国出口到美国的商品的协定；

（F）宣布必要程序,通过拍卖进口许可方式,在进口商之间分配允许商品进口到美国的数量；

（G）发起国际谈判,解决进口数量增加的根本原因,或减轻损

害或损害威胁;

(H)向国会提交立法建议,促进国内产业对进口竞争积极调整的努力;

(I)在法律权限内,为(1)目的,采取适当可行的其他措施;

(J)综合采用上述(A)到(I)列举的措施。

(4)(A)根据(B)的要求,总统在收到委员会包括2252(b)(1)肯定裁定(或据本节的由于1330(d)的原因认为是肯定裁定的裁定)的报告后60天内(如果总统据2252(d)(2)(D)宣布临时救济则为50天内)应采取(1)的措施;

(B)如果据(5)段要求补充报告,总统应在收到补充报告后30天内,采取(1)措施,但是,如总统据2252(d)(2)(D)对相关产品宣布临时救济,总统据(1)采取的措施,不得晚于临时救济措施宣布后第200天。

(5)总统在受到委员会包括2252(b)(1)的肯定裁定的报告后15天内,可以要求委员会提供额外信息。委员会应尽快、但不能晚于收到总统报告后30天,以补充报告提供有关产业的额外信息。

(b)对国会的报告

(1)在总统据(a)(1)采取措施日,总统应向国会递交陈述其采取措施及其理由的文件。如果总统采取的措施与委员会据2252(e)(1)建议采取的措施不同,总统应详细说明该不同的理由。

(2)在总统决定据(a)(1)不存在对国内产业的适当可行措施之日,总统应向国会递交详细阐释决定理由的文件。

(3)总统采取(1)没有报告的(a)(1)所指措施之日,总统应向国会递交说明采取措施及理由的文件。

（c）委员会建议措施的实施

如果总统据本节（b）（1）或（2）报告，

（1）据（a）（1）采取的措施与委员会据2252（e）（1）建议的措施不同；或

（2）没有据（a）（1）对产业采取措施，

在（b）（1）或（2）所指的文件向国会递交日起90天内，在2192（a）（1）（A）的联合决议制定时，委员会建议的措施生效（如同本节（d）（2）规定一样）。

（d）某些救济的生效时间

（1）除（2）段规定外，据本节（a）（1）采取的（a）（3）（A）、（B）或（C）规定的任何措施，应在总统宣布该措施后15天内生效，除非总统在决定采取该措施的同日，宣布其准备就本节（a）（3）（E）所述协定进行谈判，在该情况下，上述措施应在该决定日90天内宣布并生效。

（2）如果发生本节（c）规定的意外情况，总统应在本分节所指的联合决议做出后30天内，宣布委员会据2252（e）（1）的建议措施。

（e）措施的限制

（1）（A）除（B）的要求外，据本节采取的措施的有效期限不得超过4年。该期限包括第2252节的临时措施的有效期限。

（B）（ⅰ）根据（ⅱ）的规定，总统在收到委员会第2454节的肯定裁定（或如果委员会的裁定中的正反意见的人数相等，总统认为是肯定的裁定）后，如果总统确定

（Ⅰ）该措施对防止或救济严重损害继续有必要；且

（Ⅱ）有证据表明国内产业对进口竞争正在进行积极的调整，总统可延长本节任何措施的有效期。

（ⅱ）本节措施的有效期限，包括延长期限在内，累计不得超过8年。

（2）本节（a）（3）（A）、（B）或（C）所述的某类措施，可据（a）（1）、2252（d）（1）（G）或2252（d）（2）（D）采取，其累积效果不应超过防止或救济严重损害所必要的程度。

（3）据本节的增税或征税，不得超过采取措施时当时税率的50%从价税。

（4）据本节采取的数量限制措施，应允许不少于该物品根据现有资料在最近三年中进口美国的最有代表性的进口平均数量或价值的进口，除非总统发现，为防止或救济严重损害有明确的正当理由，进口不同数量或价值的物品。

（5）据本节（a）（3）（A）、（B）或（C）采取的有效期超过一年的措施，在该措施有效期限内，应以通常的时间间隔，分阶段逐步取消。

（6）（A）据本节采取的措施

（ⅰ）美国统一关税表第9802.00.60或9802.00.80分目对该物品中止适用，或

（ⅱ）为本章第五分章的目的，某物品被中止指定为资格物品都应视为关税的提高。

（B）总统不得对任何物品规定（A）所指的中止，委员会也不能据2252（e）建议该中止，除非委员会根据2252（b）（1）做出肯定裁定外，裁定在据2252（b）的调查过程中，实质由进口引起的对生产相同或直接竞争产品的国内产业的严重损害或严重损害威胁，

来自于

（i）美国统一关税表第 9802.00.60 或 9802.00.80 分目的适用，或

（ii）为本章第五分章的目的，某物品被指定为资格物品。

（7）（A）如果一物品是本节（a）（3）（A）、（B）、（C）或（E）措施的对象，不得根据这些小段对该物品采取下列期限的新措施：

（i）以前措施终止日开始的、与以前措施有效期限相等的期限；或

（ii）以前措施终止日开始的 2 年期限。

（B）尽管有（A）的规定，如以前据（a）（3）（A）、（B）、（C）或（E）

采取的措施的有效期为 180 天或更少，如果

（i）自从前一措施生效后至少已过去一年；且

（ii）上述小段描述的任何措施，在新措施对该物品生效日期前 5 年内，没有对该物品采取过两次以上；

总统可以对该物品采取新的措施。

（f）某些协定

（1）如果总统根据本节采取措施，该措施不是本节（a）（3）（E）所述协定，总统可在该措施生效后，进行本节（a）（3）（E）所述协定的谈判，并且可在该协定生效后，全部或部分中止、终止以前采取的措施。

（2）如果据（a）（3）（E）实施的协定没有生效，可采取（a）所述的并与（e）的限制一致的额外措施。

（g）规章

（1）总统应通过规章，有效公平执行为提供进口救济而采取

的措施。

(2)为执行本部分达成的国际协定,总统可以制定调整协定适用物品的入关或从仓库提取的规章。另外,如果占美国进口(包括向美国的主要地理区域进口)物品主要部分的一个或多个国家,据本部分与美国达成(a)(3)(E)所述类型的协定,为执行该协定,总统可发布调整协定适用物品的入关或从仓库提取非协定方的产品相同物品的规章。

(3)本节规定的规章,在与有效公平执行一致的可行范围内,应防止大进口商中的少数占有不公平份额。

第2254节 措施的监督、修改和终止

(a)监督

(1)只要据第2253节采取的措施继续有效,委员会应监督国内产业的发展,包括国内产业中企业、工人对进口竞争进行积极调整的进展和努力。

(2)如果据第2253节采取措施的最初有效期超过3年,或如果该措施的延长超过3年,委员会应在该措施最初期限或延长期限的中间日前,向总统和国会提交监督结果的报告。

(A)据第2253节采取的措施首次生效日的第2周年;和

(B)(A)所指2年期限后发生的每两年期的最后一日。

(3)在准备(2)的报告时,委员会应举行听证会,给予利益方合理的机会出席听证、提供证据,陈述意见。

(4)总统要求时,委员会应对第2253节措施的减少、修订或终止可能对相关产业的经济效果,向总统提出意见。

(b)措施的减让、修订和终止

(1)据第2253节采取的措施可由总统减少、修订或终止(但

在总统收到本节(a)(2)(A)要求的报告前,不能减少、修订或终止),如果总统

(A)在考虑了委员会提出的报告或意见、并寻求商务部长和劳工部长的意见后,基于

(i)国内产业没有做出充分的努力,对进口竞争进行积极的调整;或

(ii)据2253节采取的措施的有效性被变化的经济情况损害确定变化的经济情况要求减少、修订或终止;或

(B)国内产业的大多数代表基于同样理由,向总统提交要求减少、修订或终止的申请后,确定国内产业已对进口竞争做出了积极的调整。

(2)尽管有(1)的规定,总统有权据第2253节采取其视为消除规避以前的措施所必要的额外措施。

(3)尽管有(1)的规定,总统在收到委员会的3538(a)(4)的裁定、并与众议院筹款委员会和参议院财政委员会协商后,可对第2253节的措施减少、修订或终止。

(c)措施的延长

(1)在收到总统要求时,或在第2253节采取的措施即将终止日前6到9个月内,相关产业代表向委员会提出申请时,委员会应发起调查,裁定第2253节的措施是否继续为防止或救济严重损害所必要,是否有证据表明该产业对进口竞争正在进行积极调整。

(2)委员会应在《联邦纪事》上公布开始程序的通知,并应在其后的合理时间内,举行公众听证,向利益方和消费者提供机会,出席听证、提供证据、对其他方和消费着的陈述答复,并陈述自己的意见。

（3）在第 2253 节措施即将终止前 60 天内,委员会应向总统递交调查和裁定的报告,但总统确定了不同日期除外。

（d）措施效果的评估

（1）在第 2253 节措施终止后,根据总统据 2253（b）向国会提交的报告所述理由,委员会应对该措施促进国内产业对进口竞争积极调整的效果进行评估。

（2）据（1）进行评估时,在给予合理的通知后,委员会应就措施效果举行听证。所有利益方都应有机会参加,并提供证据或证言。

（3）在措施终止后 180 天内,委员会应向总统和国会提交据（1）的评估报告和据（2）的听证报告。

（e）其他规定

（1）只有在考虑拟采取措施与美国的国际义务的关系后,总统才可据本部分采取措施,而不必考虑 2136（a）的规定。

（2）如果委员会据 2252（c）（4）（C）,视位于美国的主要地理区域的生产为国内产业,总统在采取（1）授权的措施时,应考虑该区域内国内生产和进口的地理集中情况。

第二部分 对工人的调整援助

第一小部分 申请和裁定

第 2271 节 申请

（a）申请的提交;援助;通知的公布

（1）在满足下列任何条件的情况,调整援助申请资格证明的申请可以同时向工人所属的企业或分支机构所在的州的劳工部长和州长提出：

（A）是一个工人团体（包括农业企业或任何农业企业分支机构的工人）。

（B）是经注册或公认的工会，或是有正当授权的工人代表。

（C）工人的雇主，一站式经营者或一站式合伙人（其定义参见《1998 年劳动力投资法》第 101 款（《美国法典》第 29 编第 2801 节），包括根据该法第一编规定建立的州就业保障机构或州离职工人机构，代表工人提出申请。

（2）在收到根据第（1）段提出的申请后，州长应当：

（A）确保迅速地回应援助，并且根据其他联邦法授权的恰当的关键和精细的服务（正如《1998 年劳动力投资法》第 134 款（《美国法典》第 29 编第 2864 节）所描述的）能够涵盖工人提出申请的范围以及保持在法律授权的范围内；并且

（B）帮助部长审核申请文件，验证其中信息的准确性并根据部长可能的要求提供其他帮助。

（3）在收到申请后，部长应该及时地在《联邦纪事》上发布通知，告知部长已经收到申请并展开调查。

（b）听证

如果申请人或部长发现在程序中有重大利益的其他人，在部长据（a）公布后 10 日内，提交听证的要求，部长应举行公开听证，对该利益方提供机会，出席听证、提供证据，并陈述意见。

第 2272 节　团体资格要求；农业工人；石油和天然气产业

（a）一般规定

如果部长确定，一个工人团体（包括任何农业企业或农业企

业分支机构的工人)根据其按本编第 2271 节提起的申请,就应该获颁调整援助申请资格的证书:

(1)工人所在企业、企业的适当分支机构中,相当数量或比例的工人已全部或部分分离,或有全部或部分分离的威胁;且

(2)

(A)(i)该企业或分支机构的销售、生产或二者已绝对下降;

(ii)相同产品或直接竞争产品的进口数量上升;且

(iii)与该企业或适当分支机构生产的产品相同或直接竞争产品的进口增加,重要地促成了这种全部或部分的分离,或分离的威胁,并重要地促成了该企业或适当分支机构的销售或生产的下降;或

(B)(i)与企业或企业分支机构生产的产品相同或直接竞争的产品的生产,从该企业或企业分支机构转移到国外;且

(ii)

(Ⅰ)产品生产转移到的企业所在的国家与美国都是某一自由贸易协定的缔约国;

(Ⅱ)产品生产转移到的企业所在国家是《安第斯地区贸易优惠法》、《非洲增长与机遇法》或《加勒比海盆地经济复苏法》的受惠国;或

(Ⅲ)与企业或企业分支机构生产的产品相同或直接竞争的产品进口有增加或增加的可能性。

(b)受不利影响的二级工人

如果部长确定,一个工人团体(包括任何农业企业或农业企业分支机构的工人)根据其按本编第 2271 节提起的申请,就应该获颁调整援助申请资格的证书:

（1）工人所在企业、企业适当分支机构中，相当数量或比例的工人已全部或部分分离，或有全部或部分分离的威胁；

（2）该工人所在的企业（或分支机构）是另一企业（或分支机构）的供应商或下游产品的生产商，而该企业雇佣的工人团体获颁了根据本节（a）分节的资格证书，并且此种供应或生产与作为获颁资格证书基础的产品相关（就如本节第（c）（3）和（4）分节所定义的）；且

（3）符合以下的任一情况

（A）该工人所在的企业是以上第（2）段所述的另一企业（或分支机构）的供应商而且供应的组件占到工人所在的该企业生产和销售的至少20%以上；或

（B）由以上第（2）段所述的另一企业（或分支机构）造成的工人所在的企业的营业损失重要地促成了第（1）段所定义的工人的分离以及分离的威胁。

则应证明工人团体（包括农业企业或农业企业分支机构中的工人）有资格申请调整援助。

（c）定义

为本节之目的

（1）"重要地促成"是指其中一个原因具有重要作用，但并不一定是最重要的。

（2）

（A）任何从事开发、钻探石油或天然气的企业或其适当分支机构应视为生产石油或天然气的企业。

（B）任何从事开发、钻探或生产石油或天然气的企业或其适当分支机构，应视为生产与进口石油或天然气直接竞争产品。

（3）下游产品的生产商指为企业或分支机构执行额外的增值生产工序的企业，包括直接为另一企业（或分支机构），为根据本节第（a）分节受雇于此种其他企业的一个工人团体作为获颁资格证书基础的商品执行最终组装或装饰的企业，如果根据本节第（a）分节，获颁资格证书是以进口增加来自或生产转移到加拿大或墨西哥为基础的。

（4）供应商指为另一企业（或分支机构）生产和直接供应产品组件的企业，而这种产品是根据本节第（a）分节受雇于此种其他企业的一个工人团体作为获颁资格证书基础的产品。

第 2273 节　劳工部长的裁定

（a）资格证明

在根据本编第 2271 节申请提出后，部长应尽早、最迟不晚于申请后 40 天，做出申请团体是否符合本编第 2272 节要求的裁定，并签发调整援助申请资格证明，适用于符合要求的任何团体的工人。每一证明应具体规定全部、部分分离或分离威胁开始或即将开始的同期。

（b）证明所适用的工人

本节证明不适用于在根据本编第 2291 节申请前，在下述日期最后全部或部分离开企业或分支机构的工人：

（1）超过给予证明的日期前一年；或

（2）超过本部分生效前 6 个月。

（c）在《联邦纪事》上公布裁定

在就申请做出裁定时，部长应立即在《联邦纪事》上公布其裁定的概要，以及做出该裁定的理由。

（d）证明的终止

如果部长确定与企业或分支机构的全部或部分分离不再属于本编第2272节规定的条件，应终止对该企业或分支机构的工人的资格证明，并立即在《联邦纪事》上公布终止通知及裁定理由。该终止仅对部长具体规定的终止日后发生的全部或部分分离适用。

第2274节　国际贸易委员会开始调查时劳工部长的调研

（a）研究的对象

当国际贸易委员会（下简称"委员会"）根据本编第2252节就产业进行调查时，委员会应立即将该调查通知部长，部长应立即开始调研：

（1）生产相同或直接竞争产品的国内产业的、被证明有资格或可能有资格得到调整援助的工人数量；

（2）通过利用现有项目、促进工人对进口竞争调整的程度。

（b）报告；公布

在委员会根据本编2252（f）做出报告后15天内，部长应向总统提交根据本节第（a）分节的调研报告。在向总统提交报告时，部长应迅速公开报告（部长视为保密的信息除外），并应在《联邦纪事》上公布其概要。

第2275节　对工人的有利信息

（a）部长应向工人提供有关本部分提供的利益津贴、培训和其他就业服务的全部信息，以及有关利益津贴、培训和服务的申请、程序和适当提交日期的全部信息。部长应提供促进工人团体准备申请或申请项目利益所必要的帮助。部长应努力保障州合作机构全面履行根据本编第2311（a）节达成的协定，并应对该履行进行周期性审查。部长应通知州职业教育委员会或类似机构、其他公共或私营部门、机构和雇员，根据本编第2273节签发的证明，和作为该证明结果、要求本编第 2296 节培训的项目。

(b)

(1)部长应通过邮寄,向部长有理由相信据本小部分发放证明适用的每一工人,发送有关本部分利益的书面通知,

(A)如果工人在该证明前已部分或全部与受不利影响的职业分离,在提供证明时;或

(B)如果(A)不适用,在工人全部或部分分离受不利影响职业时。

(2)部长应在工人居住区域内正常发行的报纸上,向据本小部分提供的证明所包括的工人公布本部分提供的利益。

第二小部分 项目利益

第 2291 节 工人资格要求

(a)贸易再调整津贴条件

如果本部分 A 小部分证明的受不利影响的工人提交失业周津贴申请,该失业在根据本编第 2271 节提交申请日 60 天后开始,如果满足下列条件,对该工人应支付贸易再凋整津贴:

(1)申请前根据本部分该工人的全部或部分分离发生于

(A)资格证明具体规定的、己开始或即将开始全部或部分分离受不利影响职业的同期或之后;

(B)根据本部分第 2273 节裁定做出后开始的 2 年期限届满前;且

(C)根据本部分第 2273(d)节确定的终止日期前。

(2)到发生全部或部分分离止的 52 周期限内,该工人至少有

26周以30美元就业,或在一个企业或其分支机构中有不止一周受不利影响的就业,或如果没有在一个企业就业周数的资料,根据部长制定的规章计算的同等的就业额。为本段之目的,该工人在任何一周:

(A)因为度假、疾病、伤害、怀孕或消极或积极义务兵役训练的雇主许可离职;

(B)由于失去能力的原因没有工作,该失去能力可由州、美国的工人补偿法或计划补偿;

(C)因担任企业或分支机构的劳工组织的全职代表而中断的就业;或

(D)因美国军队预备役的积极义务而被征召,如该积极义务是第五编第8521(a)(1)规定的"联邦服役"。

(3)该工人

(A)对受益期限内的下述周,有权享有(或如申请,应有权享有)失业保险

(i)在受益期限内发生全部或部分分离;或

(ii)受益期限因该工人在全部或部分分离后、提交失业保险赔偿请求而开始(或本应开始);

(B)已用尽了其有权享有的(或如果申请,应有权享有)失业保险的全部权利,除非由州政府资助的额外补偿,并且该部分不能从联邦基金中得到偿还;且

(C)对该项保险,没有可适用于该工人的未失效的失业保障等候期。

(4)对该失业周,由于工作接受和求职要求的原因,该工人不能根据《1970年联邦——州延长失业补偿法》第202(a)(3)获得

延长的补偿。

(5)该工人

(A)

(i)报名参加了部长根据本编第2296(a)批准的培训项目；并且

(ii)根据第(i)条款参加的培训项目不得晚于以下四种情况的最晚时间：

(I)工人在最近因受不利影响从而符合(1)段和(2)段的完全分离的条件的16周的最后一天；

(Ⅱ)在部长对该工人颁发证书后第8周的最后一天；

(Ⅲ)第(I)分条款和第(Ⅱ)分条款的更晚的时间的45天后，部长认定有正当理由可以延长参加的时间；或者

(Ⅳ)在根据本节第(c)分节签发终止豁免后，由州长所决定的批准参加期间的最后一天。

(B)在全部或部分分离受不利影响的职业后，完成了部长根据本编第2296(a)批准的培训项目；或

(C)在据(B)分段所述日期后收到了根据本节第(c)(1)的书面声明。

(b)开始或恢复参加培训项目前，拒绝贸易再调整津贴；适用期限

(1)如果

(A)部长确定

(i)受不利影响的工人

(I)没有报名参加根据本节第(a)(5)要求的培训项目；或

(Ⅱ)在完成该培训项目前，停止参加该培训项目；且

（ii）该未参加或停止没有正当理由；或

（B）根据本节第（c）（2）撤销该工人据本节第（c）（1）获得的证明资格，

对未参加、停止培训或撤销证明的周，或其后任何周，不得向受不利影响的工人支付贸易再调整津贴，直至受不利影响的工人开始或恢复参加据本编第2296（a）批准的培训项目。

（2）对开始于下列日期的失业周，本节第（a）（5）或（1）段的规定不适用：

（A）导致包括该工人的证明的申请据本编第2271节提交日后的60天，且

（B）该证明根据本部分第A分部分做出周之后的第一周前。

（c）培训要求的豁免

（1）签发豁免

如果部长决定，基于以下一个或者几个原因，对一工人据本节第（a）（5）（A）

批准的培训项目不可行或不适当，部长应向受到不利影响的该工人签发豁免培训的书面声明：

（A）召回

该工人已经接到通知将被他所离职的企业重新聘用。

（B）突出技能

该工人拥有足以被适合的企业重新聘用的突出技能（通过对工人的评估决定，其中包括《社会保障法》第303（j）节（《美国法典》第503（1）节）的测评系统，依部长发布的指示实施），且在可预期的将来可以合理期待数额大体相当的工资。

（C）退休

该工人将在两年之内满足享受下列任意权利的所有要求：

（i）《社会保障法》第二编（《美国法典》第 401 节以下）（除非为之申请）的养老保险的利益；或

（ii）由雇主或劳工组织资助的私人养老金。

（D）健康

由于健康的原因，该工人无法参加培训，但是本小段下的豁免不应被解释为免除该工人据联邦或州失业补偿法关于工作可获得性、积极寻找工作或拒绝接受工作的要求。

（E）无效登记

该工人参加批准培训的首次有效登记应当在依本段规定做出的决定之后 60 天内，或者如果有正当理由推迟登记，依据部长发布的指示决定最后期限。

（F）不可行的培训

部长批准的培训对来自政府机构或私人资源的该工人不具有合理的可行性，（包括第 20 编第 2302 节规定的地区职业和技术教育学校和雇主）在合理的成本范围内没有适合该工人的培训，或者没有可用的培训资金。

（2）豁免期间

（A）一般规定

根据第（1）段签发的豁免应当自该豁免签发之后 6 个月内生效，除非部长另有决定。

（B）撤销

如果部长认定豁免的依据已经不存在，部长应当撤销据第（1）段签发的豁免，并将此项撤销以书面形式通知该工人。

（3）根据第 2311 节的协议

（A）由合作州签发

根据本编第2311节的协议，部长应授权合作州据第（1）段签发豁免。

（B）提交声明

根据本编第2311节的协议应当要求合作州据第（1）段向部长提交书面声明，和豁免理由的声明。

第2292节　每周再调整津贴的数额

（a）公式

根据本节（b）和（c）分节的规定，向受不利影响的工人每周支付的全部失业的贸易再调整津贴，应等于工人第一次用尽失业保险（为本编第2291（a）（3）（B）之目的确定）前最近周，向工人支付的全部失业保险的失业保险利益额，减去（但不低于零）

（1）根据本节第（c）分节应减去的培训津贴；和

（2）根据可适用的州法或联邦失业保险法的无资格收入规定，从失业保险中减去的收入。

（b）正接受培训的受不利影响的工人

有权享有贸易再调整津贴、并正在接受部长批准培训的受不利影响的工人，每周收到的贸易再调整津贴等于根据本节第（a）分节计算的数额，或依据任何联邦法有权享有的接受培训时的津贴数额（如果数额多时），如果他申请该津贴。该贸易再调整津贴应代替据其他联邦法律有权享有的培训津贴支付。

（c）津贴总周数的扣减

依本章外的任何联邦法律的培训津贴，而不是如果他申请即有权享有的贸易再调整津贴（如果他申请贸易再调整津贴，他本可以享有贸易再调整津贴），如果向受不利影响的工人对其失业周支付(其确定不考虑根据本编第 2291(b)的无资格),应从贸易再调整津贴的总周数中扣减这样的周,否则当他申请贸易再调整津贴并且被认定有权获得该津贴时应当根据本编第 2293(a)向他支付。如果向工人支付的失业周的培训津贴少于贸易再调整津贴额,当他申请并被确定有权享有贸易再调整津贴时,他应收到等于该差额的贸易再调整津贴。

第 2293 节　贸易再调整津贴的限制

(a)最大津贴;失业保险扣除;对批准的贸易期的额外支付

(1)证明期限内,对受不利影响的工人支付的最大贸易再调整津贴额应是每周的全部失业的贸易再调整津贴(根据本编第 2292(a)确定)与 52 的乘积,但该乘积应扣除根据本编 2291(a)(3)(A)规定的首次受益期内工人有权享有(或如为之申请,本应享有)的失业保险的全部数额。

(2)受不利影响的工人,在下述情况下,最后全部离开受不利影响职业的周后开始的 104 周(或者在受到不利影响的工人请求本编第 2296(a)(5)(D)中的救济教育项目以完成根据本编第 2296 节所批准的培训,130 周)的期限结束后,对任何周都不能支付贸易再调整津贴:

(A)在根据本编第 2291(a)(1)规定的期限内;和

(B)对受不利影响就业,工人满足本编第 2291(a)(2)的要求。

(3)尽管第(1)段的规定,为援助受不利影响的工人完成根据本编第 2296 节批准的培训,及根据部长制定的规章,可另行支付额外 52 个周作为贸易再调整津贴,该 52 个周期限为

(A)有权享有贸易再调整津贴的最后一周后的 52 周,否则根

据本部分支付;或

(B)该培训的第一周开始的52周,如果该培训始于第(A)分段规定的最后一周之后。

该额外支付仅对该52周期限内个人参加该培训的周适用。

(b)对培训期间额外支付的限制

可能收到贸易再调整津贴的受不利影响的工人,如果在部长对其发出的第一份调整援助申请资格证明日期后210天内,或者根据本编第2291(a)(1)所指的工人全部或部分分离后210天内,没有善意申请部长根据本编第2296节批准的培训项目,则对(a)(3)规定的额外周不应支付贸易再调整津贴。

(c)支付数量的调整

根据本编第2291节至第2294节对受不利影响的工人的支付数量,每周应进行根据本编第2292(b)要求的调整。

(d)以延长受益期结束的受益年的特殊调整

尽管有本章或其他联邦法律的规定,如果工人的受益年以延长的期限结束,如果不是本分节的作用,该工人在该延长期限内可能有权享有的延长受利益周数,应扣除该工人据第2291节至第2294节有权享有贸易再调整津贴的周数,但不能低于零。"受益年"和"延长受益年"具有与《1970年联邦——州延长失业补偿法》定义相应的相同意思。

(e)工人接受在职培训周

工人接受在职培训的周不应支付贸易再调整津贴。

(f)视为参加培训的工人

为本部分之目的,如果

(1)在培训中断开始前,工人参加根据本编第2296(a)批准的

培训项目;且

(2)该中断为该培训项目所规定

则任何周,作为不超过 30 天的培训中断的一部分,视为工人参加该培训。

(g)为完成培训的延长周

为帮助受到不利影响的工人完成依第 2296 段批准的培训,包括 2296(a)(5)(D)规定的救济培训,按照部长发布的规章,在原补助期间的最后一周内有权请求贸易再救济补助延长最多 26 周的期间。

第 2294 节　州法的适用

除与本部分的规定不一致、及按照部长可能规定的规章外

(1)受不利影响的工人据以享有失业保险(无论其是否申请该保险)的州法,或(2)如果他无权享有失业保险,其全部或部分分离的州的州法有关取得和无资格的规定,适用于任何提交贸易再调整津贴申请的工人。为上句目的,确定工人离职的州法对该离职仍然适用,直至该工人据另一州法有权享有失业保险(无论其是否提交保险申请)。

第 2295 节　就业服务

部长应做出合理努力,确保向证明适用的受不利影响的工人提供其他联邦法律规定的咨询、测试和安置服务,以及支持性服务和其他服务,包括通过《美国法典》第 29 编第 2864(C)中规定的一站式交付系统提供的服务。适当时,部长应通过与州的协定取得这些服务。

第 2296 节　培训

(a)培训的批准;费用的限制;就业的合理预期;费用的支付;

批准的培训项目;其他来源的非重复支付;某些项目的不予批准;失业利益的用尽;规章的发布

（1）如果部长确定

（A）对受不利影响的工人没有适当的就业机会（包括技术和专业就业）;

（B）工人会从适当的培训中受益;

（C）对培训完成后的就业有合理的预期;

（D）部长批准的培训可向政府机构或私有部门（包括第20编第2302节定义的地区职业和技术教育学校和雇主）的工人合理提供;

（E）工人有资格参加、完成该培训;

（F）该培训适合工人,且支付合理的费用即可取得培训;

部长应批准对该工人的培训项目,一经批准,工人即有权获得由部长直接或通过保证制度代该工人支付的培训费用（但受本节实施的限制）。只要可能,部长应提供或确保提供该工作培训,包括获得某一行业中的职位的必要技能所必需的相关教育。

（2）

（A）任何财政年度据第（1）段支付的总数额不应超过220,000,000美元。

（B）如果一财政年度内,部长估计支付批准的培训费用所必要的资金总额超过根据第（A）分段的限制,则部长应决定,在该财政年度剩余时间内,如何在各州中分配估计时还没有支付的该限制的部分。

（3）为适用第（1）（C）的目的,对就业的合理预期,不要求根据第第（1）段在一完成批准的培训时即具备或提供工人的就业机会。

（4）

（A）如果由部长根据第（1）段付给工人培训费用，则不得据其他联邦法律的规定支付该费用。

（B）如果培训费用

（i）已据联邦法律的其他规定已经支付；或

（ii）据联邦法律的其他规定可以受偿，且该费用的一部分已经据该联邦法律的其他规定支付，

则不得据第（1）段向受不利影响的工人支付培训费用。

（C）本段的规定不适用于，或不应考虑，据联邦法律的其他规定提供的、用于直接支付特定受不利影响的工人的培训费用之外的资金，即使该使用具有间接的支付效果，或降低不利影响工人部分培训费用的效果。

（5）据第（1）段可批准的培训项目包括但不限于

（A）以雇主为基础的培训，包括

（i）在职培训，和

（ii）定制培训

（B）由州据《1998 年劳动力投资法》第一编（《美国法典》第29 编第 2801 节以下）提供的任何培训项目；

（C）由据《1998 年劳动力投资法》第 102 节建立的私有产业理事会批准的任何培训项目；

（D）救济教育的任何项目；

（E）任何培训项目（非第（7）段描述的培训项目），其全部或部分工人培训费用：

（i）据本章之外的任何联邦或州项目支付，或

（ii）本节外的其他来源支付，和

（F）由部长批准的任何其它培训项目。

（6）

（A）

（i）在培训费用由本部分之外的任何联邦或州项目支付，或

（ii）本节外的其他来源支付的范围内

不要求部长据第（1）段支付根据第（1）批准的培训费用。

（B）在批准第（A）分段适用的培训前，部长可要求受不利影响的工人与部长签订协议，据该协议，部长不必据本节支付该工人有理由相信第（A）分段（i）或（ii）条款所述的项目或来源支付的培训费用部分。

（7）如果

（A）据非政府计划或项目支付培训项目的费用的全部或部分；

（B）受不利影响工人有权利据该计划或项目取得培训或培训基金；和

（C）对据该计划或项目支付的培训项目费用，该计划或项目要求工人从本部分取得的基金或该培训项目中取得的工资向该计划或项目偿付，

则，部长不应批准这样的培训项目。

（8）据第A分部分对团体提供证明后的任何时间，部长可批准对团体成员的受不利影响工人的培训项目，而不考虑该工人是否已用尽了有权享有的失业保险。

（9）部长可制定规章，规定第（1）段中每一分段的标准，用于据第（1）段做出裁定的依据。

（b）补充援助

若培训在工人的通常居住地的经常来往地外提供,适当时部长可授权为支付合理的交通和分居生活费所必要的补充援助。部长不应授权支付

（1）超过

（A）每日的实际生活费用,或

（B）联邦旅行规章授权的当前每日补助的50%的生活费;

或

（2）超过联邦旅行规章授权的当前公里数的旅行费。

（c）在职培训费用的支付

对据本节第(a)(1)批准的受不利影响工人的在职培训费用,部长应按月均付款方式予以支付,但尽管有本节的其他规定,只有在下列情况下,部长才可支付该费用:

（1）目前就业的工人没有被受不利影响的工人取代(包括诸如非加班工作、工资或就业福利的降低);

（2）该培训不损害现有的服务协议或集体谈判协议;

（3）在培训可能与集体谈判协议不一致时,已取得有关劳工组织的书面同意;

（4）没有人从不利影响工人正为之培训的同一工作或程度相当的工作中被解雇;

（5）雇主没有终止正常雇员的就业或降低雇主的工作力量,意在通过雇佣该不利影响的工人填补由此制造的空缺;

（6）提职线中没有创造受不利影响工人为之接受培训的工作,该工作将会侵犯目前就业人员的提升机会;

（7）该培训不为受不利影响工人脱离的、据本编第2271节对

工人团体提供证明的同一行业提供；

（8）雇员会被提供不多于工资50%的补偿用于支付培训和与培训相关的补充辅导。

（9）对雇主提供的未满足第（1）、（2）、（3）、（4）、（5）和（6）段要求的其他在职培训，雇主没有收到据本节第（a）（1）的支付；和

（10）在任何时间，对雇主提供的部长据本节第（a）（1）支付的其他在职培训，雇主没有采取违反该雇主做出的第（8）段所述证明的任何条款的措施。

（d）失业保险的资格

任何个人，不能因为正在接受本节第（a）批准的培训，因为离开不是适当就业的工作参加该培训，或因为与工作提供、积极求职或拒绝接受工作有关的州法或联邦失业保险法的规定对该周的适用，而被认定不具备失业保险或项目利益的资格。部长应就相关季度内支出的提供本节第（a）的培训的资金数量和相关财政年度内剩余季度的资金的预期需要，向国会提交季度报告。

（e）"适当就业"的定义

为本节之目的，"适当就业"对工人来说，是指与工人过去的受不利影响的就业相比，程度上相等的或较高技能的工作，且该工作的工资不低于工人平均周工资的80%。

（f）"定制培训"的定义

为本节之目的，"定制培训"是指以下培训：

（1）为满足某一个或一组雇主的特殊要求而特别设计；

（2）由某一个或某一组雇主承诺在合格地完成培训后雇佣一个员工；

（3）由该雇主支付主要部分（不少于50%）的培训费用，具体

数额由部长决定。

第 2297 节　求职津贴

（a）求职津贴授权

（1）一般规定

第 A 分部分证明适用的受不利影响工人可向部长申请求职津贴。

（2）申请的批准

当下列条件都满足时,部长应当批准依第(1)段提交的申请：

（A）援助受不利影响的工人

津贴是为了帮助已经完全离职放入受到不利影响的工人在美国确保工作。

（B）地方就业不可行

部长认定在该工人居住的社区内无法合理期待该工人找到适合的工作。

（C）申请

该工人在以下之前向部长提交了津贴申请：

（i）下述较晚日期：

（I）在被证明合格的认证之后第 365 天；或

（Ⅱ）在该工人最后完全离职后第 365 天；或

（ii）工人结束培训后的第 182 天，除非他收到依本编第 2291（c）所做出的豁免通知。

（b）津贴金额：

（1）一般规定

根据本节第(a)分节发放的津贴应当依据部长颁布的规章向该工人提供其寻找工作的开支的90%的补偿。

（2）最大津贴

根据本分节规定的补偿对任何工人都不应超过 1,250 美元。

（3）例外

部长应当补偿受不利影响的工人因参加由部长批准的求职项目所支付的必要费用。

第 2298 节　重新安置津贴

（a）重新安置津贴授权

（1）一般规定

第 A 分部分证明适用的受不利影响的工人，可依照本节的条件，向部长提出重新安置津贴的申请。如果本段规定的条件都得以满足，则部长应该授予重新安置津贴。

（2）授予津贴的条件：

应该授予重新安置津贴，如果下列条件均被满足：

（A）援助受不利影响的工人

重新安置津贴将帮助受到不利影响的工人在美国重新安置。

（B）地方就业不可行

部长认定无法合理期待该工人在原居住地社区找到合适的工作。

（C）完全离职

在重新安置前该工人已经完全分离。

（D）可获得合适就业

该工人：

（i）在他希望重新安置的区域内取得了合适就业，该就业提供了长期的合理预期；或

（ii）取得了该就业的善意提供

（E）申请

在下列期限前该工人向部长提出申请：

（i）下述较晚日期

（I）提供证明后第 425 天，或

（Ⅱ）工人最后全部离职后第 425 天；或

（ii）工人结束培训后的第 182 天，除非他收到依本编第 2291（c）所做出的豁免通知。

（b）津贴金额

根据本节第（a）分节授予的重新安置津贴包括：

（1）90% 的对该工人及其家庭用于交通、住房等合理且必须的费用（包括但不限于不超过根据本编第 2296（b）（1）和（2）中规定的允许的水平的生活费、交通费，具体数额按照部长制定的规章）。

（2）相当于该工人周平均工资三倍的数额，最多不超过 1,250 美元。

（c）限制

重新安置津贴不应被授予，除非该工人：

（1）重新安置发生在提出重新安置援助申请后的 182 天之内；或者

（2）如果工人参加了根据本编第 2296（b）（1）和（2）的由部长批准的培训，则重新安置发生在培训结束后 182 天之内。

第三小部分　一般规定（略）

第四小部分　过渡性调整援助项目（已废除）

第三部分　对企业的调整援助

第 2341 节　申请和裁定

（a）提交申请；收到申请；发起调查

企业（包括农业企业）或其代表，可据本部分向商务部长提出调整援助申请资格认证的申请。收到申请后，部长应立即在《联邦纪事》上公布其收到申请、发起调查的通知。

（b）公开听证

如果申请人，或部长发现在程序中有重大利益的其他人、组织或团体，在部长据（a）公布后 10 天内提出公开听证的申请，部长应提供公开听证，并向该利益方提供机会，出席听证、提供证据，并陈述自己的意见。

（c）认证

（1）如果部长确定

（A）企业内相当数量或比例的工人已全部或部分分离，或有全部或部分分离的威胁；

（B）（i）该企业的销售、生产或二者已绝对下降；或

（ii）在最近 12 个月前的 12 个月内，占该企业全部生产或销售不少于 25％ 的商品的销售或生产绝对下降；且

（C）与该企业生产产品相同或直接竞争产品的进口增加，重要地促成了这种全部或部分的分离，或分离威胁，并重要地促成了销售或生产的这种下降

商务部应认证该企业有资格据本部分申请调整援助。

（2）为（1）（C）之目的，

（A）"重要地促成"是指其中一个原因具有重要作用,但并不一定是最重要的。

（B）

（i）从事开发、钻探石油或天然气的企业,应视为生产石油或天然气的企业;

（ii）从事开发、钻探或生产石油或天然气的企业,应视为生产与石油或天然气的进口直接竞争的产品的企业。

（d）允许的裁定期限

部长应在申请提出后的尽早时间内做出裁定,但任何情况下不晚于申请提出日后 60 天。

第 2342 节　调整建议的批准

（a）申请调整援助

根据第 2341 节认证为有资格申请调整援助的企业,在该认证后 2 年内的任何时间,可向部长申请调整援助。该申请应包括该企业经济调整的建议。

（b）技术援助

（1）本部分的援助包括技术援助。如果部长确定企业的调整建议

（A）经合理计算,能实质促进经济调整,

（B）充分考虑了该企业内工人的利益,且

（C）表明企业将进行全部合理努力,为经济发展利用其自有资源

部长应批准企业的调整援助申请。

（2）部长应在申请提交后尽早做出裁定,但最晚不晚于申请日后 60 天。

(c)资格认证的终止

当部长确定一企业不再据本部分要求援助时,应终止对该企业的资格认证,并立即在《联邦纪事》上公布该决定的通知。该终止在部长确定的终止日生效。

第 2343 节 技术援助

(a)部长的决定权;援助的类型

部长可据其视为适当的条件,向企业提供其认为会实现本部分目的的技术援助。本部分提供的技术援助可由下列一项或多项组成:

(A)对企业准备申请第 2341 节资格的援助;

(B)对已认证企业制定经济调整计划的援助;

(C)在实施计划方面对已认证企业的援助。

(b)在提供援助方面对现有机构、私人个体等的利用;对中间组织的拨付

(1)部长应通过现有机构,通过私人个体、企业或机构(包括私人的咨询服务),或通过对中间组织(包括贸易调整援助中心)拨付,据本部分提供技术援助。

(2)在通过现有机构、私人个体、企业或机构(包括私人的咨询服务)提供援助时,部长应分担有关的费用(但美国承担的数额不超过本节(a)(2)或(3)段所述援助费用的75%)。

(3)为支付对企业提供技术援助所产生的可达 100% 的管理费用,部长可直接向中间组织拨付。

第 2344 节 财政援助

(a)直接贷款和贷款保证

部长可据其视为适当的条件,以直接贷款或贷款保证的形式,

向企业提供其判断会实质促进该企业的经济调整的财政援助。为本节的目的,以追索或不得追索的方式承担企业的未清偿的债务,也应视为提供贷款。

(b)许可目的

贷款或贷款保证的提供仅用于为企业提供资金

(1)兼并、重组、分期付款、现代化、开发、转产,或土地、厂地、建筑、设备、设施或机器的扩充;或

(2)提供促进企业实施调整计划所必需的流动资金。

(c)直接贷款的限制

如果企业能够从私人来源取得贷款资金(无论有无保证),并且其利率不高于参加金融机构据第15编第636节(a)提供保证贷款可确定的年最高利率,则不应对该企业提供直接贷款。

(d)对贷款和担保的限制

尽管有本部分的其他规定,1986年4月7日后不得据本部分进行直接贷款或贷款保证。

第2345节　财政援助的条件

(a)企业资源的不具备;偿付的合理保证

除非部长确定

(1)企业的自有资源不能提供需要的资金;且

(2)贷款的偿付有合理的保证,不得据本部分提供财政援助。

(b)利率

(1)据本部分的直接贷款利率应是下述(A)和(B)两项之和:

(A)考虑到与该类贷款的平均期限相比的剩余期限内美国发行的可售债券的当前市场收益,经可达1%的八分之一的调整,财政部长确定的利率;

（B）商务部长判断足以包括项目管理费用和可能损失的数额。

（2）部长不应保证任何贷款，如果

（A）部长确定，当与享有联邦保证而条件相同的其他贷款相比，保证部分或不保证部分的利率过高；且

（B）该贷款的利息据第 26 编第 103 节免征联邦所得税。

（c）贷款期限

对超过 25 年期限或固定资产使用寿命的贷款（以短者为准），包括续签和延期，部长不得据 2344（b）（1）提供或担保；并且对超过 10 年期限的贷款，包括续签和延期，部长不得据 2344（b）（2）提供或担保。但对期限的限制不适用于

（A）部长在破产或股份重组中作为索赔人、或在债务人失去偿付能力的其他诉讼中作为债权人，收到的担保或义务；或

（B）额外期限不超过 10 年的延期或续签，如果部长确定，该延期或续签对贷款的有序清偿或提供是合理必要的。

（d）小企业优先；贷款的支付

（1）在给予贷款保证或进行直接贷款时，部长应对《小企业法》（第 15 编第 6321 节以下）（及据其颁布的规章）含义上的小企业给予优先。

（2）对直接贷款或担保贷款，部长在本部分权限内，可以保护美国金融利益的合理条件，为贷款的支付（包括取消抵押品赎回权）或债务证明，做出安排。

（e）贷款保证条件

下列条件适用于本部分的任何保证贷款：

（1）保证不得超过未付的本金和利息未清偿余额的 90%；

（2）贷款应由担保和未担保部分的多重义务证明。

（3）保证协议应是该保证义务资格的最终证明，保证协议的有效性，除持有人欺诈或失实陈述外，不受质疑。

（f）经营储备金

对本部分担保项下的预期索赔，部长应保持经营储备金。该储备金应视为构成第 31 编第 1108 节（c）和（d）、1501 节和 1502 节（a）目的的义务。

（g）向贷款保证人支付的费用

部长可收取补偿管理担保成本所必要数额的费用，付给贷款保证人。

（h）保证债务或直接贷款的最大数额

（1）任何时候，向企业贷出的据本部分得到保证的未清偿款项的最大数额，不得超过 3000000 美元。

（2）向任何企业贷出的未清偿的直接贷款的最大数额，任何时候不得超过 1000000 美元。

（i）对具有雇员股权计划厂商的优惠

（1）当考虑是否向第 2341 节认证的公司给予直接贷款或贷款保证时，对同意满足下列要求的公司，部长应给予优惠：

（A）贷款本金的 25% 由贷款人贷给合格信托，该合格信托据受款人公司、该公司的母公司或子公司，或包括该受款公司的一些公司建立和维持的雇员股权计划建立；

（B）雇员股权计划满足本小节的要求；且

（C）受款公司、贷款人与合格信托间的协议满足本节的要求

（2）雇员股权计划没有满足本小节的要求，除非该计划的约束文件规定

（A）据（1）（A）付给合格信托的贷款数额用于购买合格雇主证券；

（B）合格信托从受款公司捐给该信托的数额中，向贷款人偿付该贷款数额及相应利息；

（C）当合格信托偿付该数额时，该信托应据（4）规定，在参加者和受益者的单个帐户中分配合格雇主证券。

（3）受款公司、贷款人和合格信托的协议没有满足本小节的要求，除非：

（A）对其他方，任何一方都可以，单独地或连带地，无条件地强制执行该协议；

（B）协议规定，合格信托偿付贷款数额的责任，任何时候不应超出该信托实际收到的（2）（B）要求的捐款额；

（C）协议规定，受款公司从合格信托收到的、为本小节目的购买的合格雇主证券数额，由受款公司专门用于其使用贷款人直接向其支付的贷款目的；

（D）协议规定，受款公司在合格信托为本小节的目的购买合格雇主证券之日开始的一年期限内，不应降低股本数额：

（E）协议规定，向合格信托的捐款不应少于该信托满足偿付其收到的贷款数额的本金和利息义务的必要数额，给予优先。

该捐款是否可由该公司据第26编第404节扣除则不予考虑，也不必考虑受款公司依法应捐的或据雇员股权计划的任何其他数额。

（4）每一计划年度结束时，雇员股权计划应将合格雇主证券部分分配给参加雇员的帐户，其费用与据（2）（A）购买所有合格雇主证券的费用比例，相当于合格信托在该年内偿付的本金和利息与该信托在同期内应付的贷款本金和利息总额的比例。在一计划年度内,分配给参加者单个帐户的合格雇主证券,与分配给所有参加者的该证券的数额比例,必须与付给该参加者的补偿数额与付给所有参加者的补偿数额的比例基本一致。

(5)为本小节之目的,

(A)"雇员股权计划"是指第 26 编第 4975 节(e)(7)所述的计划。

(B)"合格信托"是指据雇员股权计划建立的并满足 l974 年《雇员退休收入保障法》第一部分(第 29 编第 l001 节以下)和第 26 编第 401 节要求的信托。'

(C)"合格雇主证券"是指受款公司、该公司的母公司或子公司发行的、享有不低于发行公司发行的其他普通股的投票权和分红权的普通股,该投票权由雇员股权计划的参加者在分配给他们的帐户后行使。

(D)"股权资本"是指就受款公司来说,货币和其他资产(其数额等于该财产的调整基础,但不考虑在(3)(D)所述期限内做出的贬值或分期偿还的帐户上的调整)减去债务的总额。

第 2346 节　对小企业管理职责的委托

(a)资格认证职责的委托

在小企业的情况下(《小企业法》和据此制定的规章含义上的),部长可将其本部分的所有职责(非第 2341 节和第 2342(d)资格认证和第 2354 节的职责)委托给小企业管理局长。

(b)拨款授权

部长有权从 2003 年至 2007 年期间的每个财政年度,拨付16000000 美元向企业提供调整援助,履行本部分职责。本小节下的拨款数额将一直保持直至用尽。

（c）未支出拨款的转交

第1912（d）授权拨款的未支出余额，应转交给部长以履行本部分的职责。

第2347节　财政援助的管理

（a）部长的权力

在据第2344节做出担保和借款并对其进行管理时，部长可

（1）要求对任何保证或贷款进行担保，并可执行、放弃该担保或使其成为从属担保。

（2）基于其视为合理的条件或考虑，以公开或私下销售方式或以其他方式，转让或出售其受让或持有的与该保证或贷款有关的债务、合同、索赔、个人财产或证券的证据，并且对其受让或持有的与该保证或贷款有关的所有义务，可收取、减让和取得不足的判决，直至该义务交由总检察长起诉或收取。

（3）基于其视为合理的条件或考虑，更新、改善、现代化、完成、保险、出租、销售，或以其他方式处理，任何转让他给或以其他方式取得的与该保证或贷款有关的不动产或私人财产。

（4）在其视为必要或适当时，取得、持有、转移、免除或转让。

（5）行使执行第2344节职责所必要的或附带的所有其他权力，采取所有其他措施。

（b）抵押登记

作为担保取得的抵押，应据适用的州法进行登记。

（c）提供财政收据

因部长据本部分达成的交易而产生的所有贷款的偿付息的支付和其他接受，都应用于本部分履行的理财职责，包括与该职责相

联系的管理费用。

(d)特权或保密信息

在部长视为适当的限度内,并与第五编第552节(b)(4)和第522节(c)(4)的规定相一致,部长收到的与据本部分申请财政援助有关的任何记录、材料或数据,包括商业秘密、有关业务经营或竞争状况的商业或金融信息,应视为这些规定含义上的特权或保密信息。

(e)第一抵押担保的资产;例外

为取得、开发不动产或其他资产,据本部分的直接贷款或保证贷款,应取得通常的对被融资资产的第一抵押,且应全部转让。为取得本部分的目标,在部长发现有必要例外时,为保护美国的利益,可制定适当的例外标准。

第2348节　保护规定

(a)记录保存

本部分调整援助的每个接受者,都应保存充分披露调整援助收益的数额及接受者处置、并促进有效监督的记录。接受者应保存部长可能规定的其他记录。

(b)审计和检查

为审计和检查目的,部长和美国总审计长有权力检查接受者的与本部分的调整援助有关的任何簿记、文献、文件和记录。

(c)认证

本部分的任何调整援助不应给予任何企业,除非所有者、合伙人或管理人员向部长证明

(1)为加速该调整援助的申请,雇主聘用的或代表雇主的律师、代理人或其他人的名称;和

(2)向该人支付的费用。

(d)利益冲突

除非所有者、合伙人或管理人员在给予财政援助的两年内执行约束他们和企业的协议,不雇佣、提供职位或工作给任何人,或不为专业服务保留任何人,而该人在提供援助日,或在此之前一年内,担任部长认为其担任的职位或从事的活动涉及提供财政援助决定权的官员、律师、代理人或雇员,不得对任何企业提供财政援助。

第2349节 处罚

为影响本部分的裁定之目的,或为据本部分取得金钱、财产或任何有价值物之目的,明知虚假或明知没有披露实质性事实而对实质性事实进行虚假陈述,或有意高估证券的价值,这种人应受到不超过5000美元的罚款或不超过两年的监禁,或二者并用。

第2350节 民事诉讼

在据本部分提供技术和财政援助时,部长可在任何有一般管辖权的州记录法院或任何联邦区法院起诉或被拆,该区法院有管辖权不考虑争议数额而对争议做出裁决;但扣押财产、禁令或其他类似程序,无论是暂时的或终局的,不得对其或其财产发出。本节不得解释为从第28编第516节、第547节和第2679节的适用中,排除据本编第2343节和第2344节的活动。

第2351节 定义

为本部分之目的,"企业"包括个体所有、合伙、合营、协会、公司(包括开发公司)、商业信托、合作、破产受托人、法院令的接受人。企业,及其前身或延续者,或由实质上同样的人控制或实益所有的任何附属企业,在为防止不正当的利益所必要的,可视为一个企业。

第 2352 节　规章

部长应制定其视为执行本部分的规定所必要的规章。

第 2353 节　（已废除）

第 2354 节　国际贸易委员会开始调查时商务部长的调研

（a）研究对象

委员会开始据第 2252 节对产业进行调查时,委员会应立即通知部长该调查,部长应立即开始研究

（1）生产已被证明为或可能证明为适于调整援助的相同或直接竞争产品的国内产业中的企业数量;和

（2）通过现有项目,促进该企业对进口竞争有序调整的程度。

（b）报告;公布

部长据（a）的研究报告,在委员会据第 2252（f）做出报告后 15 天内,应向总统提交。在向总统报告时,部长应立即公开该报告（部长视为保密的信息除外）,并在《联邦纪事》上公布其概要。

（c）向企业提供信息

当委员会据第 2252（b）做出肯定裁定,增加的进口是国内产业严重损害或严重损害威胁的重大原因时,在可行限度内,部长应该向产业企业提供可能促进对进口竞争的有序调整项目的全部信息,并在企业准备和处理申请项目利益方面提供援助。

第 2355 节　对产业的援助;拨款授权

（a）技术援助

部长可据其视为适当的条件,为新产品的开发、新工序的开发、出口开发或与本部分目的一致的其他用途,参阅产业范围项目,提供技术援助。该技术援助可通过现有机构、私人个体、企业、

大学和研究机构,并可通过拨付、合同或合作协议,向有大量企业或工人被证明有资格申请第 2273 节或第 2341 节调整援助的协会、工会或其他非营利产业组织提供。

(b)支出

据本节的技术援助支出,每产业每年可达 10000000 美元,应据部长视为适当的条件进行。

第六部分　对农民的调整援助

第 2401 节　定义

本部分:

(1)农产品

"农产品"是指任何在原始或自然状态下的农产品(包括家畜)。

(2)农产品生产者

在《2008 年粮食、环境保护和能源法》第 1703(a)已做出修改前,"农产品生产者"与第七编第 1308(e)规定的"人"具有相同的概念。

(3)重要地促成

(A)一般规定

"重要地促成"是指其中一个原因具有重要作用,但并不一定是最重要的。

(B)重要地促成的判定

在有人根据本部分提出申请认为进口产品与本国农产品相同或直接竞争时,部长应决定其是否重要地促成了农产品价格的下跌。

（4）正式授权的代表

"正式授权的代表"是指农业产品生产者协会。

（5）全国平均价格

"全国平均价格"是指在农产品销售年度就某一农产品向农产品生产者支付的全国平均价格，该价格由部长决定。

（6）部长

"部长"是指农业部部长。

第2401a　申请；团体资格

（a）一般规定

农产品生产者或他们的正式授权代表可以根据本部分向部长申请获得援助资格。部长应在收到申请后立即在《联邦纪事》上进行公布，表明其已收到申请并开始展开调查。

（b）听证会

若部长发现申请者或其他任何人在诉讼中涉及重大利益，申请人或其他任何人应在部长根据本节第（a）分节发表公告之日起10天内递交听证请求。部长应召开听证会，对该利益方提供机会，出席听证、提供证据，并陈述意见。

（c）团体的资格要求

如果部长做出以下决定，则根据本部分证明农业产品生产者具备申请调整援助的资格：

（1）认为该团体销售的农产品或各个等级的农产品，其最近销售年度的全国平均价格，低于同类产品全国均价的80%；或者在销售年度的前五年中，其平均价格也低于同类产品全国均价的80%；且

(2)认为进口产品的增加直接或间接地与该团体生产的产品构成竞争,重要地促成了第(1)段所描述的价格下降。

(d)对随后资格年限的特别规定

如果部长认为有属于以下情形的,根据本编第2401b认定为有资格的农产品生产者团体就应有资格在这个团体被认定为有资格的那年后的有效年中申请援助:

(1)该团体最近绝大多数销售年度生产的农产品或各个等级的农产品的全国平均价格低于或等同于根据本节第(c)(1)的价格;且

(2)符合本节第(c)(2)的条件。

(e)资格年限和合格产品的裁定

本部分:

(1)资格年限

"资格年限"是根据本编第2401b中认定农产品生产者团体有资格的前提下,是指该团体被认定为有资格或者部长根据本节第(c)或(d)做出决定后的连续几年,具体视情况而定。

(2)同种产品的等级

在一种农产品有多种产品细分时,根据本节以及本编第2410e的规定,部长在审查团体资格、全国平均价格和进口水平时应将这些产品视为独立的产品。

第2401b　农业部长的裁定

(a)一般规定

根据本编第2401a节提出申请之日起40天内,无论如何不能超过40天,部长应审查申请团体是否符合本编第2401a节(c)和(d)的要求,视具体情况而定;若该团体符合要求,部长应签发资格证书,任何符合要求的团体中的农产品生产者都有资格申请援助。证书应明确规定本部分申请资格的生效之日。

(b)公告

部长在对一项申请做出裁定时,应立即在《联邦纪事》上发布对该裁定的概要,并附上作此裁定的详细理由。

(c)证书的终止

对于本部分中提到的任何资格证书,部长若认为证书中涉及的农产品的价格下降不再导致本编第2401a节中情况的出现,可以随时终止该证书,并立即在《联邦纪事》上发布终止公告,并附上作此决定的详细理由。

第2401c 当国际贸易委员会开始调查时农业部长的调研

(a)一般规定

不论国际贸易委员会(以下称委员会)何时展开根据本编第2252节所指的农产品的调查,都应立即通知部长。部长在收到通知后,应立即做以下调查:

(1)生产与农产品相同或直接竞争的农产品生产者数量,及其中根据本部分已被确认为有资格或可能被确认为有资格申请调整援助的生产者;且

(2)利用现有项目对促进生产者对进口竞争进行调整的程度。

(b)报告

部长应在委员会根据本编第2252(f)节做出报告之日起15天内,向总统陈述本节第(a)分节的调研结果。向总统汇报的同时,部长应使报告公开(部长认为机密的信息除外),并在《联邦纪事》上对报告做一个概要。

第2401d　农产品生产者的有利信息

（a）一般规定

部长应向农产品生产者提供关于利益津贴、培训以及根据本分章可获得的其他就业服务的全部信息；提供有关获取津贴、培训和服务的申请、申请程序、适当申请日期的详细信息。部长应向农产品生产者提供所有必须的援助，使有关团体根据本分章的规定准备申请或者准备项目利益的申请。

（b）利益通知

（1）一般规定

部长有理由相信涵盖在本部分所提到的证书中的可获得的利益，必须以书面通知形式邮寄给每一位农产品生产者。

（2）其他通知

部长应在生产者所在地区的发行的报纸上，向农产品生产者公布本部分下可获得的利益的通知。这些利益是涵盖在本部分所提到的证书中的。

（3）其他联邦援助

部长应提供有关申请或接受其他联邦援助相关程序的信息，并向承受经济压力的工人提供服务。

第2401e　农产品生产者的资格要求

（a）一般规定

（1）要求

根据本部分内容，调整援助的发放对象是受不利影响的有资格证书的农产品生产者，如果符合以下条件，他们可以在部长作出裁决并签发资格证明之后90天内根据本编第2401b节递交援助申请：

（A）生产者应当根据本分节向部长递交足够的资料以确定递交的申请含有最近几年的农业生产产值。

（B）生产者证明没有取得除本部分之外本分章任何条款规定的任何政府的现金利益。

（C）生产者最近一年的农业净收入（由部长确认）根据本部分应少于上一年生产者取得的没有调整援助的农业净收入。

（D）生产者证明其在不付出任何代价的情况下，从合作扩展服务局雇员或代理商处取得援助生产者对进口竞争进行调整以应对农产品造成的不利影响的信息和技术援助，包括：

（i）关于用一种或多种供选择的产品替代那些受到不利影响的农产品的切实可行的信息；和

（ii）生产者取得能够提高生产竞争力和改善对农产品生产者的市场营销产生不利影响的技术援助，包括产量和销售方面的改善。

（2）限制

（A）调整后的总收入

（i）一般规定。尽管本部分内容有其他条款规定，但当农产品生产者在任何一年调整后的平均总收入超过第七编第1308－3a节规定的生产者的水平时，不能获取援助资格。

（ii）根据第（A）分段的限制，个人或实体应当向部长提供以下证书：

（Ⅰ）一个由注册会计师或其他第三方提供的并得到部长的认可的证明，调整后的平均生产者总收入不超过第七编第1308－3a节的规定；或

（Ⅱ）部长通过其他程序建立记录有关调整后的平均生产者

总收入的资料和文件。

（B）反周期支付

对根据本部分向农业生产者在任何作物年度支付总额不得超出第七编第1308（c）节的反周期支付的限制。

（C）定义

在本分节中：

（i）调整后总收入。"调整后总收入"是指农产品生产者调整后获得的总收入：

（I）根据第62编第26节规定和与依照部长设定程序履行；和

（Ⅱ）在一个财政年或相应的作物年，个人或实体从所有的农业和非农业资源处获得的直接或间接收入。

（ii）调整后的平均总收入

（I）一般规定。"调整后的平均总收入"是指生产者前三年需纳税的调整后的平均总收入。

（Ⅱ）调整后有效的平均总收入。针对前三年需纳税的没有调整总收入的生产者，部长应制定规则，为生产者提供一个有效的可适用的年调整总收入。

（b）现金利益数额

（1）一般规定

按照本编第2401g节的条款规定，任何一个根据本节第（a）分节受不利影响的农产品生产者有权根据本部分要求与产品等额的调整援助：

（A）其中一半的区别在于：

（i）数额相当于本节第（a）分节中所描述的前五年和最近一年的全国市场营销农产品的平均价格的80%；和

（ii）最近几个销售年间农产品的全国平均价格；和

（B）最近几个销售年间农产品生产者生产的农产品数量。

（2）对随后资格年限的特别规定

对资格年限中可获得的现金利益金额的确定是根据第（1）段相同的方法规定，但国家平均农产品价格应该根据第（1）（A）（i）通过近五个销售年度来确定首次认证的现金利益的数额。

（c）现金援助的最高金额

农产品生产者在任意一年期间可获得的现金利益最多不超过 ＄10,000。

（d）其他援助的限制

就本部分而言，有资格获得现金利益的农产品生产者：

（1）不可再获得本分章规定的其他任何现金利益；且

（2）可以获得本分章第二部分 B 中第二条部门的再就业服务和培训利益。

第 2041f 欺诈和过度支付的返还

（a）一般规定

（1）偿还

如果部长或者是有管辖权的法院，判定任何收到本部分规定款项的人无权接受此款项，此人应当偿还金额于部长。除非依照以下规定部长可放弃接受返还，如果部长确定：

（A）此人对错误支付无过错；且

（B）要求偿还违背公平原则与道德规范。

（2）过度支付的返还

除了过度支付已返还，或根据第（1）段无需返还的情况，部长收回的过度支付应扣除此人根据本部分规定的应付款项。

（b）虚假陈述

任何人在本部分规定下（法律规定的其他处罚除外）无权获得进一步的支付款项:

（1）如果部长或者是有管辖权的法院确定此人:

（A）故意地编造或教唆他人编造与实质性事实相关的虚假声明或陈述,或

（B）故意不公开或使另一人不公开实质性事实;且

（2）本无资格得到支付的此人因此虚假声明或陈述,或隐瞒行为而得到支付。

（c）通知与判决

除非有管辖权的法庭判定为过度支付,否则不要求偿还且不扣除款项,直到部长据本节第（a）（1）分节做出的判决生效,判决通知与听证机会将会立即通知相关的人,判决将成为最终判决。

（d）向财政部付款

根据本节收回的任何款项应当归还于美国财政部。

（e）处罚

任何有意对实质性事实做出虚假陈述或故意隐瞒事实真相,以此实现为自己或他人获得支付批准或增加支付款项的人,根据本部分应处以至多＄10,000 的罚款或少于一年监禁,或两者并罚。

第2401g　拨款授权

（a）一般规定

在2003—2007 年的每个财政年度对农业部有适当的不超过＄90,000,000 授权拨款来实现本部分的目的,且对农业部

＄9,000,000 授权拨款从 2007 年 10 月 1 日起开始 3 个月的试行期。

（b）按比例减少

如某一年根据本部分的拨款数额不足以满足调整援助的需要，则援助款项应按比例减少。

参 考 文 献

一、中文类

（一）著作类

[1]李庆四:《美国国会与美国外交》,人民出版社2007年版

[2][美]梅里亚姆:《美国政治学说史》,朱曾汶译,商务印书馆1988年版

[3][美]M·贝科威茨等:《美国对外政策的政治背景》,张禾译,商务印书馆1979年版

[4]樊勇明:《西方国际政治经济学》(第二版),上海人民出版社2006年版

[5][美]罗伯特·基欧汉、约瑟夫·奈:《权力与相互依赖》(第3版),门洪华译,北京大学出版社2002年版

[6][美]约瑟夫·S·奈:《硬权力与软权力》,门洪华译,北京大学出版社2005年版

[7]倪世雄等:《当代西方国际关系理论》,复旦大学出版社2001年版

[8]张建新:《权力与经济增长——美国贸易政策的国际政治经济学》,上海人民出版社2006年版

[9][美]马丁·菲尔德斯坦主编:《20世纪80年代美国经济政策》(上、下册),经济科学出版社2000年版

[10][美]科依勒·贝格威尔、罗伯特·W·思泰格尔:《世界贸易体系经济学》,雷达、詹宏毅等译,中国人民大学出版社2005年版

[11][美]C·弗雷德·伯格斯坦主编:《美国与世界经济——未来十年美国的对外经济政策》,朱民等译,经济科学出版社2005年版

[12]陈宝森:《美国经济与政府政策——从罗斯福到里根》,世界知识出版社1988年版

[13][新西兰]迈克·穆尔:《没有壁垒的世界——自由、发展、自由贸易和全球治理》,商务印书馆2007年版

[14]伯纳德·霍克曼、迈克尔·考斯泰基:《世界贸易体制的政治经济学——从关贸总协定到世界贸易组织》,刘平等译,法律出版社1999年版

[15][美]约翰·H·杰克逊:《世界贸易体制——国际经济关系的法律与政策》,张乃根译,复旦大学出版社2001年版

[16][美]约翰·H·杰克逊:《GATT/WTO法理与实践》,张玉卿等译,新华出版社2002年版

[17][德]E·U·彼德斯曼:《国际经济法的宪法功能与宪法问题》,何志鹏等译,高等教育出版社2004年版

[18]朱淑娣:《WTO体制下国际贸易救济审查制度研究》,时事出版社2005年版

[19][美]理查德·B·斯图尔特:《美国行政法的重构》,沈岿译,商务印书馆2002年版

［20］龚柏华主编:《WTO 案例集》(2001 年下册),上海人民出版社 2002 年版

［21］冯军主编:《WTO 案例集》(2001 年上册),上海人民出版社 2001 年版

［22］龚柏华主编:《WTO 案例集》(2003 年),上海人民出版社 2004 年版

［23］龚柏华主编:《WTO 案例集》(2004 年),上海人民出版社 2005 年版

［24］龚柏华主编:《WTO 案例集》(2006 年),上海人民出版社 2006 年版

［25］WTO 总干事顾问委员会:《WTO 的未来——应对新千年的体制性挑战》,商务部世界贸易组织司译,中国商务出版社 2005 年版

［26］蔡从燕:《私人结构性参与多边贸易体制》,北京大学出版社 2007 年版

［27］张军旗:《多边贸易关系中的国家主权问题》,人民法院出版社 2006 年版

［28］刘敬东:《中国入世议定书解读——兼评世界贸易组织法律制度》,中国人民公安大学出版社 2004 年版

［29］张向晨:《发展中国家与 WTO 的政治经济关系》,法律出版社 2000 年版

［30］石静霞:《WTO 服务贸易法专论》,法律出版社 2006 年版

［31］王贵国:《世界贸易组织法》,法律出版社 2003 年版

［32］朱子勤、姜茹娇编著:《世界贸易组织 WTO 法律规则》,

中国政法大学出版社 2000 年版

[33]程国强:《WTO 农业规则与中国农业发展》,中国经济出版社 2001 年第 2 版

[34]洪德钦:《WTO 法律与政策专题研究》,中国人民大学出版社 2004 年版

[35]世界贸易组织秘书处编:《乌拉圭回合协议导读》,索必成、胡盈之译,法律出版社 2000 年版

[36]李小年编著:《WTO 法律规则与争端解决机制》,上海财经大学出版社 2000 年版

[37]陈卫东:《WTO 例外条款解读》,对外经济贸易大学出版社 2002 年版

[38]慕亚平主编:《WTO 中的"一国四席"》,法律出版社 2004 年版

[39]杨国华、李咏箑:《WTO 争端解决程序详解》,中国方正出版社 2004 年版

[40]朱榄叶编著:《关税与贸易总协定国际贸易纠纷案例汇编》,法律出版社 1996 年版

[41]曾令良:《世界贸易组织法》,武汉大学出版社 1996 年版

[42]朱淑娣主编:《运行中的国际经济行政法——WTO 案例之行政法解读》,时事出版社 2002 年版

[43]WTO 秘书处编:《WTO 争端解决程序》(第二版),索必成译,法律出版社 2003 年版

[44][美]戴维·帕尔米特、[希腊]佩特罗斯·C·马弗鲁第斯:《WTO 中的争端解决:实践与程序》(第二版),罗培新、李春林译,北京大学出版社 2005 年版

[45][德]彼得-托比亚斯·施托尔、[德]弗兰克·朔尔科普夫:《世界贸易制度和世界贸易法》,南京大学中德法学研究所译,法律出版社 2004 年版

[46]杨国华:《中国与 WTO 争端解决机制专题研究》,中国商务出版社 2005 年版

[47]陈芬森:《国际农产品贸易自由化与中国农业市场竞争策略》,中国海关出版社 2001 年版

[48]王新奎、刘光溪主编:《WTO 与反倾销、反补贴争端》,上海人民出版社 2001 年版

[49]李文玺:《世贸组织/关贸总协定反倾销法》,中国政法大学出版社 2006 年版

[50]朱榄叶编著:《世界贸易组织国际贸易纠纷案例评析》,法律出版社 2000 年版

[51]沈木珠:《国际贸易法研究》,法律出版社 2002 年版

[52]杨树明:《非关税贸易壁垒法律规制研究》,中国检察出版社 2007 年版

[53]朱晓勤主编:《发展中国家与 WTO 法律制度研究》,北京大学出版社 2006 年版

[54]房东:《WTO〈服务贸易总协定〉法律约束力研究》,北京大学出版社 2006 年版

[55]曾华群主编:《WTO 与中国外贸法的新领域》,北京大学出版社 2006 年版

[56]陈立虎、黄涧秋:《保障措施法比较研究》,北京大学出版社 2006 年版

[57]贺小勇:《国际贸易争端解决与中国对策研究——以

WTO 为视角》,法律出版社 2006 年版

[58]张军旗:《WTO 监督机制的法律与实践》,人民法院出版社 2002 年版

[59]孙南申:《WTO 体系下的司法审查制度》,法律出版社 2006 年版

[60]赵维田等:《WTO 的司法机制》,上海人民出版社 2004 年版

[61]黄志雄:《WTO 体制内的发展问题与国际发展法研究》,武汉大学出版社 2005 年版

[62]石静霞、陈卫东:《WTO 国际服务贸易成案研究(1996—2005)》,北京大学出版社 2005 年版

[63]顾敏康:《WTO 反倾销法——蕴于实践的理论》,北京大学出版社 2005 年版

[64]莫世健:《贸易保障措施研究》,北京大学出版社 2005 年版

[65]世界贸易组织秘书处编:《贸易走向未来——世界贸易组织(WTO)概要》,法律出版社 1999 年版

[66]沈桥林:《从世贸组织看国家主权》,法律出版社 2008 年版

[67]孙琬钟、屈广清主编:《WTO 理论与实践新问题研究》,吉林大学出版社 2005 年版

[68][美]雅各布·瓦伊纳:《倾销:国际贸易中的一个问题》,沈瑶译,熊性美校,商务印书馆 2003 年版

[69]李晓玲:《WTO 框架下的农业补贴纪律》,法律出版社 2008 年版

[70]贺小勇:《WTO新议题研究——中国外贸战略转型的法律思考》,北京大学出版社2008年版

[71]屠新泉:《中国在WTO中的定位、作用和策略》,对外经济贸易大学出版社2005年版

[72]梁碧波:《美国对华贸易政策决定的均衡机理》,中国社会科学出版社2006年版

[73]商务部世界贸易组织司、中国政府世贸组织通报咨询局编著:《美国贸易政策——世界贸易组织对美国贸易政策审议(2002—2003年)》,中国商务出版社2005年版

[74]张丽娟:《美国商务外交策略》,经济科学出版社2005年版

[75]冼国明、陈继勇主编:《当代世界经济格局下的中美经贸关系》,中国经济出版社2007年版

[76][美]杰里尔·A·罗赛蒂:《美国对外政策的政治学》,周启朋等译,世界知识出版社1997年版

[77]林珏:《战后美国对外贸易政策研究》,云南大学出版社1995年版

[78][美]戴斯勒:《美国贸易政治》(第四版),王恩冕、于少蔚译,中国市场出版社2006年版

[79][美]诺曼·杰·奥恩斯坦、雪利·埃尔德:《利益集团、院外活动和政策制订》,潘同文等译,世界知识出版社1981年版

[80]何思因:《美国贸易政治》,时英出版社1994年版

[81][美]艾尔·L·希尔曼:《贸易保护的政治经济学》,彭迪译,平新乔校,北京大学出版社2005年版

[82]G·M·格罗斯曼、E·赫尔普曼:《利益集团与贸易政

策》,李增刚译,中国人民大学出版社 2005 年版

[83]金祥荣等:《贸易保护制度的经济分析》,经济科学出版社 2001 年版

[84]徐泉:《国家经济主权论》,人民出版社 2006 年版

[85][比]约斯特·鲍威林:《国际公法规则之冲突——WTO 法与其他国际法规则如何联系》,周忠海等译,周忠海、马静审校,法律出版社 2005 年版

[86]刘燕南:《实用主义法理学进路下的国际经济法》,法律出版社 2007 年版

[87]陈安主编:《国际经济法论丛》(第 1—7 卷),法律出版社 1998 年、1999 年、2000 年、2001 年、2002 年、2003 年版

[88]陈安主编:《国际经济法学刊》(第 8—14 卷),北京大学出版社 2004 年、2005 年、2006 年、2007 年版

[89]陈安主编:《国际经济法专论》(上、下编,总、分论),高等教育出版社 2002 年版

[90]曹建明、陈治东主编:《国际经济法专论》(第一至六卷),法律出版社 2000 年版

[91]叶兴平:《国际争端解决机制的最新发展——北美自由贸易区的法律与实践》,法律出版社 2006 年版

[92]刘志云:《现代国际关系理论视野下的国际法》,法律出版社 2006 年版

[93]何志鹏:《全球化经济的法律调控》,清华大学出版社 2006 年版

[94]徐泉:《国际贸易投资自由化法律规制研究》,中国检察出版社 2004 年版

[95]邱本:《市场竞争法论》,中国人民大学出版社2004年版

[96]饶戈平主编:《全球化进程中的国际组织》,北京大学出版社2005年版

[97]张乃根主编:《新编国际经济法导论》(第二版),董世忠主审,复旦大学出版社2002年版

[98]王贵国主编:《区域安排法律问题研究》,北京大学出版社2004年版

[99]刘志云:《国际经济法律自由化原理研究》,厦门大学出版社2005年版

[100][希腊]尼古拉斯·波利蒂斯:《国际法的新趋势》,原江译,云南人民出版社2004年版

[101]张乃根:《国际法原理》,中国政法大学出版社2002年版

[102]杨紫烜主编:《国际经济法新论——国际协调论》,北京大学出版社2000年版

[103]王铁崖:《国际法引论》,北京大学出版社1998年版

[104]贺其治:《国家责任法及案例浅析》,法律出版社2003年版

[105][德]乌茨·施利斯基:《经济公法》,喻文光译,法律出版社2006年版

[106][英]安托尼·奥斯特:《现代条约法与实践》,江国青译,中国人民大学出版社2005年版

[107]李浩培:《条约法概论》,法律出版社1987年版

[108][英]马克·威廉姆斯:《国际经济组织与第三世界》,张汉林等译,经济科学出版社2001年版

[109][美]约瑟夫·斯托里:《美国宪法评注》,毛国权译,上海三联书店2006年版

[110]陈端洪:《宪治与主权》,法律出版社2007年版

[111][美]约翰·O·麦金尼斯、马克·L·莫维塞西恩:《世界贸易宪法》,张保生、满运龙译,中国人民大学出版社2004年版

[112]任东来、陈伟、白雪峰等:《美国宪政历程:影响美国的25个司法大案》,中国法制出版社2005年版

[113]纪念美国宪法颁布200周年委员会编:《美国公民与宪法》,劳娃、许旭译,傅郁林审校,清华大学出版社2006年版

[114]王希:《原则与妥协——美国宪法的精神与实践》(修订本),北京大学出版社2000年版

[115]钱福臣:《宪政哲学问题要论》,法律出版社2006年版

[116]钱福臣:《美国宪政生成的深层背景》,法律出版社2005年版

[117][美]爱德华·S·考文:《美国宪法的"高级法"背景》,强世功译,李强校,生活·读书·新知三联书店1996年版

[118]孙大雄:《宪政体制下的第三种分权——利益集团对美国政府决策的影响》,中国社会科学出版社2004年版

[119][美]查尔斯·A·比尔德:《美国宪法的经济观》,何希齐译,商务印书馆1984年版

[120][美]路易斯·亨金:《宪政·民主·对外事务》,邓正来译,生活·读书·新知三联书店1996年版

[121]陆润康:《美国联邦宪法论》,书海出版社2003年版

[122][美]路易斯·亨金著、阿尔伯特·J·罗森塔尔编:《宪政与权利——美国宪法的域外影响》,郑戈等译,朱苏力校订,生

活·读书·新知三联书店 1996 年版

[123] [美] 赫伯特·J·斯托林:《反联邦党人赞成什么——宪法反对者的政治思想》, 汪庆华译, 北京大学出版社 2006 年版

[124] 张千帆:《倚宪论道——在理念与现实之间》, 中国法制出版社 2007 年版

[125] 李伯超:《宪政危机研究》, 法律出版社 2006 年版

[126] [美] 卡尔·贝克尔:《论〈独立宣言〉——政治思想史研究》, 彭刚译, 江苏教育出版社 2005 年版

[127] 吴越:《经济宪法学导论——转型中国经济权利与权力之博弈》, 法律出版社 2007 年版

[128] [美] 汉密尔顿、杰伊、麦迪逊:《联邦党人文集》, 程逢如等译, 商务印书馆 1980 年版

[129] [美] 马克斯·法仑德:《设计宪法》, 董成美译, 上海三联书店 2006 年版

[130] [美] 文森特·奥斯特罗姆:《美国联邦主义》, 王建勋, 上海三联书店 2003 年版

[131] [美] 西尔维亚·斯诺维斯:《司法审查与宪法》, 谌洪果译, 北京大学出版社 2005 年版

[132] [美] 汉密尔顿等:《美国宪法原理》, 严欣淇译, 中国法制出版社 2005 年版

[133] [法] 托克维尔:《论美国的民主》(上下卷), 董果良译, 商务印书馆 1988 年版

[134] [美] 斯蒂芬·霍尔姆斯、凯斯·R·桑斯坦:《权利的成本——为什么自由依赖于税》, 毕竞悦译, 北京大学出版社 2004 年版

[135][美]约瑟夫·威勒:《欧洲宪政》,程卫东、吴倩岚等译,周弘、程卫东等校,中国社会科学出版社2004年版

[136]曹卫东编:《欧洲为何需要一部宪法》,中国人民大学出版社2004年版

[137]刘星红:《欧共体对外贸易法律制度》,中国法制出版社1996年版

[138][美]布鲁斯·E·克拉伯:《美国对外贸易法和海关法》(上、下册),蒋兆康等译,蒋兆康校对,黄胜强审定,法律出版社2000年版

[139][美]马歇尔·C·霍华德:《美国反托拉斯法与贸易法规——典型问题与案例分析》,孙南申译,中国社会科学出版社2001年版

[140]姜栋:《美国反倾销法研究》,中国人民大学出版社2007年版

[141][美]詹姆斯·德林:《美国贸易保护商务指南——反倾销、反补贴和保障措施法规、实践与程序》,毛悦、刘小雪译,彭宾审校,社会科学文献出版社2007年版

[142]韩立余:《美国外贸法》,法律出版社1999年版

[143]韩立余译:《美国贸易法》,法律出版社1999年版

[144]韩立余译:《美国关税法》,法律出版社1999年版

[145]杨国华:《美国贸易法"301条款"研究》,法律出版社1998年版

[146]罗昌发:《美国贸易救济制度:国际经贸法研究(一)》,中国政法大学出版社2003年版

[147]罗昌发:《贸易与竞争之法律互动:国际经贸法研究

（三）》,中国政法大学出版社 2003 年版

[148]李本:《补贴与反补贴制度分析》,北京大学出版社 2005 年版

[149]段爱群:《法律较量与政策权衡——WTO 中补贴与反补贴规则的实证分析》,经济科学出版社 2005 年版

[150]甘瑛:《国际货物贸易中的补贴与反补贴法律问题研究》,法律出版社 2005 年版

[151]王传丽编著:《补贴与反补贴措施协定条文释义》,湖南科学技术出版社 2006 年版

[152]彭岳:《贸易补贴的法律规制》,法律出版社 2007 年版

[153]叶全良、王世春主编:《国际商务与反补贴》,人民出版社 2005 年版

[154]翁国民:《贸易救济体系研究》,法律出版社 2007 年版

[155]韩立余主编:《攻克出口贸易中的九大法律障碍》,知识产权出版社 2005 年版

[156]刘阳:《对中美贸易摩擦的专题法律研究》,东北财经大学出版社 2006 年版

[157]陈力:《国际贸易救济法律制度中的非市场经济规则——以美国欧盟为视角》,上海人民出版社 2007 年版

[158][英]Snyder、唐青阳主编:《欧盟反倾销制度与实务研究》,法律出版社 2005 年版

[159]邓德雄:《欧盟反倾销的法律与实践》,社会科学文献出版社 2004 年版

[160]蒋小红:《欧共体反倾销法与中欧贸易》,社会科学文献出版社 2004 年版

[161]杨昌举等编著:《技术性贸易壁垒:欧盟的经验及对中国的启示》,法律出版社2003年版

[162]李毅等:《国际贸易救济措施——反倾销、反补贴、保障措施与特保措施》,对外经济贸易大学出版社2005年版

[163]张亮:《反倾销法损害确定问题研究》,法律出版社2006年版

[164]赵生祥:《贸易救济制度研究》,法律出版社2007年版

[165]林燕萍:《贸易与国际竞争法》,上海人民出版社2005年版

[166]王中美:《竞争规则的国际协调》,人民出版社2005年版

[167]薄守省、杨麟、周勇编著:《美国337调查程序实务》,对外经济贸易大学出版社2006年版

[168]何鹰:《对外贸易中的技术性贸易措施法律问题研究》,法律出版社2006年版

[169]黄东黎:《WTO规则运用中的法治——中国纺织品特别保障措施研究》,人民出版社2005年版

[170]杨向东:《中美保障措施制度比较研究》,法律出版社2008年版

[171]单一:《WTO框架下补贴与反补贴法律制度与实务》,法律出版社2009年版

[172]王军、郭策、张红:《WTO保障措施成案研究(1995—2005年)》,北京大学出版社2008年版

[173]张乃根:《国际贸易的知识产权法》,复旦大学出版社1999年版

[174]李明德:《"特别301条款"与中美知识产权争端》,社会科学文献出版社2000年版

[175]李明德:《美国知识产权法》,法律出版社2003年版

[176]杨国华:《中美知识产权问题概观》,知识产权出版社2008年版

[177]韩立余等编著:《美国对外贸易中的知识产权保护》,知识产权出版社2006年版

[178]李顺德:《WTO的TRIPS协议解析》,知识产权出版社2006年版

[179]张旗坤等编著:《欧盟对外贸易中的知识产权保护》,知识产权出版社2006年版

[180]赵维田编著:《〈中国入世议定书〉条款解读》,湖南科学技术出版社2006年版

[181]刘剑文:《WTO体制下中国税收政策合法化问题研究》,法律出版社2007年版

[182]刘剑文主编:《WTO体制下的中国税收法治》,北京大学出版社2006年版

[183]韩龙:《金融服务贸易规制与监管研究——基于入世过渡期后银行业局势的探讨》,北京大学出版社2006年版

[184]郭雳:《中国银行业创新与发展的法律思考》,北京大学出版社2006年版

[185]孙南申:《中国对外服务贸易法律制度研究》,法律出版社2000年版

[186]孙南申等:《进入WTO的中国涉外经济法律制度》,人民法院出版社2003年版

[187]黄东黎、王振民主编:《中华人民共和国对外贸易法:条文精释及国际规则》,法律出版社 2004 年版

[188][美]拉尔夫·H·弗尔瑟姆等:《国际贸易与投资》(第2版),法律出版社 2004 年版

[189]周林彬:《WTO 规则与中国经济法理论创新——一种法律经济学的观点》,中国政法大学出版社 2003 年版

[190]宋功德:《论经济行政法的制度结构——交易费用的视角》,北京大学出版社 2003 年版

[191]王克稳:《经济行政法基本论》,北京大学出版社 2004 年版

[192]王先林:《WTO 竞争政策与中国反垄断立法》,北京大学出版社 2005 年版

[193]袁曙宏、宋功德:《WTO 与行政法》,北京大学出版社 2002 年版

[194]刘文静:《WTO 规则国内实施的行政法问题》,北京大学出版社 2004 年版

[195]刘宁元等:《国际反垄断法》,上海人民出版社 2002 年版

[196]孙南申:《中国涉外经济法与 WTO 国际规则》,法律出版社 2002 年版

[197]龚红柳:《国际贸易行政案件司法解释关联精析》,法律出版社 2003 年版

[198]沈四宝、王秉乾编著:《中国对外贸易法》,法律出版社 2006 年版

[199]孔庆江:《中国纺织品贸易的法律环境》,中国人民大学

出版社 2005 年版

[200]刘宁元主编:《中外反垄断法实施体制研究》,北京大学出版社 2005 年版

[201]陈云良:《中国经济法的国际化路径》,中国政法大学出版社 2004 年版

[202]何茂春:《对外贸易法比较研究——兼论中国"入世"后外贸体制的全面改革》,中国社会科学出版社 2000 年版

[203]江必新编著:《WTO 与行政法治——行政法的世界眼光》,中国人民公安大学出版社 2002 年版

[204]刘德标主编:《加入 WTO 后中国涉外经济贸易法律实施体系与规则》,中国方正出版社 2002 年版

[205]甘瑛:《WTO 补贴与反补贴法律与实践研究》,法律出版社 2009 年版

[206]陈功:《聚焦美国"府会"外贸决策权之争》,重庆出版社 2008 年版

[207]王琴华主编:《中国钢铁保障措施案回顾与研究》,中国长安出版社 2006 年版

[208]苏力:《法治及其本土资源》,中国政法大学出版社 1996 年版

[209]季卫东:《法治秩序的建构》,中国政法大学出版社 1999 年版

(二)论文类

[1]徐泉:"美国外贸政策决策机制的变革——美国《1934 年互惠贸易协定法》述评",载《法学家》2008 年第 1 期

[2]徐泉:"WTO 争端解决机制下私人诉权之审视",载《现代

法学》2007 年第 3 期

[3]陈利强:"WTO 协定下美国贸易权利论——以美国对中国实施'双轨制反补贴措施'为视角",载《法律科学》2008 年第2 期

[4]陈利强:"试论 GATT/WTO 协定之私人执行——一个美国法的视角",载《现代法学》2008 年第 4 期

[5][美]C·弗雷德·伯格斯坦:"美国贸易政策的复兴",沈旭华译,载林晓云主编:《美国法通讯》(第三辑),法律出版社2004 年版

[6]屠新泉:"党派政治与美国贸易政策的变迁",载《美国研究》2007 年第 4 期

[7]屠新泉:"中国加入 WTO 以来的美国对华贸易政策",载《世界经济研究》2007 年第 11 期

[8]韩龙:"市场准入与国内规制在 WTO 法中应如何合理界分",载《政法论坛》2006 年第 4 期

[9]蔡从燕:"面对国家的个人与面对个人的国家——全球化背景下国际法发展的元动力问题",载《法律科学》2006 年第 6 期

[10][美]斯蒂夫·查诺维兹:"WTO 与个人权利",张若思译,载《环球法律评论》2002 年秋季号

[11]韩立余:"文化产品、版权保护与贸易规则",载《政法论坛》2008 年第 3 期

[12]王贵国:"经济全球化与全球法治化",载《中国法学》2008 年第 1 期

[13]王彦志:"论作为国际经济法体制结构性基础的公民社会",载《法制与社会发展》2008 年第 5 期

[14] 左海聪:"直接适用条约问题研究",载《法学研究》2008年第3期

[15] 张乃根:"论 WTO 争端解决的国内法审查",载《法学家》2008年第3期

[16] 张华:"论《欧洲宪法条约》对欧共体共同商业政策的改革",载《比较法研究》2008年第1期

[17] 马述忠、李淑玲:"对美国贸易政策嬗变的政治经济学分析——一个'利益集团'视角",载《国际贸易问题》2007年第4期

[18] 王勇:"美国对华经贸摩擦'政治化'问题研究",载《美国研究》2008年第1期

[19] 金灿荣:"国会与美国贸易政策的制定",载《美国研究》2000年第2期

[20] 孙哲、李巍:"美国贸易代表办公室与美国国际贸易政策",载《美国研究》2007年第1期

[21] 胡晓进、任东来:"探索美国对外关系的宪政源泉——读路易斯·亨金的《对外事务与美国宪法》",载《美国研究》2003年第1期

[22] 廖凡:"构建更加公平的国际贸易体制——对 WTO 互惠原则的再思考",载《国际贸易》2007年第6期

[23] 李记广等:"美国政府贸易摩擦预警机制及启示",载《国际贸易》2007年第6期

[24] 杜涛:"互惠原则与外国法院判决的承认与执行",载《环球法律评论》2007年第1期

[25] 武长海:"2007年美国对华贸易政策和贸易壁垒新发展",载《国际贸易》2008年第2期

[26]林学访:"论贸易摩擦的成因与影响",载《国际贸易》2007年第5期

[27]孙哲、成帅华:"美国国会与后PNTR时代的美国对华贸易政策",载《太平洋学报》2001年第3期

[28]孙哲、刘建华:"产业地理与结盟游说——考察美国对华贸易政策的新视角",载《世界经济与政治》2007年第6期

[29]孙哲、赵国军:"美国国会'中国连线'评析",载《世界经济与政治》2007年第1期

[30]金灿荣:"PNTR及相关问题",载《世界经济与政治》2000年第11期

[31]金灿荣:"布什当局的对华政策及其国内政治制约因素",载《现代国际关系》2001年第6期

[32]孙哲:"美国国会中国问题委员会评析——兼论我国的外交政策",载《国际观察》2003年第1期

[33]孙哲、刘建华:"中国经济崛起和中美经贸关系:美国国会的认知与反应",载《复旦学报》(社会科学版)2006年第3期

[34]朱颖:"美国'竞争性自由化'战略的形成与实施",载《国际论坛》2007年第1期

[35]朱颖:"从历史视角看美国贸易政策的本质",载《国际商务——对外经济贸易大学学报》2007年第1期

[36]孙天竺、崔日明:"美国对外贸易政策变迁轨迹研究(1776—1940)",载《国际贸易问题》2008年第2期

[37]朱颖:"美国对外贸易的理念和货物贸易的基本格局",载《国际贸易问题》2006年第12期

[38]王勇:"中美经济关系:寻求新的分析框架",载《国际经

济评论》2007 年第 4 期

［39］孙哲、王义桅、赵可金："国会研究：美国研究的新支点"，载《复旦学报》(社会科学版)2002 年第 2 期

［40］李道揆："九十年代的美国政治"，载《美国研究》1997 年第 4 期

［41］栾信杰："两条腿走三步——美国对华反补贴态势分析"，载《国际贸易》2008 年第 1 期

［42］高永富："评中美铜版纸反补贴争端"，载《国际贸易》2008 年第 3 期

［43］刘敬东："论贸易自由化——多边贸易体制及其法律制度的基石"，载《国际贸易》2007 年第 4 期

［44］李卓、刘建兵："论美国贸易调整援助计划"，载《经济评论》2005 年第 4 期

［45］韩秀丽："保障措施、贸易保护与产业调整援助立法"，载《河北法学》2005 年第 23 卷第 1 期

［46］覃红："贸易救济法律制度框架下地方政府定位的理论与实践"，载《太平洋学报》2008 年第 2 期

［47］韩凤朝："衰退产业调整：政府应如何发挥作用——国际经验及其启示"，载《生产力研究》2005 年第 2 期

［48］陈雨松："美国贸易法上的'贸易调整援助'及其对我国的启示"，载《世界贸易组织动态与研究》2007 年第 6 期

［49］陈利强："《补贴与反补贴措施协定》之专向性问题初探"，载《西北大学学报》(哲学社会科学版)2008 年第 3 期

［50］王薇薇："美国贸易调整援助立法新论"，载《特区经济》2009 年第 5 期

[51]李娟:"WTO 保障措施制度之起源与发展探寻",载《学术论坛》2009 年第 1 期

[52]陈立虎、杨向东:"中国保障措施立法及其发展趋向",载《时代法学》2006 年第 2 期

[53]林学贵:"WTO 多哈回合谈判破裂对中国农业的影响",载《国际贸易》2009 年第 2 期

[54]孙笑侠、郭春镇:"法律父爱主义在中国的适用",载《中国社会科学》2006 年第 1 期

[55]赵生祥:"论我国贸易救济的范围和制度构建",载《中国法学》2007 年第 3 期

[56]张勇:"论扩大开放与维护产业安全的协调机制——《中国产业安全法》立法研究",载《国际贸易》2007 年第 8 期

[57]鲍晓华:"反倾销措施的贸易救济效果评估",载《经济研究》2007 年第 2 期

[58]杨益:"当前我国产业安全面临的压力及其应对措施",载《国际贸易》2008 年第 9 期

[59]宋和平:"中国贸易救济法律制度的建立和完善",载《中国经贸导刊》2009 年第 15 期

[60]傅东辉:"选择正确的贸易救济政策是对产业竞争力的基本保障",载《国际贸易》2007 年第 3 期

[61]杨益:"积极利用 WTO 争端解决机制维护合法权益",载《国际贸易》2009 年第 10 期

[62]陈立虎、杨向东:"中国保障措施立法及其发展趋向",载《时代法学》2006 年第 2 期

[63]温树英、姚俊峰:"WTO 体制下我国贸易壁垒调查制度

的有效性分析",载《山西大学学报》(哲学社会科学版)2009年第5期

[64]陈喜峰:"以基本权利为核心的贸易与人权一元论——评彼德斯曼对贸易与人权关系的理论建构",载《现代法学》2009年第2期

[65]徐泉:"美国反补贴法适用探析——以对'非市场经济国家'的适用为考察对象",载《法商研究》2008年第1期

[66]陈利强、屠新泉:"美国对华实施'双轨制反补贴措施'问题研究",载《国际贸易问题》2010年第2期

（三）学位论文类

[1]孙天竺:"美国对外贸易政策变迁轨迹研究（1776—1940）",辽宁大学2008年博士学位论文

[2]李淑俊:"美国贸易保护主义的政治基础研究——以中美贸易摩擦为例",复旦大学2008年博士学位论文

[3]谭黎华:"论国际贸易中的保障措施",中国政法大学2004年博士学位论文

[4]赵航:"美国自由贸易政策与战后多边贸易体制",外交学院2007年博士学位论文

[5]刘伟丽:"战略性贸易政策理论研究",东北财经大学2005年博士学位论文

[6]李明圆:"论日本产业政策与贸易政策的融合",对外经济贸易大学2005年博士学位论文

[7]陈利强:"中国对外贸易壁垒调查制度研究",浙江大学2004年硕士学位论文

二、外文类

(一)著作类

[1]Benjamin J. Cohen, ed. American Foreign Economic Policy: Essays and Comments, Harper and Row, 1968.

[2]Robert. A. Pastor, Congress and the Politics of U. S. Foreign Economic Policy, 1929—1976, University of California Press, 1980.

[3] Patrick Low, Trading Free: The GATT and U. S. Trade Policy, The Twentieth Century Fund, 1993.

[4] Daniel L. M. Kennedy & James D. Southwick, ed. The Political Economy of International Trade Law – Essays in Honor of Robert E. Hudec, Cambridge University Press, 2002.

[5]Jagdish Bhagwati, ed. Going Alone: The Case for Relaxed Reciprocity in Freeing Trade, The MIT Press, 2002.

[6]Asif H. Qureshi, ed. Perspectives in International Economic Law, Kluwer Law International, 2002.

[7]Daniel Lessard Levin, Representing Popular Sovereignty–The Constitution in American Political Culture, State University of New York Press, 1999.

[8] John H. Jackson, Sovereignty, the WTO and Changing Fundamentals of International Law, Cambridge University Press, 2006.

[9]Louis. Henkin, Foreign Affairs and the U. S Constitution, 2nd ed, Clarendon Press, 1997.

[10]Philip Ruttley, Iain Macvay and Carol George, ed. The WTO

and International Trade Regulation, Cameron May Ltd, 1998.

[11] Dr Robert. M. Maclean and Bettina Volpi, EU Trade Barrier Regulation – Tackling Unfair Foreign Trade Practices, Palladian Law Publishing Ltd, 2000.

[12] Jagdish Bhagwati, ed. Import Competition and Response, The University of Chicago Press, 1980.

(二)论文类

[1] Harold Hongju Kou, "Congressional Controls on Presidential Trade Policymaking after I. N. S. V. CHADHA," N. Y. U. J. Int' I L. and Pol, vol. 18(1985—1986).

[2] Julian N. Eule, "Laying the Dormant Commerce Clause to Rest," The Yale Law Journal, vol. 91(January 1982).

[3] Stephan Haggard, "The Institutional Foundations of Hegemony: Explaining the Reciprocal Trade Agreements Act of 1934," International Organization, vol. 42(Winter 1988).

[4] Hon. Jane A. Restani, "Judicial Review in International Trade: Its Role in the Balance Between Delegation by Congress and Limitation of Executive Discretion," The American University Law Review, vol. 37(1987—1988).

[5] Theresa Wilson, "Who Controls International Trade? Congressional Delegation of the Foreign Commerce Power," Drake L. Rev, vol. 47(1998).

[6] Kenneth W. Dam, "Cordell Hull, the Reciprocal Trade Agreements Act, and the WTO—An Essay on the Concept Rights in International Trade," N. Y. U. J. L. and Bus, vol. 1(2004—2005).

[7] C. O'Neal Taylor, "Fast Track, Trade Policy, and Free Trade Agreements: Why the NAFTA Turned into a Battle," GW J. Int'I L. and Econ, vol. 28 (1994).

[8] James A. Dorn, "Trade Adjustment Assistance: A Case of Government Failure," Cato Journal, vol. 2, no. 3 (Winter 1982).

[9] Lawrence M. Reich, "Foreign Policy or Foreign Commerce?: WTO Accessions and the U. S. Separation of Powers," Geo. L. J, vol. 86 (January 1998).

[10] Harold Hongju Koh, "The Fast Track and United States Trade Policy," Brook. J. Int'I L, vol. 18 (1992).

[11] Michael Borrus and Judith Goldstein, "The Political Economy of International Trade Law and Policy: United States Trade Protectionism: Institutions, Norms, and Practices," NW. J. INT'L L. and BUS, vol. 8 (Fall 1987).

[12] Judith Goldstein, "Ideas, Institutions, and American Trade Policy," International Organization, vol. 42 (Winter 1988).

[13] William J. Mateikis, "The Fair Track to Expanded Free Trade: Making TAA Benefits More Accessible to American Workers," Houston Journal of International Law, vol. 30 (2007).

[14] Stanley D. Metzger, "The Escape Clause and Adjustment Assistance: Proposals and Assessments," Law and Policy in International Business, vol. 2 (1970).

[15] Stanley D. Metzger, "The Trade Expansion Act of 1962," The Georgetown Law Journal, vol. 51 (Spring 1963).

[16] Alan C. Swan, "The 'Escape Clause' and the Safeguards

Wrangle,"Brigham Young University Law Review(1989).

[17] Carl H. Fulda, " Adjustment to Hardship Caused by Imports:The New Decisions of the Tariff Commission and the Need for Legislative Clarification," Michigan Law Review, vol. 70 (April 1972).

[18]Walter Sterling Surrey,"Legal Problems to Be Encountered in the Operation of the Trade Expansion Act of 1962,"North Carolina Law Review,vol. 41(1962—1963).

[19] Bruce E. Clubb and Otto R. Reischer, " The Trade Adjustment Bills: Their Purpose and Efficacy," Columbia Law Review,vol. 61(1961).

[20]James Robertson,"Adjustment Assistance Under the Trade Expansion Act of 1962:A Will-O'-the-Wisp,"George Washington Law Review,vol. 33(1964—1965).

[21] William R. Golden,JR,"The Politics of Free Trade:The Role of Trade Adjustment Assistance," Virginia Journal of International Law,vol. 14(1973—1974).

[22] Ethan Kapstein, "Trade Liberalization and the Politics of Trade Adjustment Assistance,"International Labour Review,vol. 137 (1998).

[23]Josiah Hatch Ⅲ, "The Harlry-Davidson Case:Escaping the Escape Clause," Law & Policy in International Business, vol. 16 (1984).

[24] Warren Maruyama, " The Evolution of the Escape Clause-Section 201 of the Trade Act of 1974 as Amended by the

Omnibus Trade and Competitiveness Act of 1988,"Brigham Young U-niversity Law Review(1989).

[25] Linda Elliott, "The Role of the Federal Government in Worker Adjustment Assistance–An Evaluation of the 1974 Trade Act in the Light of Worker Adjustment Assistance in Japan," Michigan Yearbook of International Legal Stuides, vol. 6(1984).

[26] William Tanaka and Jenkins Middleton, "Injured Industries, Imports and Industrial Policy: A Comparison of United States and Japanese Practices," Case W. Res. J. Int' L L, vol. 15 (1983).

[27] Eleanor Roberts Lewis and Harry J. Connolly, JR. , "Trade Adjustment Assistance for Firms and Industries," U. Pa. J. Int' L Bus. L, vol. 10(1988).

[28] Richard A. Givens, "The Search for an Alternative to Protection,"Fordham L. Rev, vol. 30(1961—1962).

[29] Peter F. Drucker, "Trade Lessons from the World Economy,"Foreign Affairs, vol. 73(January/February 1994).

[30] Chad P. Bown and Rachel McCuloch, "US Trade Remedies and the Adjustment Process", IMF conference in honor of Michael Mussa, Washington DC, June4–5, 2004.

[31] John J. Mangan, "Trade Agreements Act of 1979: A Steel Industry Perspective," Law & Policy in International Business, vol. 18 (1986).

[32] Whitney John Smith, "Trade Adjustment Assistance: An Underdeveloped Alternative to Import Restrictions", Albany Law

Review, Vol. 56 (1992—1993).

[33] James E. Jonish, "Adjustment Assistance Experience Under the U. S. - Canadian Automotive Agreement," Industrial and Labor Relations Review, vol. 23 (1969—1970).

[34] John Hardin. Young, "America's Labor Pains and Foreign Trade: The Stillbirth of Adjustment Assistance," Virginia Journal of International Law, vol. 13 (1972—1973).

[35] Jeffrey A. Manley, "Adjustment Assistance: Experience Under the Automotive Products Trade Act of 1965," Harvard International Law Journal, vol. 10 (1969).

[36] Paul T. Decker and Walter Corson, "Internationaln Trade and Worker Displacement: Evaluation of the Trade Adjustment Assistance Program," Industrial and Labor Relations Review, vol. 48, no. 4 (July 1995).

[37] Kevin C. Kennedy, "Worker, Industry, and Government Adjustment Under the Canada – U. S. Free Trade Agreement," Detroit College of Law Review, vol. 1989 (1989).

[38] Brad A. Brooks – Rubin, "Outsourcing And Its Impact on Trade and Trade Law: Monumental Flaws and Dysfunctions: Some Suggestions for Mending The Broken Trade Adjustment Assistance Certification Process," ILSA Journal of International & Comparative Law, vol. 11 (Spring 2005).

[39] Paul C. Rosenthal and Robin H. Gilbert, "The 1988 Amendments to Section 201: It Isn't Just for Import Relief Anymore," Law and Policy in International Business, vol. 20 (1989).

[40] Mary Anne Joseph, "Trade Adjustment Assistance: An Analysis," Connecticut Journal of International Law, vol. 6(1990).

[41] Liberty Mahshigian, "Orderly Marketing Agreements: Analysis of United States Automobile Industry Efforts to Obtain Import Relief," Hastings International and Comparative Law Review, vol. 6 (1982).

[42] James L. Edwards, "The Omnibus and Fair Trading Act of 1988 and the United States Trade Representative: Suggestions for Better Coordination and Implementation of an Effective International Trade Policy," Brigham Young University Law Review? (1989).

[43] Peter D. Ehrenhaft, "The 'Judicialization' of Trade Law," The Notre Dame Lawyer, vol. 56(1980—1981).

[44] Richard L. O' Meara, "United States Trade Law: Reexamining the Escape Clause," Virginia Journal of International Law, vol. 26(1985—1986).

[45] Paul C. Rosenthal, "Industrial Policy and Competitiveness: The Emergence of the Escape Clause," Law and Policy in International Business, vol. 18(1986).

[46] Shellyn G. McCaffrey, "North American Free Trade and Labor Issues: Accomplishments and Challenges," Hofstra Labor Law Journal, vol. 10(Fall 1992–Spring 1993).

[47] Jessica Schauer, "Federal Trade Adjustment Assistance for Workers: Broken Equipment," Boston College Third World Law Journal, vol. 26(Spring 2006).

[48] Malcom D. Bale, "Adjustment Assistance Under the Trade

Expansion Act of 1962," The Journal of International Law and Economics, vol. 9(1974).

[49] Senator Dan Quayle, "United States International Competitiveness and Trade Policies for the 1980s," Northwestern Journal of International Law and Business, vol. 5(1983).

[50] Michael A. Carrier, "All Aboard the Congressional Fast Track: From Trade to Beyond,"Geo. Wash. J. Int' I L. and Econ, vol. 29(1995—1996).

[51] Ernesto M. Hizon, "The Safeguard Measure/VER Dilemma: the Jekyll and Hyde of Trade Protection,"Northwestern Journal of International Law and Business, vol. 15(1994).

[52] Christopher Magee, "Administered Protection for Workers: An Analysis of the Trade Adjustment Program," Journal of International Economics, vol. 53.

[53] Harold A. Bratt, "Issues in Worker Certification and Questions of Future Direction in the Trade Adjustment Assistance Program,"Law and Policy in International Business, vol. 14(1982).

[54] Jagdish N. Bhagwati and Douglas A. Irwin, "The Return of the Reciprocitarians-U. S. Trade Policy Today,"The World Economy, vol. 10(July 1987).

[55] Munford Page Hall, II, "Remands in Trade Adjustment Assistance Cases," The John Marshall Law Review, vol. 39 (Fall 2005).

[56] Shana Fried, "Strengthening the Role of the U. S. Court of International Trade in Helping Trade-Affected Workers,"Rutgers Law

Review, vol. 58 (Spring 2006).

[57] Gilbert H. Robin, "Trade Adjustment Assistance Cases - 2005 Developments," Georgetown Journal of International Law, vol. 38 (Fall 2006).

[58] Jared R. Silverman, "Multilateral Resolution over Unilateral Retaliation: Adjudicating the Use of Section 301 Before the WTO," U. Pa. J. Int'l Econ. L. , vol. 17 (1996).

[59] Carl J. Green, "The New Protectionism," Northwestern Journal of International Law and Business, vol. 3 (1981).

[60] John H. Jackson, "The Great 1994 Sovereignty Debate: United States Acceptance and Implementation of the Uruguay Round Results," Columbia Journal of Transnational Law, vol. 36 (1998).

[61] Teresa R. Favilla-Solano, "Legal Mechanisms for Enforcing Labor Rights Under NAFTA," University of Hawaii Law Review, vol. 18 (1996).

[62] Jose E. Alvarez, "Symposium: the Boundaries of the WTO," American Journal of International Law, vol. 96 (2002).

[63] William A. Lovett, "Bargaining Challenges and Conflicting Interests: Implementing the Doha Round," Am. U. Int'l L. Rev, vol. 17 (2002).

[64] Charles B. Rangel, "Moving Forward: A New, Bipartisan Trade Policy That Reflects American Values," Harvard Journal on Legislation, vol. 45 (2008).

[65] McCarthy M. Patricia, "Trade Adjustment Assistance Cases: 28 U. S. C. § 1581 (d) - Department of Labor and Department

of Agriculture Decisions under the Trade Adjustment Assistance Statutes, Georgetown Journal of International Law, vol. 1 (October 2007).

[66] Kenneth S. Levinson, "Title Ⅱ of the Trade Act of 1974: What Changes Hath Congress Wrought to Relief From Injury Caused by Import Competition," The Journal of International Law and Economics, vol. 10(1975).

[67] Robert B. Reich, "Making Industrial Policy," Foreign Affairs.

[68] Greg Mastel, "Why We Should Expand Trade Adjustment Assistance," Challenge, vol. 49 (July/August 2006).

[69] Howard Rosen, "Assisting American Workers and Their Families Adversely Affected by Globalization," Perspectives on Work, (Winter 2008).

[70] Samuel M. Rosenblatt, "Trade Adjustment Assistance Programs: Crossroads Or Dead End?," Law and Policy in International Business, vol. 9(1977).

[71] Kent G. Cprek, "Worker Adjustment Assistance Black Comedy in the Post – Renaissance," Law and Policy in International Business, vol. 11(1979).

[72] Howard Rosen, "A New Approach to Assist Trade–Affected Workers And Their Communities: The Roswell Experiment," Journal of Law and Border Studies, vol. 1(2001).

[73] David A. Gantz, "A Post – Uruguay Round Introduction to International Trade Law in the United States," Arizon Journal of

International and Comparative Law, vol. 12 (1995).

[74] Frank A. Weil, "U. S. Industrial Policy: A Process in Need of A Federal Industrial Coordination Board," Law and Policy in International Business, vol. 14 (1982—1983).

[75] Edwin L. Harper & Lehmann K. Li, Jr. , "Industrial Policy: Diverting Resources from the Winners," Michigan Yearbook of International Legal Studies.

[76] William F. Miller, "What Part Will America Play in the Growth of the World Economy? An Introduction to the Industrial Policy Symposium," Stanford Law and Policy Review, vol. 5 (1993—1994).

[77] Steve Charnovitz, "Designing American Industrial Policy: General versus Sectoral Approaches," Stanford Law and Policy Review, vol. 5 (1993—1994).

[78] Chris Hewitt, "Enhancing International Competitiveness: Structural Impediments to An Industrial Policy for the United States," Law and Policy in International Business, vol. 25 (1993).

[79] William A. Lovett, "Rethinking U. S. Industrial – Trade Policy in the Post–Cold War Era," Tulane Journal of International and Comparative Law, vol. 1 (1993).

[80] Robert C. Cassidy, Jr, "Trade Policy Aspects of Industrial Policy in the U. S," Canada – United States Law Journal, vol. 19 (1993).

[81] Alan O. Sykes, "Protectionism as a 'Safeguard': A Positive Analysis of the GATT 'Escape Clause' with Normative Speculations,"

The University of Chicago Law Review, vol. 58(1991).

[82] Richard S. Gottlieb and Debra P. Steger, "Current and Possible Future International Rules Relating to Trade Adjustment Policies – Subsidies, Safeguards, Trade Adjustment Assistance: A View From Canada," Canada – United States Law Journal, vol. 14(1988).

[83] Sheila M. Raftery, "Safety Net and Measuring Rod: The North American Free Trade Agreement Transitional Adjustment Assistance Program," Temple International and Comparative Law Journal, vol. 12(Spring 1998).

[84] Robert W. McGee, "Trade Policy of a Free Society," Capital University Law Review, vol. 19(1990).

[85] Steven T. O' Hara, "Worker Adjustment Assistance: The Failure and The Future," Northwestern Journal of International Law and Business, vol. 5(1983).

[86] Edward John Ray, "Changing Patterns of Protectionism: The Fall in Tariffs and the Rise in Non – Tariff Barriers," Northwestern Journal of International Law and Business, vol. 8(1987).

[87] Hillary E. Maki, "Trade Protection Vs. Trade Promotion: Are Free Trade Agreements Good for American Workers," Notre Dame Journal of Law, Ethics and Public Policy, vol. 20(2006).

[88] Kevin C. Kennedy, "A Proposal to Abolish the U. S. Court of International Trade," Dickinson Journal of International Law, vol. 4 (Fall 1985).

[89] Vesselina Hekimova, "Can the U. S. Court of International Trade Reverse an Agency's Determination of Eligibility for Trade Ad-

justment Assistance?", The Federal Circuit Bar Journal, vol. 17 (2008).

[90] Brad Brooks - Rubin, "The Certification Process for Trade Adjustment Assistance: Certifiably Broken, "U. PA. Journal of Labor and Employment Law, vol. 7 (2004—2005).

[91] Thomas Sauermilch, "Market Safeguards Against Import Competition: Article XI X of the General Agreement on Tariffs and Trade, "Case W. Res. J. Int'l L. , vol. 14 (1982).

(三)其他类

[1] John J. Topoleski, Trade Adjustment Assistance (TAA) for Workers: Current Issues and Legislation, CRS Report for Congress, Order Code RL34383, 2008.

[2] Howard F. Rosen, Strengthening Trade Adjustment Assistance, Peterson Institute for International Economics, Policy Brief, 2008.

[3] John J. Topoleski, Extending Trade Adjustment Assistance (TAA) to Service Workers: How Many Workers Could Potentially Be Covered? CRS Report for Congress, Order Code RS22761 November 23, 2007.

[4] Trade adjustment assistance: States Have Fewer Training Funds Available than Labor Estimates When Both Extendingtures and Obligations Are Considered, United States Government Accountability Office Washington, DC 20548, 2007.

[5] Robert W. Young /s/, Trade Adjustment Assistance for Farmers Program, United States Department of Agriculture, Report

NO. 50601-3-Hy,2007.

[6] J. F. Hornbeck, Trade Adjustment Assistance for Firms: Economic, Program, and Policy Issues CRS Report for Congress, Order Code RS20210, Updated 12-20-2007.

[7] Bruce G. Herman, How Effective Are Existing Programs in Helping Workers Impacted by International Trade? Rayburn House Office Building Washington, D. C. March 26,2007.

[8] Amy GlasmeierL, Priscilla Salant, Low-Skill Workers in Rural America Face Permanent Job Loss, Carsey Institute Policy Brief No. 2 Spring 2006.

[9] Brad Brooks-Rubin, The Certification Process For Trade Adjustment Assistance: Certifiably Broken, International Law Association's International Law Weekend, in October 2004.

[10] Brad A. Brooks-Rubin, Some Suggestions for Mending the Broken Trade Adjustment Assistance Certification Process, the House of the Association of the Bar of the City of New York,2004.

[11] Chad P. Bown, Rachel Mcculloch, U. S. Trade Policy and the Adjustment Process, 2005 International Monetary Fund vol. 52, Special Issue IMF Staff Papers,2005.

[12] Patrick Hardin, U. S. Labor and Employment Laws: Overview, University of Tennessee College of Law, vol. 1,2005.

[13] Kate Bronfenbrenner, Stephanie Luce, The Changing Nature of Corporate Global Restructuring: The Impact of Production Shifts on jobs in the US, China, and Around the Globe, Cornell University of Massachusetts,2004.

［14］Reforms Have Accelerated Training Enrollment, but Implementation Challenges Remain, Highlights of GAO-04-1012, a report to the Committee on Finance, U. S. Senate.

［15］ Henrich Brunke, Daniel Sumner, Trade Adjustment Assistance and California Commodities, Agricultural Issues Center University of California, 2004.

［16］David Blandford, Adjustment Policies in the United States, Workshop on Agricultural Policy Reform and Adjustment Imperial College, Wye October 23-25, 2003.

［17］ Geoffrey S. Becker, Trade Adjustment Assistance for Farmers, CRS Report for Congress, Order Code RS21182, Updated August 2, 2002.

［18］Geoffrey S. Becker, Charles E. HanrTahan, Trade Remedies and Agriculture, CRS Report for Congress, Order Code RL31296, 2002.

［19］ Trade Adjustment Assistance: Trade Act of 2002, The Workforce Alliance, 2002.

［20］Trade Act of 2002 - 107 P. L. 210, Title I, II, UNITED STATES PUBLIC LAWS 107th Congress--2nd Session, 2002.

［21］ André Sapir, Who Is Afraid of Globalization? The Challenge of Domestic Adjustment in Europe and America, Harvard University, June 1-2, 2000.

［22］ Congress of the United States Office of Technology Assessment: Trade Adjustment Assistance New Ideas for an Old Program-Special Report, OTA-ITE-346, June 1987.

[23] William H. Cooper, Trade Issues in the 109th Congress: Policy Challenges and Opportunities, CRS Report for Congress, Order Code RL32829, March 24, 2005.

[24] [Commission on Foreign Economic Policy, Report to the President and the Congress, 54 (January 1954).]

[25] Stanley. D. Metzger, " Developments in the Law and Institutions of International Economic Relations – American Foreign Trade and Investment Policy for the 1970's: the Williams Commission Report, " The American Journal of International Law, vol. 66 (1972).

[26] United States Government Accountability Office, Trade Adjustment Assistance: Reforms Have Accelerated Training Enrollment, but Implementation Challenges Remain, GAO Report to the Committee on Finance and US Senate. GAO – 04 – 1012, September 2004.

[27] Raymond J. Ahearn, Globalization, Worker Insecurity, and Policy Approaches, CRS Report for Congress. RL34091, Updated July 24, 2007.

[28] Linda Levine, Offshoring (a. k. a. Offshore Outsourcing) and Job Insecurity Among U. S. Workers, CRS Report for Congress. RL32292, Updated June 18, 2004.

[29] United States Government Accountability Office, Trade Adjustment Assistance: Program provides an Array of Benefits and Services to Trade – Affected Workers, Testimony before the Committee on Ways and Means, House of Representatives, GAO–07–994T, June 14, 2007.

[30] United States Government Accountability Office, Health Coverage Tax Credit: Simplified and More Timely Enrollment Process Could Increase Participation, GAO Report to the Committee on Finance, US Senate, GAO-04-1029, September2004.

[31] United States Government Accountability Office, Trade Adjustment Assistance: New Program for Farmers Provides Some Assistance, but Has Had Limited Participation and Low Program Expenditures, GAO Report to the Committee on Finance, US Senate, GAO-07-201, December 2006.

[32] United States General Accounting Office, Foreign Industrial Targeting—U. S. Trade Law Remedies, GAO Report to the Congress of the United States, GAO/NSIAD-85-77, May 23, 1985.

[33] Working Party on Structural Adjustment and Trade Policy, Report to the Council. L/5120, March 16, 1981.

[34] Working Party on Structural Adjustment and Trade Policy, Report to the Council. L/5568, October 20, 1983.

[35] United States General Accounting Office, Considerations for Adjustment Assistance under the 1974 Trade Act: A Summary of Techniques Used in Other Countries, GAO Report to the Congress of the United States, GAO-108368, January 18, 1979.

[36] Douglas. A. Irwin and Randall S. Krosner, Log-Rolling and Economic Interests in the Passage of the Smoot - Hawley Tariff http://research. chicagogsb. edu/economy/research/articles/ 124. pdf

[37] Douglas A. Irwin, From Smoot-Hawley to Reciprocal Trade

Agreements:Changing the Course of U. S. Trade Policy in the 1930s,
http://ideas. repec. org/h/nbr/nberch/6899. html

[38] James A. Brander, Trade Adjustment Assistance: Welfare and Incentive Effects of Payments to Displaced Workers, NBER Working Paper Series? http://www. nber. org

[39] Howard F. Rosen, Strengthening Trade Adjustment Assistance http //www. petersoninsti-tute. org

[40] Bijit Bora、Peter J. Lloyd & Mari Pangestu, Industrial Policy and the WTO, Policy Issues in International Trade and Commodities Study Series No. 6 (2000), http://www. unctad. org /en/docs/ itcdtab7_en. pdf

后　记

2001 年对国家和我个人而言都是非常特殊的一年,因为中国加入了 WTO,而我考入浙江大学法学院,转行研习法律,从此与 WTO 结下了不解之缘。出于对 WTO 朦朦胧胧的喜欢,再加上刚开始进入没有具体研究方向,我自主决定将 WTO 作为研究方向,同时发挥本科英语专业的相对优势,并利用空余时间在浙大经济学院选修了宏观经济学、微观经济学、国际经济学与国际贸易学等课程,试图给自己打造一个"法律+经济+外语"的培养模式。此后的近 10 年,我按照这个模式,跟踪研究 WTO 的最新动态,特别是美国和中国在 WTO 体制中的具体实践。在这个过程中,我做出了许多努力,但取得的研究成果很有限,且时常觉得研究 WTO 有点力不从心。尽管如此,我的学术风格和理念逐渐形成,即"做国家最需要的学问"。按我个人的理解,这种学问是指学术的灵魂是创新,而这种创新要对国家的制度建设具有价值。

2007 年对我而言是非常重要的,或许会成为我人生的转折点。我考入了梦寐以求的著名法学高等学府——西南政法大学,师从杨树明教授,攻读国际法学专业博士学位。与此同时,在时隔近 15 年之后,美国首次对中国铜版纸提起"双反合并"调查。这一起贸易救济案件使我研究 WTO 的重心发生局部转移,开始将重点放在美国反补贴税法的理论与实践及 WTO《补贴与反补贴措施协定》上面。经过一年多的研究，有了一些初步的成果，于是初步决定将博士论文的选题确定为"美国反补贴税法研究"。随着美国对中国提起"双反合并"调查案件越来越多，同时随着对美国反补贴税法研究的不断深入，美国贸易法律制度的复杂性和重要性开始在我的心目中凸现。此外，我逐渐觉得美国贸易法与 GATT/WTO 体制之间存在相当重要的关联性。

2008 年初春的一个晚上，我在研读美国著名政治学专家戴斯勒的《美国贸易政治》一书时偶然发现前总统克林顿的一段话，即贸易自由化"必须与同样性质的国内项目相结合"，但"实际情况经常是，支持贸易的人同时却反对实施国内项目，而支持国内项目的人却反对贸易……正确的答案是将把两者相结合，可是要让对立双方站到一起来，在政治上却很难实现"。这段话中的"国内项目"却让我陷入了沉思！后续的一段时间全部用于考证"国内项目"具体指什么制度，而调研结果却令我十分惊讶。在这些所谓的"国内项目"中，最重要的就是"贸易调整援助项目"，它们在美国已经存在近半个世纪，在历次综合性贸易立法中均有重要规定，而我国国际经济法学界至今几乎无人研究。于是，我决定放弃"美国反补贴税法研究"选题，转而研究"美国贸易调整援助制度"。

事情总是非常凑巧。2008 年 6 月的一个晚上，我在浏览中国贸易救济网时突然发现商务部产业损害调查局正委托上海 WTO 事务咨询中心和清华大学法学院开展《国外贸易调整援助制度及其对我国的启示》的课题研究。这个消息，再加上 2008 年爆发的金融危机等因素使我下定决心将"美国贸易调整援助制度"作为自己的博士论文选题。2009 年 3—4 月我有幸两次受邀参与了商务部产业损害调查局主持的课题研讨,两个课题承担单位的研究成果使我进一步开阔了眼界。特别值得一提的是,宋和平巡视员对论文创作的思路和框架的多次指点令我受益匪浅,使我进一步坚定了研究的信心。宋局在百忙之中还为拙文作序提携,在此表示诚挚的谢意。

呈现在读者面前的专著是在我的博士学位论文《美国贸易调整援助制度研究》的基础上修改而成的。拙作从初步立意到最终成形历时一年半,倾注了许多人的心血和汗水,在此我首先要感谢我尊敬的导师杨树明教授,他不但在学术上给予引导,更教会了我很多为人处世之道!

衷心感谢刘想树教授的指点和教诲,他传授我许多治学之道和处世经验!

感谢国际法学院的徐泉教授、邓瑞平教授、赵学清教授、唐青阳教授、张晓君教授和已故的赵生祥教授,他们的学术思想和治学之道对我影响深远!

感谢论文答辩委员会的各位专家,赵学清教授、刘想树教授、胡光志教授、杨春平教授、张怡教授、王玫黎教授、邓纲教授在论文答辩中给予我许多学术启迪和指导。

感谢对外经济贸易大学中国 WTO 研究院屠新泉博士从国际贸易理论与政策的角度为本书提出的宝贵建议。

感谢浙江工业大学法学院的历届领导及全体同事对我的学习和工作的支持!感谢亲爱的同窗学友们陪我一起渡过这难忘的三年!感谢在杭州生活的 16 年以来一直关心我的师长和朋友们,他们一如既往的关爱让我倍感温暖和幸福!

　　特别要感谢人民出版社的茅友生编辑。他的提携和帮助,让我更加坚定了继续从事美国贸易法研究的决心和信心!

　　最后要感谢我的亲人对我学业无怨无悔的支持和生活上细心的照顾,尤其是我的妻子,多年来她一直默默的支持着我。在每天忙完医院烦杂的工作之余,她担负起家务和抚养幼子的责任。感谢我18个月大的儿子,深知父母的艰辛,一直都很健康快乐的与我的论文和学术一起成长!

陈利强

2010 年 5 月于西政

责任编辑:茅友生
装帧设计:宏　一
版式设计:陈　岩

图书在版编目(CIP)数据

美国贸易调整援助制度研究/陈利强 著.
－北京:人民出版社,2010.5
ISBN 978－7－01－008936－2

Ⅰ.①美…　Ⅱ.①陈…　Ⅲ.①贸易政策-经济援助-研究-美国
Ⅳ.①F737.120

中国版本图书馆 CIP 数据核字(2010)第 087217 号

美国贸易调整援助制度研究
MEIGUO MAOYI TIAOZHENG YUANZHU ZHIDU YANJIU

陈利强　著

人 人 出 版 社 出版发行
(100706　北京朝阳门内大街 166 号)

北京新魏印刷厂印刷　　新华书店经销

2010 年 5 月第 1 版　2010 年 5 月北京第 1 次印刷
开本:880 毫米×1230 毫米 1/32　印张:10.5
字数:280 千字

ISBN 978－7－01－008936－2　定价:29.80 元

邮购地址 100706　北京朝阳门内大街 166 号
人民东方图书销售中心　电话 (010)65250042　65289539